财经法规与会计职业道德

主　编　郝琳琳
副主编　代义国

北京理工大学出版社
BEIJING INSTITUTE OF TECHNOLOGY PRESS

图书在版编目（CIP）数据

财经法规与会计职业道德／郝琳琳主编．—北京：北京理工大学出版社，2019.9（2022.7 重印）
ISBN 978-7-5682-7038-0

Ⅰ．①财… Ⅱ．①郝… Ⅲ．①财政法-中国-中等专业学校-教材 ②经济法-中国-中等专业学校-教材 ③会计人员-职业道德-中等专业学校-教材 Ⅳ．①D922．2 ②F233

中国版本图书馆 CIP 数据核字（2019）第 090406 号

出版发行／北京理工大学出版社有限责任公司
社　　址／北京市海淀区中关村南大街 5 号
邮　　编／100081
电　　话／（010）68914775（总编室）
（010）82562903（教材售后服务热线）
（010）68944723（其他图书服务热线）
网　　址／http：//www. bitpress. com. cn
经　　销／全国各地新华书店
印　　刷／定州市新华印刷有限公司
开　　本／787 毫米×1092 毫米　1/16
印　　张／11. 25
字　　数／267 千字
版　　次／2019 年 9 月第 1 版　2022 年 7 月第 2 次印刷
定　　价／31. 50 元

责任编辑／张荣君
文案编辑／代义国
责任校对／周瑞红
责任印制／边心超

前言
PREFACE

《财经法规与会计职业道德》适合中等职业教育财会类学生学习使用。本教材能够指导学生了解会计工作法律法规、制度与职业道德体系；熟悉会计人员对财经法规与职业道德的基本要求；识记、理解和辨析会计法律法规、支付结算法律制度、税收法律法规等主要条款内容。

本教材是学生掌握和学习其他会计系列课程的基础，为学生学习会计、审计，财务管理等财经类课程奠定基础。

本教材主要由会计法律制度、支付结算法律制度、税收法律制度、财政法律制度以及会计职业道德等内容组成。知识覆盖面广，结构完整，语言流畅、通俗，注重法规理论与实际案例相结合，是一本符合中等职业教育特点的教材。

本教材可以用于学生学习，也可以作为各级各类财会人员的培训教材。本教材使用了大量的案例，有助于学生们理论联系实际，同时也要求使用教材的学校配备无线网络，方便学生查看电子资料及相关的教学视频，提高教学效果，提升教学质量。

编　者

2019 年 6 月

目 录
CONTENTS

项目一

会计法律制度

知识目标

1. 了解会计法律制度的概念，掌握会计法律制度的具体构成。

2. 熟悉会计工作管理体制及具体的管理活动。

3. 重点掌握会计核算的总体要求、会计凭证、会计账簿、财务会计报告以及会计档案。

4. 掌握会计监督中的单位内部监督、政府监督和社会监督。

5. 掌握会计机构的设置、会计工作岗位的设置、会计人员的工作交接，了解会计专业职务和会计技术资格。

6. 掌握会计违法行为的法律责任。

知识导图

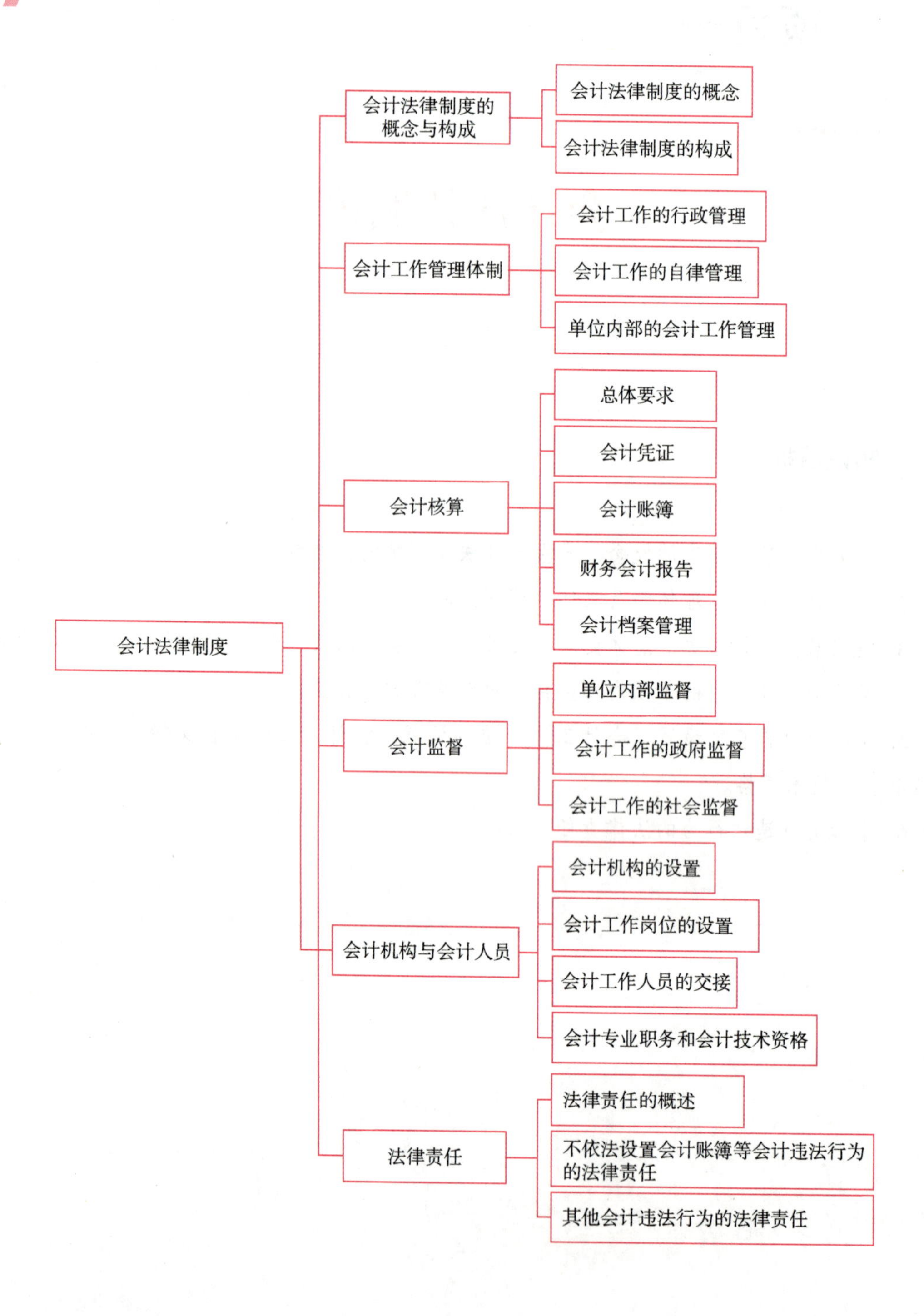
会计法律制度
会计法律制度的概念与构成
会计法律制度的概念
会计法律制度的构成
会计工作管理体制
会计工作的行政管理
会计工作的自律管理
单位内部的会计工作管理
会计核算
总体要求
会计凭证
会计账簿
财务会计报告
会计档案管理
会计监督
单位内部监督
会计工作的政府监督
会计工作的社会监督
会计机构与会计人员
会计机构的设置
会计工作岗位的设置
会计工作人员的交接
会计专业职务和会计技术资格
法律责任
法律责任的概述
不依法设置会计账簿等会计违法行为的法律责任
其他会计违法行为的法律责任

任务一　会计法律制度的概念与构成

☞ **想一想**

会计法律制度具体包括（　　）。

A. 会计法律

B. 会计法律和会计行政法规

C. 会计法律、会计行政法规、地方性会计法规

D. 会计法律、会计行政法规、会计部门规章、地方性会计法规

以上哪个选项是正确的呢？

【答案】C

一、会计法律制度的概念

会计法律制度是指国家权力机关和行政机关制定的，用以调整会计关系的各种法律、法规、规章和规范性文件的总称。会计机构和会计人员在办理会计事务的过程中，以及国家在管理会计工作的过程中发生的经济关系，统称为会计关系，会计法律制度正是调整此种会计关系的法律规范。

☞ **提示**

会计法律制度的制定机关：国家权力机关和行政机关。

会计法律制度的形式：法律、法规、规章和规范性文件。

会计法律制度的调整对象：会计关系。

二、会计法律制度的构成

当前，我国基本形成了以《中华人民共和国会计法》（以下简称《会计法》）为主体的比较完整的会计法律体系，主要包括会计法律、会计行政法规、会计部门规章和地方性会计法规 4 个层次。

（一）会计法律

会计法律是指由全国人民代表大会及其常务委员会经过一定立法程序制定的有关会计工作的法律。目前我国有两部会计法律，分别是《会计法》和《中华人民共和国注册会计师法》（以下简称《注册会计师法》）。

1.《会计法》

《会计法》是由 1985 年 1 月 21 日第六届全国人民代表大会常务委员会第九次会议通过、根据 1993 年 12 月 29 日第八届全国人民代表大会常务委员会第五次会议《关于修改〈中华人民共和国会计法〉的决定》修正、1999 年 10 月 31 日第九届全国人民代表大会常务委员会第十二次会议修订、2017 年 11 月 4 日第十二届全国人民代表大会常务委员会第三十次会议《关于修改〈中华人民共和国会计法〉第 11 部法律的决定》第二次修正的。《会计法》包括总则、会计核算、公司、企业会计核算的特别规定、会计监督、会计机构和会计人员、法律责任和附则，共 7 章 52 条。《会计法》的立法宗旨是规范会计行为，保证会计资料真实、完整，加强经济管理和财务管理，提高经济效益，维护社会主义市场经济秩序。

☞ **提示**

《会计法》是会计法律制度中层次最高的法律规范，是制定其他会计法规的依据，也是指导会计工作的最高准则。

2.《注册会计师法》

《注册会计师法》是由 1993 年 10 月 31 日第八届全国人民代表大会第四次会议通过并于 1994 年 1 月 1 日起施行的，后根据 2014 年 8 月 31 日第十二届全国人民代表大会常务委员会第十次会议《关于修改〈中华人民共和国保险法〉等五部法律的决定》修订。这是我国第一部规范中介行业的法律。《注册会计师法》主要对注册会计师的考试和注册、业务范围和规则、会计师事务所、注册会计师协会、法律责任等内容进行了规范。《注册会计师法》的立法宗旨是发挥注册会计师在社会经济活动中的鉴证和服务作用，加强对注册会计师的管理，维护社会公共利益和投资者的合法权益，促进社会主义市场经济的健康发展。

☞ **练一练**

会计法律是由（　　）经过一定的立法程序制定的有关会计工作的法律。

A. 国务院及国务院有关部门　　B. 国务院财政部门

C. 全国人民代表大会　　D. 全国人民代表大会及其常务委员会

【答案】 D

（二）会计行政法规

会计行政法规是指由国务院制定并发布，或者由国务院有关部门拟定并经国务院批准发布，调整经济生活中某些方面会计关系的法律规范。会计行政法规制定的依据是《会计法》，其法律效力仅次于会计法律。我国现行的会计行政法规有国务院发布的《总会计师条例》和《企业财务会计报告条例》。

1.《总会计师条例》

《总会计师条例》于 1990 年 12 月 31 日由国务院颁布，后根据 2011 年 1 月 8 日《国务院关于废止和修改部分行政法规的决定》做了修订。该条例对总会计师的职责、权限、任免和奖惩做了详细规定，共分 5 章 23 条。

2.《企业财务会计报告条例》

《企业财务会计报告条例》于 2000 年 6 月 21 日由国务院颁布，对企业财务会计报告的构成、编制和对外提供的要求、法律责任等进行了规定，共分 6 章 46 条。该条例是对《会计法》中有关财务会计报告的规定和细化。

☞ **练一练**

《企业财务会计报告条例》是由（　　）发布的。

A. 国务院　　B. 国务院财政部门

C. 全国人民代表大会　　D. 全国人民代表大会及其常务委员会

【答案】A

（三）会计部门规章

会计部门规章是指国家主管会计工作的行政部门即财政部以及其他相关部委根据法律和国务院的行政法规、决定、命令，在本部门的权限范围内制定的调整会计工作中某些方面内容的国家统一的会计准则和规范性文件，包括国家统一的会计核算制度、会计监督制度、会计机构和会计人员管理制度及会计工作管理制度等。

☞ **提示**

《会计从业资格管理办法》《财政部门实施会计监督办法》《企业会计准则——基本准则》等均为会计部门规章。

☞ **练一练**

以下不属于会计部门规章的是（　　）。

A.《会计档案管理办法》　　B.《会计从业资格管理办法》

C.《企业会计准则——具体准则》　　D.《总会计师条例》

【答案】D

（四）地方性会计法规

地方性会计法规是指由省、自治区、直辖市人民代表大会或常务委员会在同宪法、会计法律、行政法规不相抵触的前提下，根据本地区情况制定发布的关于会计核算、会计监督、会计机构和会计人员及会计工作管理的规范性文件。

☞ **提示**

在我国会计法律体系中，会计法律的效力最高，会计行政法规的效力高于会计部门规章和地方性会计法规。

任务二　会计工作管理体制

☞ **想一想**

负责主管本行政区域会计工作的国家机关是（　　）。

A. 县级以上人民政府税务部门　　B. 县级以上人民政府人事部门

C. 县级以上人民政府财政部门　　D. 县级以上人民政府工商行政管理部门

【答案】C

会计工作管理体制是指划分会计管理工作职责权限关系的制度，包括会计工作的行政管

理、会计工作的自律管理和单位内部的会计工作管理。

一、会计工作的行政管理

（一）会计工作行政管理体制

我国会计工作实行统一领导、分级管理的原则，《会计法》第七条规定：“国务院财政部门主管全国的会计工作。县级以上地方各级人民政府财政部门管理本行政区域内的会计工作。”

☞ **提示**

统一领导：国务院财政部门是全国会计工作的主管部门，统一指导全国的会计工作。

分级管理：县级以上地方各级财政部门根据国务院财政部门的要求和规定，结合本部门、本地区的实际情况，认真做好本部门、本地区的会计工作的管理工作。

（二）会计工作行政管理的内容

财政部门主要履行的会计行政管理职能。

1. 制定国家统一的会计准则制度

制定和实施国家统一的会计准则制度是财政部门管理会计工作的一项最基本的职能。《会计法》第八条规定：“国家实行统一的会计制度。国家统一的会计制度由国务院财政部门根据本法制定并公布。国务院有关部门可以依照本法和国家统一的会计制度制定对会计核算和会计监督有特殊要求的行业实施国家统一的会计制度的具体办法或者补充规定，报国务院财政部门审核批准。”

2. 会计市场管理

会计市场管理是社会主义市场经济条件下财政部门管理会计工作的一项重要职能，会计工作的好坏直接影响到市场秩序，进而关系到国家和社会的公共利益。我国财政部门对会计市场管理包括会计市场的准入管理、过程的监管和会计市场退出管理，如图 1-1 所示。

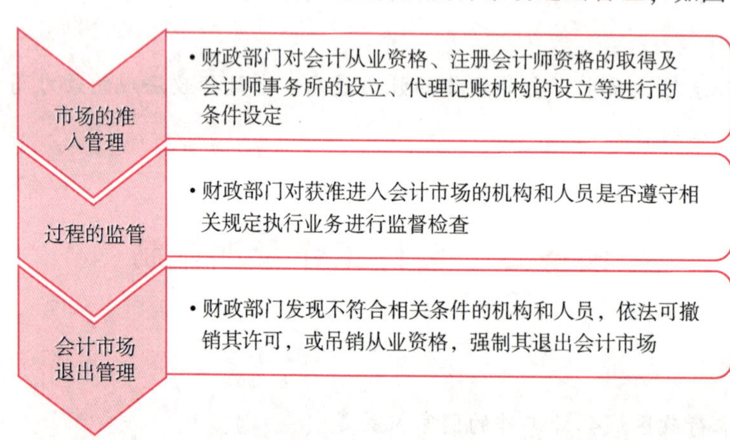

图 1-1　会计市场管理

3. 会计专业人才评价

会计人才是国家人才战略的重要组成部分，会计专业人才的评价、选拔是财政部门的重

要职责。对会计专业人才的评价方式主要包括会计专业技术资格考试、会计行业领军人才培养、对先进会计工作者的表彰奖励和会计人员的继续教育等。

会计专业技术资格考试包括初级、中级、高级3种级别，目前，我国对初级、中级会计资格实行全国统一考试制度，对高级会计师资格实行考试与评审相结合的制度。会计专业技术资格考试由财政部门组织实施，人力资源和社会保障部门负责监督指导。

会计专业人才评价也包括对先进会计人员的表彰奖励。《会计法》明确规定，对认真执行《会计法》、忠于职守、坚持原则，做出显著成绩的会计人员，给予精神的或者物质的奖励。为了落实《会计法》的规定，有效评价和鼓励先进会计人员，财政部发布了《全国先进会计工作者评选表彰办法》，将评选范围、评选条件和评选机构等相关内容具体化，增强了先进会计人才表彰奖励制度的可行性。

此外，为提高会计人员专业水平，培养高素质的会计队伍，财政部制定了《会计人员继续教育规定》，明确要求会计人员应当参加继续教育。

4. 会计监督检查

会计监督检查是我国经济监督体系的重要组成部分，为规范会计行为，维护会计秩序，保护社会公共利益和企业利益相关者的合法权益，促进我国经济平稳健康发展，必须严格进行会计监督和检查。财政部门实施的会计监督检查主要针对的是会计信息质量检查和会计事务所执业质量检查。

根据《会计法》和《注册会计师法》的规定财政部组织实施对全国会计信息质量进行检查，对全国会计师事务所执业质量进行检测，并对违反《会计法》和《注册会计师法》的行为进行行政处罚。县级以上各级人民政府财政部门负责对本行政区域内的会计信息质量进行检查，并对违反《会计法》的行为依法进行行政处罚。省、自治区、直辖市人民政府财政部门负责对本行政区域内的会计师事务所执业质量进行检测，并对本行政区域内违反《注册会计师法》的行为依法进行行政处罚。

财政部门对会计市场进行监督还应依法加强对会计行业自律组织的监督、指导。

☞ **法条链接**

《注册会计师法》第五条规定：“国务院财政部门和省、自治区、直辖市人民政府财政部门，依法对注册会计师、会计师事务所和注册会计师协会进行监督、指导。”

☞ **练一练**

我国财政部门履行会计行政管理的最基本职能是（　　）。

A. 会计准则制度的制定和组织实施　　B. 会计市场管理

C. 会计监督检查　　D. 会计专业人才评价

【答案】A

二、会计工作的自律管理

会计工作的自律管理，即会计行业的自律管理，是会计职业组织对整个会计职业的会计行为进行自我约束、自我控制的过程。会计行业的自律管理是对会计工作行政管理的有益补充，能够充分发挥行业内部的主观能动性，加强对会计工作的监督，促进会计行业的发展。我国的会计行业自律组织主要有中国注册会计师协会、中国会计协会和中国总会计师协会。

（一）中国注册会计师协会

中国注册会计师协会是中国注册会计师行业的自律管理组织，依据《注册会计师法》和《社会团体登记条例》设立，在财政部党组和理事会领导下开展工作，在性质上属于社会团体法人。中国注册会计师协会是注册会计师的全国性组织，省、自治区、直辖市注册会计师协会是注册会计师的地方组织。注册会计师应当加入注册会计师协会。

中国注册会计师协会的主要职责如图 1-2 所示。

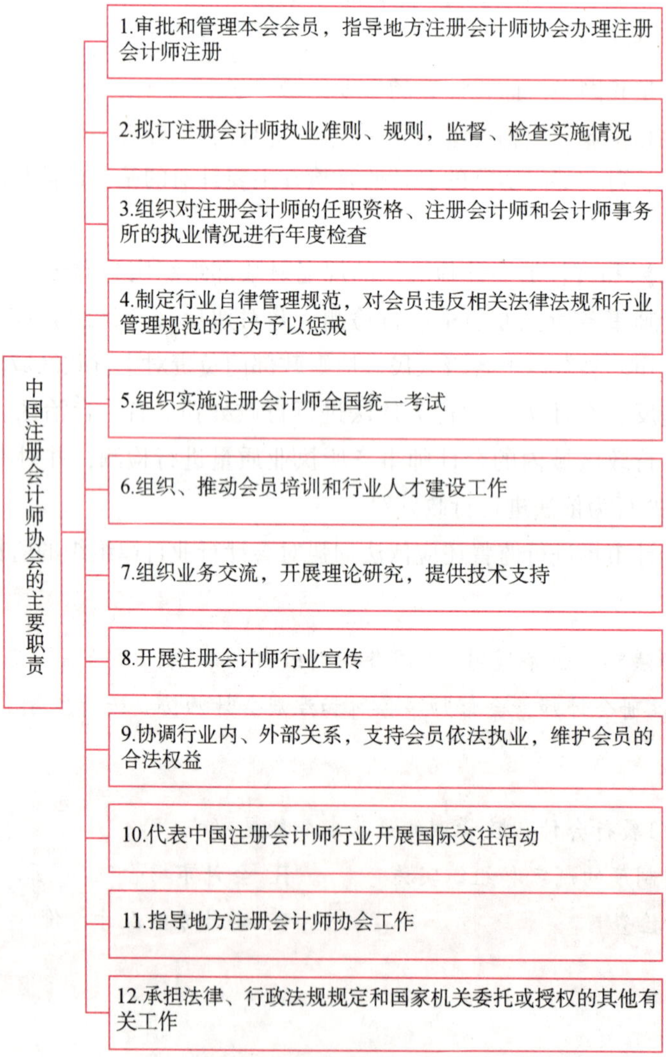

中国注册会计师协会的主要职责

1.审批和管理本会会员，指导地方注册会计师协会办理注册会计师注册

2.拟订注册会计师执业准则、规则，监督、检查实施情况

3.组织对注册会计师的任职资格、注册会计师和会计师事务所的执业情况进行年度检查

4.制定行业自律管理规范，对会员违反相关法律法规和行业管理规范的行为予以惩戒

5.组织实施注册会计师全国统一考试

6.组织、推动会员培训和行业人才建设工作

7.组织业务交流，开展理论研究，提供技术支持

8.开展注册会计师行业宣传

9.协调行业内、外部关系，支持会员依法执业，维护会员的合法权益

10.代表中国注册会计师行业开展国际交往活动

11.指导地方注册会计师协会工作

12.承担法律、行政法规规定和国家机关委托或授权的其他有关工作

图 1-2　中国注册会计师协会的主要职责

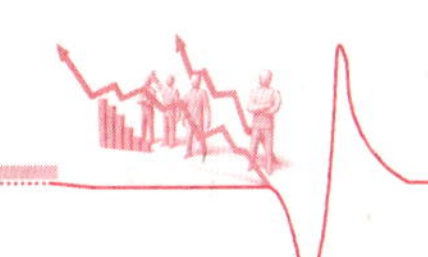

（二）中国会计学会

中国会计学会成立于 1980 年，隶属于财政部，由全国会计领域各类专业组织，以及会计理论界、实务界会计工作者自愿结成，是一个学术性、专业性、非营利性的社会组织。中国会计学会接受财政部和民政部的业务指导、监督和管理。

中国会计学的主要职责如图 1-3 所示。

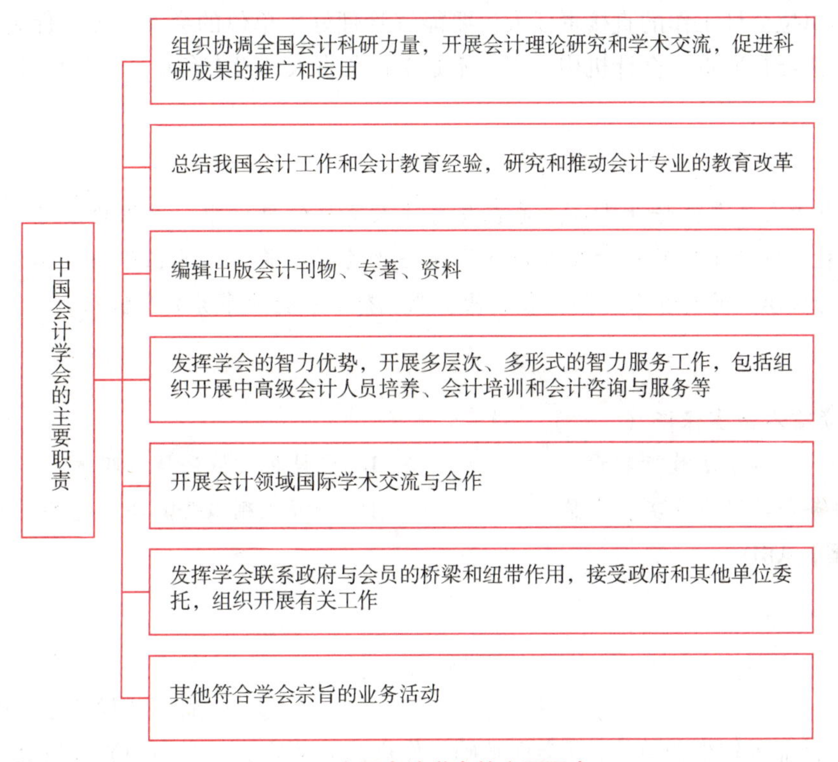

图 1-3　中国会计学会的主要职责

（三）中国总会计师协会

中国总会计师协会成立于 1990 年，是经财政部审核同意、民政部正式批准，依法注册登记成立的跨地区、跨部门、跨行业、跨所有制的非营利性国家一级社团组织，是总会计师行业的全国性自律组织。

练一练

中国会计学会是由全国会计领域各类专业组织及个人自愿结成的（　　）社会组织。

A. 学术性　　B. 专业性　　C. 营利性　　D. 非营利性

【答案】ABD

三、单位内部的会计工作管理

财政部门的行政管理和会计行业的自律管理属于外部管理，单位对自身会计工作的管理活动属于内部管理，单位内部的会计管理活动主要包括单位负责人的管理职责、会计机构的设置、会计人员的选拔任用、会计人员的回避制度。

（一）单位负责人的管理职责

单位负责人指单位法定代表人或者法律、行政法规规定代表单位行使职权的主要负责人。《会计法》第四条规定：“单位负责人对本单位的会计工作和会计资料的真实性、完整性负责。”《会计法》第二十八条规定：“单位负责人应当保证会计机构、会计人员依法履行职责，不得授意、指使、强令会计机构和会计人员违法办理会计事项。”由此可以看出，单位负责人是单位会计工作的直接责任人，要能够管理好本单位的会计工作，保证会计机构、会计人员依法履行职责。会计机构负责人不是单位负责人，没有负责本单位内部会计工作管理的职权。

☞ **提示**

单位负责人主要包括两类：一是在具有法人资格的单位中，单位的法定代表人（也称法人代表）即是单位的负责人，如公司制企业的董事长；二是在非法人单位中，依法代表单位行使职权的负责人，如代表合伙企业执行合伙企业事务的合伙人。

☞ **练一练**

单位负责人应当保证（　　）。

A. 会计人员依法履行职责　　B. 会计机构依法履行职责

C. 财务会计报告真实、完整　　D. 经济预测报告真实、完整

【答案】 ABD

（二）会计机构的设置

各单位应当根据会计业务的需要决定是否设立会计机构，主要应考虑以下 3 个因素：单位规模的大小、经济业务和财务收支的繁简、经营管理的要求。针对规模较小、财务收支数额不大、会计业务较少的单位，《会计基础工作规范》规定，不具备单独设置会计机构条件的，应当在有关机构中设置专职会计人员。如果没有配备专职会计人员，则应当根据财政部发布的《代理记账管理暂行办法》的要求，委托会计师事务所或者持有代理记账许可证书的其他代理记账机构进行代理记账，以保证单位会计工作的秩序，使单位的经营管理活动有序进行。

（三）会计人员的选拔任用

单位内部会计人员的选拔任用由单位具体负责，但应符合《会计法》等相关法律、法规对会计人员资格的要求。《会计法》第三十八条规定：“会计人员应当具备从事会计工作所需要的专业能力。担任单位会计机构负责人（会计主管人员）的，应当具备会计师以上专业技术职务资格或者从事会计工作三年以上经历。”《总会计师条例》第十六条规定：“取得会计师任职资格后，主管一个单位或者单位内部一个重要方面的财务会计工作时间不少于 3 年。”

（四）会计人员的回避制度

为了保证会计工作的真实性和客观性，降低亲属共同违法违纪的可能性，在会计人员中应当实行回避制度。《会计基础工作规范》第十六条对会计人员回避问题做出了规定：“国

家机关、国有企业、事业单位任用会计人员应当实行回避制度。单位领导人的直系亲属不得担任本单位的会计机构负责人、会计主管人员。会计机构负责人、会计主管人员的直系亲属不得在本单位会计机构中担任出纳工作。”

需要回避的直系亲属包括夫妻关系、直系血亲关系（父母子女、祖父母、外祖父和孙子女、外孙子女）、三代以内旁系血亲（兄弟姐妹、叔侄等）以及近配偶亲关系（岳父岳母和女婿、公婆和儿媳等）。

☞ **练一练**

实行回避制度的单位，单位领导人的直系亲属不得担任本单位的（　　）。

A. 会计主管人员　　B. 出纳　　C. 收银　　D. 稽核

【答案】A

任务三　会计核算

☞ **想一想**

小赵出差后将火车票遗失，无法报账，下列处理方法中，正确的是（　　）。

A. 小赵写出详细情况，加盖售票单位公章，单位领导批准后，代作原始凭证

B. 小赵写出详细情况，经会计机构负责人和单位负责人批准后，代作原始凭证

C. 售票单位开具证明，经售票单位会计机构负责人和单位领导批准后，代作原始凭证

D. 售票单位开具证明，加盖公章，单位会计机构负责人批准后，代作原始凭证

【答案】B

☞ **知识链接**

会计核算和会计监督是会计的两大基本职能。会计核算是会计工作的基础，它是以货币为计量单位，运用专门的会计方法，对生产经营活动或者预算执行过程及其结果进行连续、系统、全面的记录、计算、分析、定期编制并提供财务报表和其他一系列内部管理所需的会计资料，为做出经营决策和宏观经济管理提供依据的一项会计活动。我国的会计法律制度对会计核算进行了规范，《会计法》《企业财务会计报告条例》《会计基础工作规范》《企业会计准则》《事业单位会计准则》等法律法规和会计制度对会计核算的依据、会计核算的原则、会计资料的基本要求、会计凭证、会计账簿、财务会计报告、会计档案管理、会计年度、记账本位币、财产清查等做出了明确的和统一的规定。

☞ **提示**

会计核算与会计监督两项基本职能相辅相成、辩证统一。

一、总体要求

（一）会计核算的依据

会计核算需以实际发生的经济业务事项为依据，这是会计核算的重要前提，也是填制会计凭证、登记会计账簿、编制财务会计报告的基础，更是保证会计资料质量的关键。《会计法》第九条规定："各单位必须根据实际发生的经济业务事项进行会计核算，填制会计凭证，登记会计账簿，编制账务会计报告。任何单位不得以虚假的经济业务事项或者资料进行会计核算。"这是对会计核算依据做出明确的法律规定。

实际发生的经济业务事项是指各单位在生产经营或者预算执行过程中发生的包括引起或未引起资金增减变化的经济活动。各单位实际发生的经济活动，有些会引起资金运动的经济活动，有些则不会产生资金运动，只有当实际履行合同或协议并引发资金运动时，才需要对履行合同或协议这一经济业务事项如实记录和反映，进行会计核算。

（二）会计资料的基本要求

会计资料是指在会计核算过程中形成的、记录和反映实际发生的经济业务事项的资料，包括会计凭证、会计账簿、财务会计报告和其他会计资料，如图 1-4 所示。会计资料是记录会计核算过程和结果的载体，是反映单位财务状况和经营成果、评价经营业绩、进行投资决策的重要依据，也是一种重要的社会信息资源。

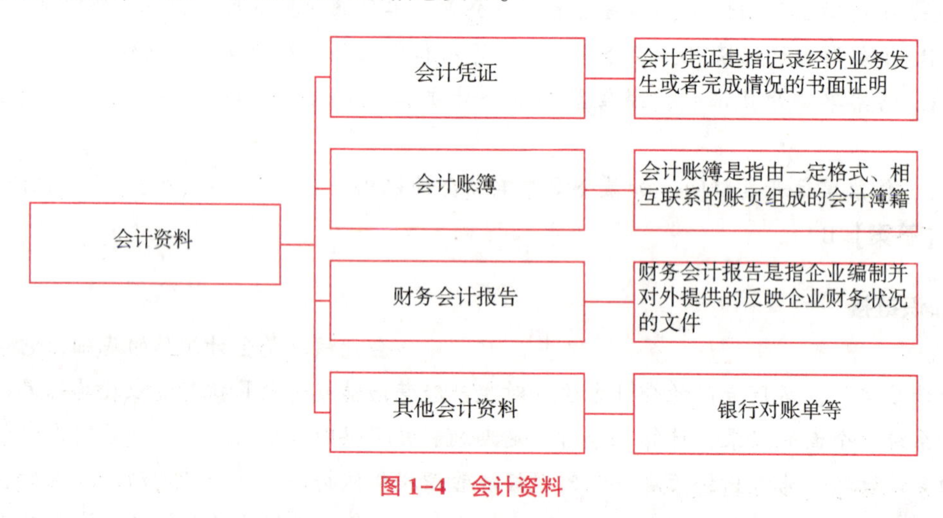

图 1-4　会计资料

会计资料的真实性和完整性，是对会计资料最基本的质量要求，是会计工作的生命。真实性主要是指会计资料所反映的内容和结果应当同单位实际发生的经济业务事项的内容及结果相一致。完整性，主要是指构成会计资料的各项要素都必须齐全，以及会计资料如实、全面地记录和反映经济业务事项的发生情况，便于会计资料使用者全面、准确地了解经济活动。

《会计法》第十三条第三款规定："任何单位和个人不得伪造、变造会计凭证、会计账簿及其他会计资料，不得提供虚假的财务会计报告。"具体内容如表 1-1 所示。

表 1–1　影响会计资料真实性和完整性的行为

行为类型	具体行为	举例
伪造会计凭证、会计账簿及其他会计资料	以虚假的经济业务事项为前提编造不真实的会计凭证、会计账簿及其他会计资料	某公司为一客户虚开发票一张，并按票面金额的 5%收取提成
变造会计凭证、会计账簿及其他会计资料	用涂改、挖补等手段来改变会计凭证、会计账簿等真实内容，从而歪曲事实真相	某公司员工将发票上的金额 40 万元涂改为 60 万元，并用其报账
提供虚假财务会计报告	通过编造虚假的会计凭证、会计账簿及其他会计资料或直接篡改财务会计报告上的数据，使财务会计报告不真实、不完整地反映真实财务状况和经营成果，借以误导、欺骗会计资料使用者的行为，即以假乱真	某公司在申请贷款时，负责人指使公司会计人员改动报表的有关数字，使该公司由亏损 200 万元变为盈利 200 万元。

《会计法》第十三条第二款规定："使用电子计算机进行会计核算的，其软件及生成的会计凭证、会计账簿、财务会计报告和其他会计资料，也必须符合国家统一的会计制度的规定。"该规定是为了保证计算机生成的会计资料真实、完整和安全，从而加强对会计电算化工作的规范。

☞ **练一练**

下列各项中，属于会计资料的是（　　）。

A. 财务会计报告　　B. 会计账簿　　C. 经济合同　　D. 会计凭证

【答案】ABD

（三）会计处理方法和会计记录文字

会计处理方法是指会计核算中所采用的具体方法，通常包括收入确认方法、企业所得税的会计处理方法、存货计价方法、坏账损失的核算方法、固定资产折旧方法、编制合并会计报表的方法、外币折算的会计处理方法等。会计凭证、会计账簿、财务会计报告和其他会计资料，必须符合国家统一的会计制度的规定。采用不同的会计处理方法，会影响会计资料的一致性和可比性，进而影响会计资料的使用。因此，《会计法》和国家统一的会计制度规定，各单位采用的会计处理方法，前后各期应当一致，不得随意变更；确有必要变更，应当按照国家统一的会计制度的规定变更，并将变更的原因、情况及影响在财务会计报告中说明。

会计记录文字是会计资料的重要组成部分，也是进行会计核算和提供会计资料不可或缺的重要媒介，因此会计记录文字的使用必须规范。《会计法》第二十二条的规定："会计记录的文字应当使用中文。在民族自治地方，会计记录可以同时使用当地通用的一种民族文字。在中华人民共和国境内的外商投资企业、外国企业和其他外国组织的会计记录可以同时使用一种外国文字。"

☞ **提示**

使用中文是强制性的，使用其他通用文字是备选性的，不能理解为可以使用中文也可以使用其他通用文字。

☞ **法条链接**

《会计法》第十一条规定："会计年度自公历1月1日起至12月31日止。"即以每年公历的1月1日起至12月31日止为一个会计年度。

《会计法》第十二条规定："会计核算以人民币为记账本位币。业务收支以人民币以外的货币为主的单位，可以选定其中一种货币作为记账本位币，但是编报的财务会计报告应当折算为人民币。"

二、会计凭证

会计凭证是指记录经济业务发生或者完成情况的书面证明，是登记账簿的依据，具有一定的格式，是会计核算的重要会计资料。《会计法》对会计凭证的种类、取得、审核、更正等内容进行了规定。各单位在按照《会计法》和《会计基础工作规范》的有关规定办理会计手续、进行会计核算时必须以会计凭证为依据。会计凭证按其来源和用途，分为原始凭证和记账凭证两种，如表1-2和图1-5所示。

表1-2 会计凭证

类型 对比	原始凭证	记账凭证
概念	原始凭证是在经济业务事项发生或完成时由经办人员直接取得或者填制、用以表明某项经济业务事项已经发生或完成情况、明确有关经济责任的一种原始凭据。它是会计核算、填制记账凭证或登记会计账簿的原始依据	记账凭证是对经济业务事项按其性质加以归类、确定会计分录，并据以登记会计账簿的会计凭证。记账凭证的编制必须以原始凭证及有关资料为依据；作为记账凭证编制依据的必须是经过审核无误的原始凭证和有关资料
内容	原始凭证应具备以下内容：原始凭证名称；填制凭证的日期和编号；填制凭证单位名称或者填制人姓名；对外凭证要有接受凭证单位的名称；经济业务所涉及的数量、计量单位、单价和金额；经济业务的内容摘要；经办业务部门或人员的签章	根据《会计基础工作规范》规定，记账凭证应当具备以下内容：填制记账凭证的日期；记账凭证的名称和编号；经济业务事项摘要；应记会计科目、方向和金额；记账符号；记账凭证所附原始凭证的张数；记账凭证的填制人员、稽核人员、记账人员和会计主管人员的签名或印章
填制	原始凭证的填制和取得应符合以下要求：①真实记录，即如实填列经济业务内容，不得弄虚作假，必须符合国家的相关要求；②内容完整，即应该填写的项目要逐项填写，不可缺漏，有关人员要认真审核，签章必须齐全；③填制及时，即每当一项经济业务发生或完成，都要立即填制原始凭证，并按照规定的程序及时送交会计机构、会计人员进行审核；④书写清楚，即字迹清楚、易于辨认，数字书写要符合会计上的技术要求，文字工整简要，不要写连体字；大小写金额要相符并且填写规范，小写金额要用阿拉伯数字书写；⑤编号连续，即收付款项或实物的凭证要顺序或分类编号，在填制时按照编号的次序使用，写坏作废时应加盖"作废"戳记，不得撕毁	记账凭证必须根据经过审核确认无误的原始凭证及有关资料编制

续表

对比＼类型	原始凭证	记账凭证
审核	按照《会计法》的规定，会计机构、会计人员应当按照国家统的会计制度的规定对原始凭证进行认真审核，这是其法定职责。会计机构、会计人员审核原始凭证应按照国家统一的会计制度的规定进行，会计机构、会计人员审核原始凭证的具体程序、要求应当由国家统一的会计制度规定，会计机构、会计人员应当据此执行；会计机构、会计人员对不真实、不合法的原始凭证有权不予受理，并向单位负责人报告，请求查明原因，追究有关当事人的责任；对记载不准确、不完整的原始凭证予以退回，并要求经办人按照国家统一的会计制度规定进行更正、补充	记账凭证审核的内容主要包括编制依据是否真实、填写项目是否齐全、科目是否正确、金额计算是否正确、书写是否清楚

原始凭证与记账凭证的区别如图 1-5 所示。

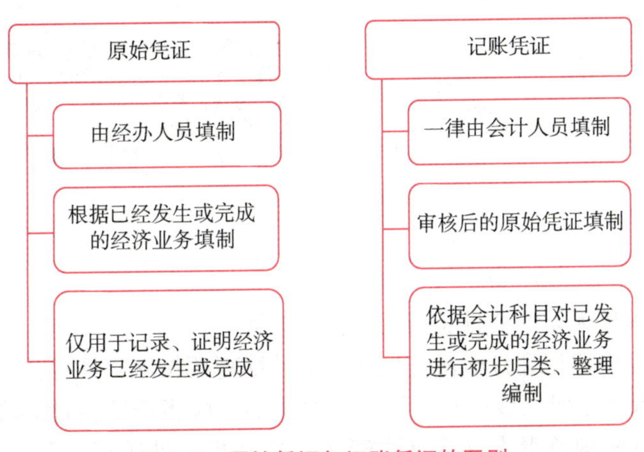

图 1-5　原始凭证与记账凭证的区别

☞ **练一练**

会计机构、会计人员必须对原始凭证进行审查，在特定情况下，有权不予受理，并向单位负责人报告，请求查明原因，追究有关当事人的责任。属于上述情况的有（　　）。

A. 原始凭证不合法　　B. 原始凭证不完整

C. 原始凭证不准确　　D. 原始凭证不真实

【答案】AD

三、会计账簿

会计账簿是指由一定格式、相互联系的账页组成的，以经过审核的会计凭证为依据，全面、系统、连续地记录各项经济业务的会计簿籍。

（一）会计账簿的分类

根据《会计法》的规定，会计账簿分为总账、明细账、日记账、其他辅助账簿，如图 1-6 所示。

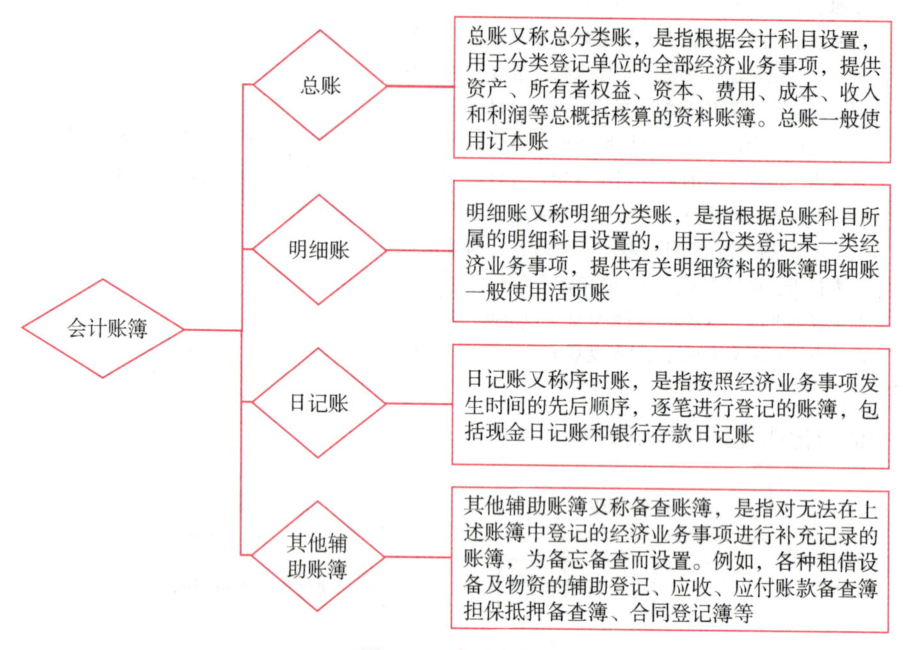

图 1-6　会计账簿

（二）登记会计账簿的要求

（1）根据经过审核无误的会计凭证登记会计账簿。

（2）按照记账规则登记会计账簿。例如，会计账簿要按账页顺序连续登记，不得跳行、隔页；会计账簿记录发生错误或隔页、缺号、跳行的，应当按照会计制度规定的方法更正，并由会计人员和会计机构负责人（会计主管人员）在更正处盖章；登记账簿时，要用蓝黑墨水或者碳素墨水书写；记账要保持清晰，记账文字和数字要清楚等。

（3）实行会计电算化的单位，其会计账簿的登记、更正，应当符合国家统一的会计制度的规定。

（4）禁止账外设账。各单位发生的各项经济业务事项应当在依法设置的会计账簿上统一登记、核算，不得私设账外账。

（三）会计账目核对的要求

账目的核对简称对账，是指在结账前，将账簿记录与货币资金、往来结算、财产物资等进行相互核对，以此来保证账簿记录的真实、正确、可靠。保证这四项相符是会计核算的基本要求。其主要内容一般包括：①账实相符，即会计账簿记录与实物和款项实有数核对，检查其是否相符；②账证相符，即会计账簿记录与相关的会计凭证是否相符；③账账相符，即总账与明细账和明细分类账的记录是否相符；④账表相符，即会计账簿记录与会计报表相关内容是否相符。

☞ **想一想**

1. 会计账簿都包括哪些分类？
2. 为什么要对会计账目进行核对？

☞ **练一练**

账目核对的主要内容包括（　　）。

A. 账账核对　　B. 证证核对　　C. 账实核对　　D. 账证核对

【答案】 ACD

四、财务会计报告

财务会计报告是指企业编制并对外提供的反映企业某一特定日期财务状况和某一会计期间经营成果、现金流量的文件。

（一）企业财务会计报告的构成

根据《会计法》的规定，企业年度、半年度财务会计报告应当包括：①会计报表；②会计报表附注；③财务情况说明书。

其中，会计报表应当包括资产负债表、利润表、现金流量表、所有者权益变动表及附注，如图 1-7 所示。

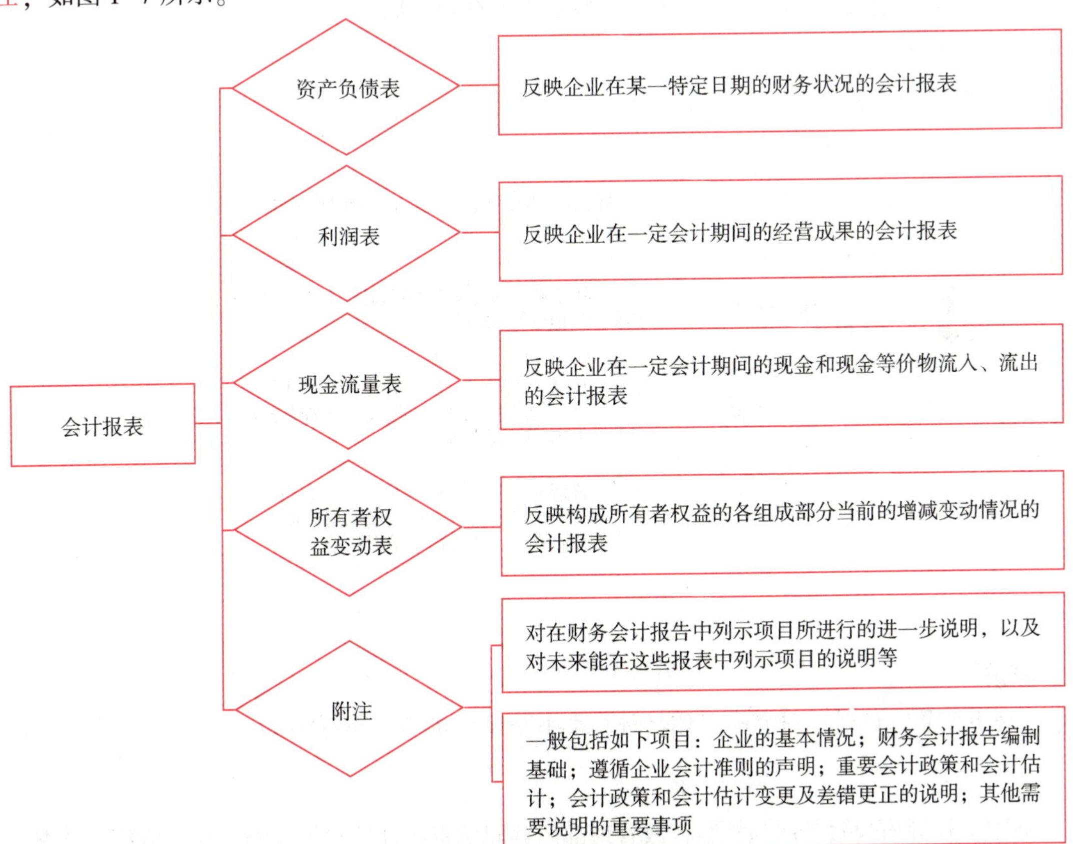

图 1-7　会计报表

（二）企业财务会计报告的编制要求

（1）企业编制财务会计报告，必须依据真实的交易、事项及完整、准确的账簿记录等资料，并按照国家统一的会计制度规定的编制基础、编制依据、编制原则和方法。

（2）根据不同的编制期间企业财务会计报告可分为年报、半年报、季报和月报。年度结账日为公历每年的 12 月 31 日，半年度、季度、月度结账日分别为公历每半年、每季、每月的最后一天。

（3）编制财务会计报告必须以登记完整、核对无误后的账簿记录和其他有关资料为依据，保证数字的真实。

（4）国家要求提供的财务会计报告，各企业必须全部编制并报送，不得漏编和漏报。

（三）企业财务会计报告的对外报出

企业对外提供的财务会计报告应加具封面、装订成册、加盖公章。财务会计报告封面上应当注明：企业名称、企业统一代码、组织形式、地址、报表所属年度或者月份、报出日期，并由企业负责人和主管会计工作的负责人、会计机构负责人（会计主管人员）签名并盖章；设置总会计师的企业，还应当由总会计师签名并盖章。

五、会计档案管理

会计档案是记录和反映单位经济业务的重要史料和证据。

（一）会计档案的内容

会计档案的内容如图 1-8 所示。

会计凭证类	•原始凭证、记账凭证、汇总凭证和其他会计凭证
会计账簿类	•总账、明细账、日记账、固定资产卡片、辅助账簿和其他会计账簿
财务报表类	•月度、季度、半年度、年度财务会计报告、资产负债表、利润表、现金流量表、所有者权益(或股东权益)变动表和附注
其他类	•银行存款余额调节表、银行对账单、应当保存的会计核算专业资料、会计档案移交清册、会计档案保管清册和会计档案销毁清册

图 1-8　会计档案的内容

☞ **提示**

财务预算、计划、制度等文件材料属文书档案，不属于会计档案。

（二）会计档案的管理部门

各级人民政府财政部门和档案行政管理部门共同负责会计档案工作的指导、监督和检查。

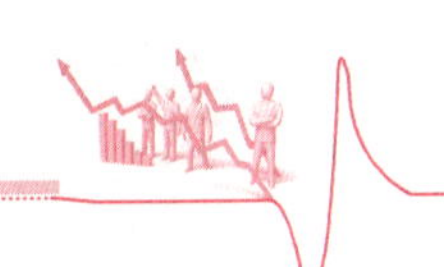

（三）会计档案的归档

各单位每年形成的会计档案，应当由会计机构按照归档要求，负责整理立卷归档。对会计档案妥善保管，建立和完善会计档案的收集、整理、保管、利用、鉴定和销毁等管理制度，严格执行安全和保密制度，保证会计档案的真实安全。采用电子计算机进行会计核算的单位，应当保存打印出的纸质会计档案。

（四）会计档案的移交

当年形成的会计档案，在会计年度终了后，可暂由会计机构保管一年，期满之后，应当由会计机构编制移交清册，移交本单位档案机构统一保管；未设立档案机构的，应当在会计机构内部指定专人保管。出纳人员不得兼管会计档案。需要拆封重新整理的，档案机构应当会同会计机构和经办人员共同拆封整理。

（五）会计档案的查阅

各单位保存的会计档案一般不得借出。如有特殊需要，经本单位负责人批准，可以提供查阅或者复制，并办理登记手续。查阅或者复制会计档案的人员，严禁在会计档案上涂画、拆封和抽换。

（六）会计档案的保管期限

根据《会计档案管理办法》的规定，企业会计档案的保管期限分为永久和定期两类。永久保管的会计档案包括会计档案保管和销毁清册、企业年度财务报告。定期会计档案的保管期分为 3 年、5 年、10 年、15 年、25 年。会计档案的保管期限，从会计年度终了后的第一天算起。不同种类会计档案的保管期限如下。

1. 会计凭证类

会计凭证类会计档案的保管期限如表 1-3 所示。

表 1-3　会计凭证类会计档案的保管期限

档案名称	保管期限/年
原始凭证	15
记账凭证	15
汇总凭证	15
行政单位和事业单位的各种会计凭证	15
各种完税凭证和缴、退库凭证	15
财政总预算拨款凭证及其他会计凭证	15
农牧业税结算凭证	15
国家金库编送的各种报表及缴库退库凭证	10
各收入机关编送的报表	10

2. 会计账簿类

会计账簿类会计档案的保管期限如表 1-4 所示。

表 1-4　会计账簿类会计档案的保管期限

档案名称	保管期限/年
现金和银行存款日记账	25
税收日记账（总账）和税收票证分类出纳账	25
现金出纳账	25
银行存款账	25
总账	15
明细账	15
日记账（除现金和银行存款日记账外）	15
辅助账簿	15
明细分类、分户账或登记簿	15

3. 财务报表类

财务报表类会计档案的保管期限如表 1-5 所示。

表 1-5　财务报表类会计档案的保管期限

档案名称	保管期限/年
年度财务报表	永久
财政总决算	永久
行政单位和事业单位决算（行政单位、事业单位）	永久
税收年报或决算（税收会计）	永久
行政单位和事业单位决算（财政总预算）	10
税收年报或决算（财政总预算）	10
国家金库年报	10
基本建设拨、贷款年报或决算	10
税收会计报表（包括票证报表）	10
财政总预算月度、季度财务报表	5
行政单位和事业单位月度、季度财务报表	5
企业月度、季度财务报表	3

4. 其他会计资料

其他会计资料会计档案的保管期限如表 1-6 所示。

表 1-6　其他会计资料会计档案的保管期限

档案名称	保管期限/年
会计档案保管清册	永久
会计档案销毁清册	永久
会计移交清册	15
银行存款余额调节表	5
银行存款余额调节表	5

（七）会计档案的销毁

1. 会计档案的销毁程序

对于保管期满可以销毁的会计档案，应当按照规定的程序销毁。具体程序如图 1-9 所示。

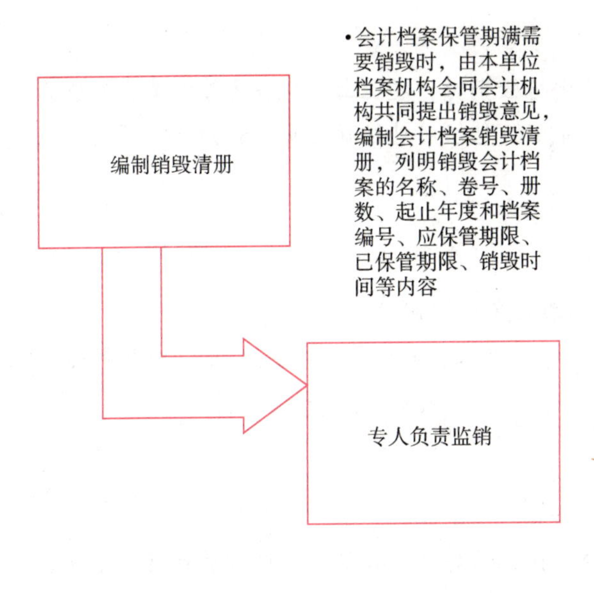

图 1-9　会计档案的销毁程序

2. 不得销毁的会计档案

（1）保管期满但未结清的债权债务原始凭证和涉及其他未了事项的原始凭证，不得销毁，应单独抽出立卷，由档案部门保管到未了事项完结为止。单独抽出立卷的会计档案，应当在会计档案销毁清册和会计档案保管清册中列明。

（2）正处于项目建设期间的建设单位，其保管期满的会计档案不得销毁。

☞ 练一练

下列各项中不属于会计档案的有（　　）。

A. 会计档案移交清册　　B. 银行对账单

C. 工商营业执照　　D. 年度工作计划

【答案】 CD

会计档案的保管期限分为永久和定期两类。定期保管会计档案的最长期限是（　　）。

A. 10 年　　B. 15 年　　C. 20 年　　D. 25 年

【答案】 D

☞ 想一想

为什么各级主管部门销毁会计档案时，应由同级财政部门、审计部门派员监销？

任务四　会计监督

☞ **想一想**

某省级财政部门在对某企业进行检查时，发现由于财务主管刘某业务能力突出，单位负责人授权其全权负责对外投资事宜，包括对外投资的决策和执行。下列说法中正确的有(　　)。

A. 该企业的做法符合规定

B. 该企业的做法不符合规定

C. 重大经济业务要建立有效的监督和控制制度

D. 重大经济业务的决策人员和执行人员之间应当相互监督、相互制约，防止权限过于集中

【答案】 BCD

☞ **知识链接**

会计监督有狭义和广义之分，狭义的会计监督是指会计人员对特定主体经济活动的真实性、合法性和合理性所进行的审查，是单位内部的会计监督。广义的会计监督指对单位内部会计监督的再监督，是外部监督，主要有社会监督和政府监督。目前，我国《会计法》以法律的形式确立了三位一体的会计监督体系。三位是指会计监督体系的3个层次：单位内部的会计监督、以注册会计师为主体的社会监督和以财政部门为主体的政府监督，如图1-10所示。一体是指各层次监督之间互相联系、互为补充，形成了一个统一的整体。三者之间的具体关系如下：内部监督是内部管理的重要组成部分，其本质是内部管理；社会监督具有独立性和有偿性，是对内部监督的再监督；政府监督具有强制性和无偿性，是对内部监督和社会监督的再监督，其特征是强制性和无偿性。

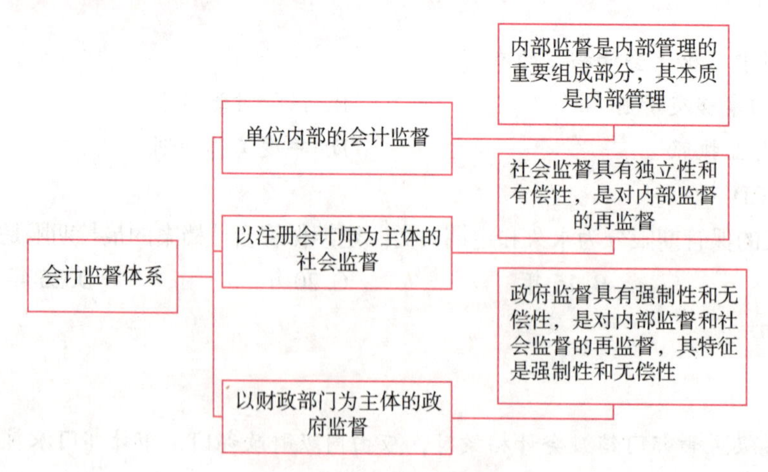

图1-10　会计监督体系

☞ **练一练**

下列各项中属于会计监督体系组成部分的有（　　）。

A. 舆论监督

B. 单位内部会计监督

C. 以注册会计师为主体的会计工作社会监督

D. 以财政部门为主体的会计工作政府监督

【答案】BCD

一、单位内部会计监督

（一）单位内部会计监督的概念与要求

1. 单位内部会计监督的概念

单位内部会计监督是指为了保证单位的经济活动符合相关法律、法规和管理制度的规定，会计机构、会计人员依法通过会计手段对经济活动的合法性、合理性和有效性进行的监督。单位内部会计监督的主体是各单位的会计机构和会计人员。内部会计监督的对象是单位的经济活动。

☞ **提示**

根据《会计法》《会计基础工作规范》的规定，单位负责人负责单位内部会计监督制度的建立、组织实施，并对有效实施承担最终责任。

2. 单位内部会计监督制度的要求

单位内部会计监督制度的要求如图 1-11 所示。

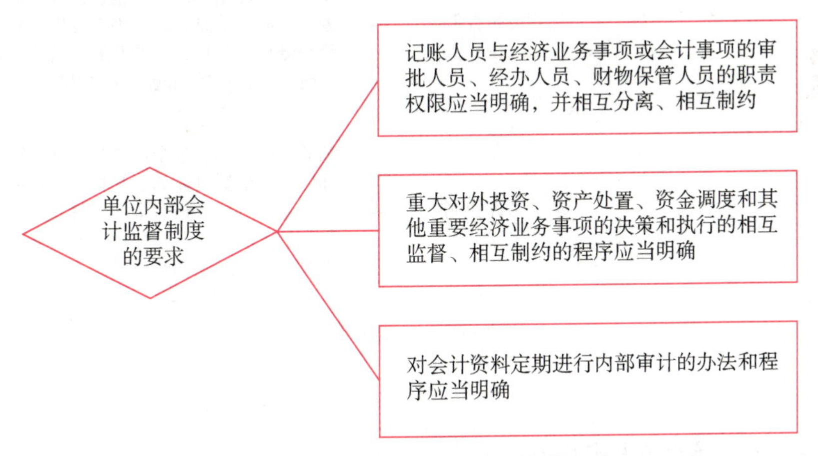

图 1-11　单位内部会计监督制度的要求

（二）单位内部控制

单位内部控制如图 1–12 所示。

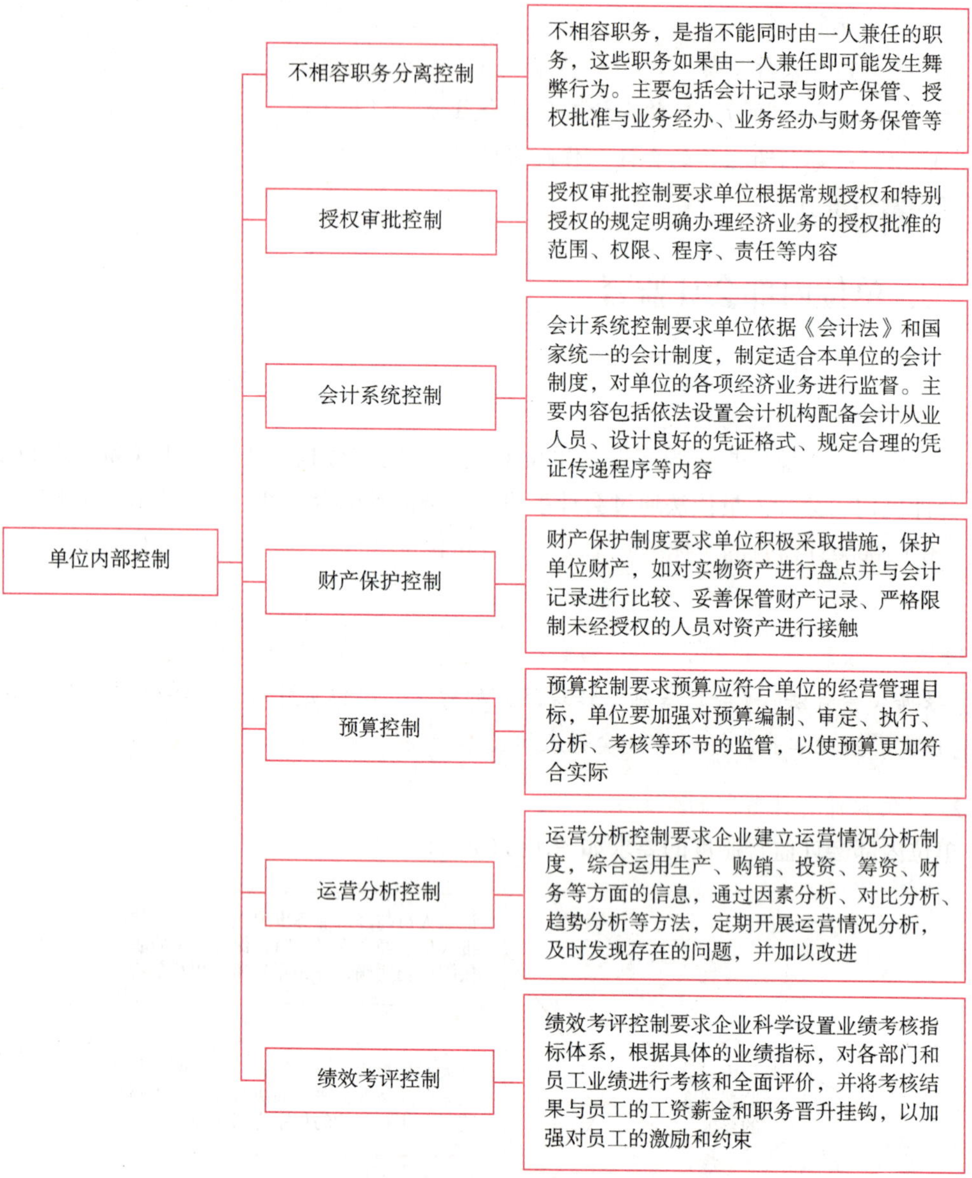

单位内部控制

- 不相容职务分离控制：不相容职务，是指不能同时由一人兼任的职务，这些职务如果由一人兼任即可能发生舞弊行为。主要包括会计记录与财产保管、授权批准与业务经办、业务经办与财务保管等
- 授权审批控制：授权审批控制要求单位根据常规授权和特别授权的规定明确办理经济业务的授权批准的范围、权限、程序、责任等内容
- 会计系统控制：会计系统控制要求单位依据《会计法》和国家统一的会计制度，制定适合本单位的会计制度，对单位的各项经济业务进行监督。主要内容包括依法设置会计机构配备会计从业人员、设计良好的凭证格式、规定合理的凭证传递程序等内容
- 财产保护控制：财产保护制度要求单位积极采取措施，保护单位财产，如对实物资产进行盘点并与会计记录进行比较、妥善保管财产记录、严格限制未经授权的人员对资产进行接触
- 预算控制：预算控制要求预算应符合单位的经营管理目标，单位要加强对预算编制、审定、执行、分析、考核等环节的监管，以使预算更加符合实际
- 运营分析控制：运营分析控制要求企业建立运营情况分析制度，综合运用生产、购销、投资、筹资、财务等方面的信息，通过因素分析、对比分析、趋势分析等方法，定期开展运营情况分析，及时发现存在的问题，并加以改进
- 绩效考评控制：绩效考评控制要求企业科学设置业绩考核指标体系，根据具体的业绩指标，对各部门和员工业绩进行考核和全面评价，并将考核结果与员工的工资薪金和职务晋升挂钩，以加强对员工的激励和约束

图 1–12　单位内部控制

☞ 练一练

下列各项中，属于不相容职务的有（　　）。

A. 出纳与记账　　B. 出纳与会计档案保管

C. 业务审批与记账　　D. 业务经办与业务审批

【答案】ABCD

（三）单位内部审计

1. 单位内部审计的概念和特点

内部审计是指通过单位内部独立的审计机构和审计人员审查和评价本部门、本单位财务收支和其他经济活动，以及内部控制的适当性、合法性和有效性，来促进单位目标的实现。单位内部审计的特点如图 1-13 所示。

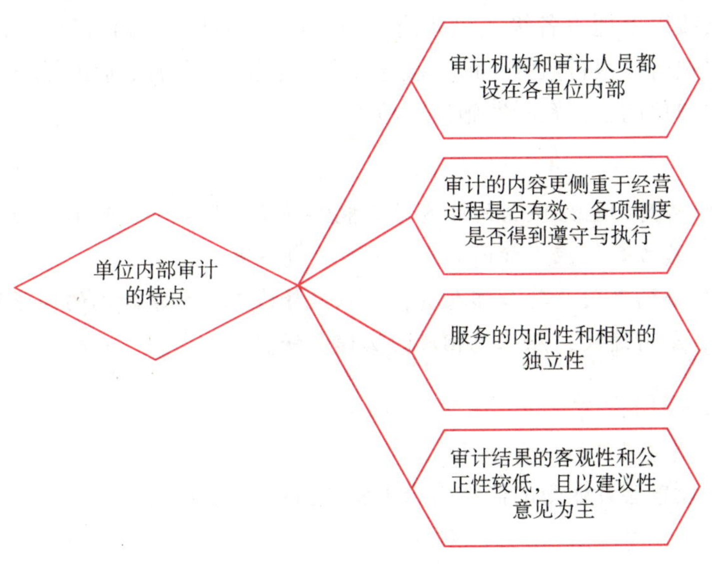

图 1-13　单位内部审计的特点

2. 内部审计的事项

单位内部审计的事项如图 1-14 所示。

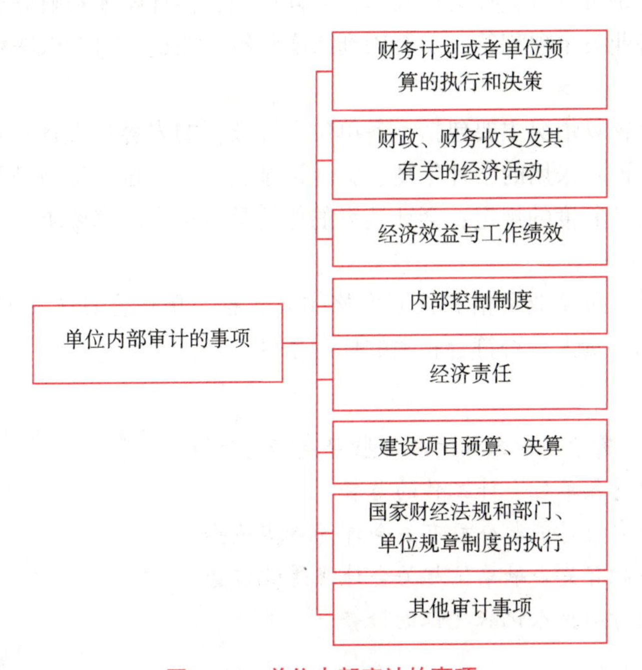

图 1-14　单位内部审计的事项

二、会计工作的政府监督

（一）会计工作政府监督的概念

会计工作的政府监督是指财政部门代表国家对有关单位中相关人员的会计行为实施的监督检查，以及对发现的违法会计行为实施的行政处罚。会计工作的政府监督是一种外部监督。财政部和县级以上地方各级人民政府财政部门是会计工作的政府监督主体。此外，审计、税务、人民银行、银行监管、证券监管、保险监管等部门依据相关法律、行政法规的规定，可以对有关单位的会计资料实施监督检查。

☞ **提示**

有关监督检查部门已经做出的检查结论能够满足其他监督检查部门履行本部门职责需要的，其他监督检查部门应当加以利用，避免重复查账。

实施监督检查的部门及其工作人员，对在监督检查过程中知悉的国家秘密和商业秘密负有保密义务，如有违反，应承担相应的法律责任。

（二）财政部门会计监督的主要内容

1. 监督单位依法设置会计账簿

对单位依法设置会计账簿的监督检查主要包括：各单位是否依法设置会计账簿；是否存在伪造、变造会计账簿等违反法律、行政法规和国家统一会计制度的行为；是否存在私设会计账簿的行为。

2. 监督单位会计凭证、会计账簿、财务报表等会计资料的完整性和真实性

监督单位会计凭证、会计账簿、财务报表等会计资料的完整性和真实性主要包括：对实际发生的经济业务是否及时进行会计核算；会计凭证、会计账簿和财务报表等会计资料是否与实际发生的经济业务事项相符，是否做到账实相符、账证相符、账账相符、账表相符。

3. 监督单位会计核算情况

监督单位会计核算情况主要包括：各单位会计核算的内容是否真实完整；是否按照规定填制、取得原始凭证；采用的会计年度、会计记录文字、记账本位币是否符合法律、行政法规和国家统一的会计制度的规定；会计档案的保管是否符合法定要求。

4. 监督单位会计人员从业资格和任职资格

监督单位会计人员从业资格和任职资格主要包括：单位会计人员是否取得会计从业资格；单位会计机构负责人是否符合相关的任职条件。

☞ **练一练**

下列各项中，属于会计工作的政府监督范畴的有（　　）。

A. 财政部门对各单位会计工作的监督

B. 证券监管部门对证券公司有关会计资料实施检查

C. 中国银行对有关金融单位相关会计账簿的监督

D. 工商机关对纳税人记账凭证的检查

【答案】AB

三、会计工作的社会监督

会计工作的社会监督主要是指注册会计师及其所在的会计师事务所依法对委托单位的经济活动进行审计并出具审计报告、发表审计意见的一种监督制度。会计工作的社会监督是一种外部监督。《会计法》规定，任何单位和个人对违反《会计法》和国家统一会计制度的行为有权检举，这也属于会计工作社会监督的范畴。

（一）注册会计师的业务范围

根据《注册会计师法》的相关规定，注册会计师承办以下审计业务：审查企业会计报表，出具审计报告；验证企业资本，出具验资报告；办理企业合并、分立、清算事宜中的审计业务，出具相关报告；法律、行政法规规定的其他审计业务。此外，注册会计师还承办会计咨询、会计服务业务，如设计会计制度、担任会计顾问、代理纳税申报、提供税务咨询等。

（二）财政部门对会计师事务所和注册会计师的监督

根据《会计师事务所审批和监督暂行办法》第四十九条的规定："会计师事务所和注册会计师存在下列情形之一的，财政部和省级财政部门应当进行重点监督检查：被投诉或者举报的；未保持设立条件的；在执业中有不良记录的；采取不正当竞争手段承接业务的。"

任务五　会计机构与会计人员

☞ 想一想

下列各项中，不符合会计法律制度规定的是（　　）。

A. 某学校在学校办公室配备了专职的会计人员

B. 某国有中型企业同时设置总会计师和分管会计工作的副总经理

C. 某县财政局对本行政区域的单位执行国家统一的会计制度的情况进行检查

D. 某乡财政所对一名违法会计人员做出了吊销会计从业资格证书的决定

【答案】 BD

一、会计机构的设置

（一）办理会计事务的组织方式

各单位办理会计事务的组织方式如图 1-15 所示。

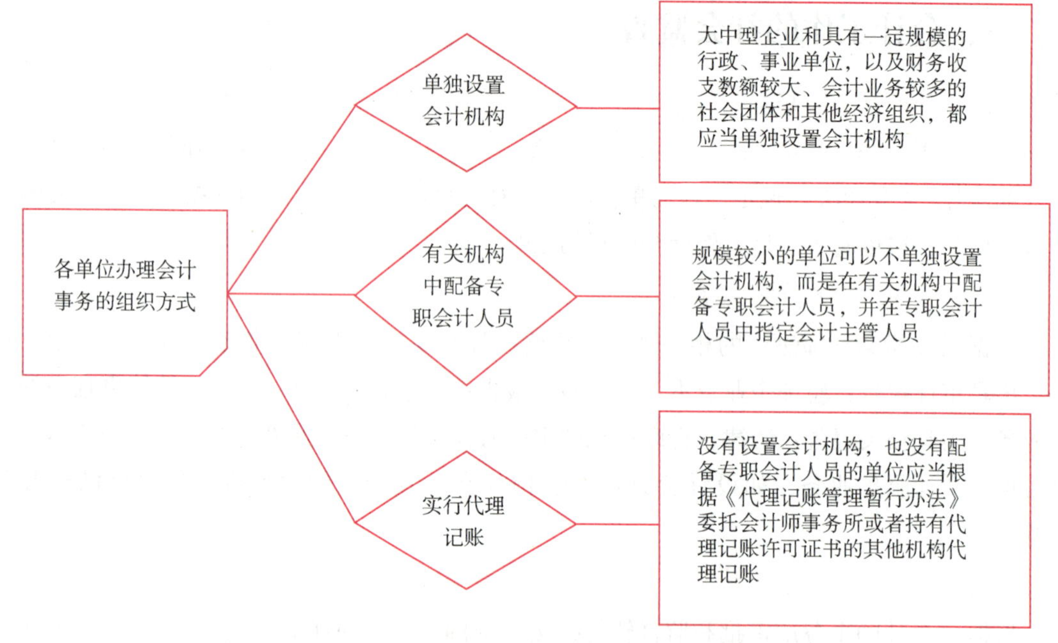

图 1-15　各单位办理会计事务的组织方式

（二）会计机构负责人（会计主管人员）的任职资格

会计机构负责人是单位内部具体负责会计工作的中层领导人员。担任单位会计机构负责人的应当具备会计师以上专业技术职务资格或者从事会计工作三年以上经历。

二、会计工作岗位的设置

（一）会计工作岗位的概念

会计工作岗位是指单位会计机构内部根据业务分工而设置的从事会计工作的具体职位。会计工作岗位一般可分为：总会计师；会计机构负责人（会计主管人员）；出纳；稽核；资本、基金核算；收入、支出、债权债务核算；职工薪酬、成本费用、财务成果核算岗位；财产物资的收发增减核算岗位；总账岗位；财务会计报告编制；会计档案管理；其他会计工作岗位。开展会计电算化和管理会计的单位，可以根据需要设置相应工作岗位，也可以与其他工作岗位相结合。

☞ **提示**

总会计师不是一种专业技术职务，也不是会计机构的负责人或会计主管人员，而是一种行政职务，是单位财务会计工作的主要负责人，全面负责财务会计管理和经济核算。

为避免混淆，这里特别指出以下工作岗位不属于会计工作岗位：对于会计档案管理岗位，会计档案在会计部门移交档案管理部门之前属于会计岗位，在移交给档案管理部门之后不再属于会计工作岗位；医院收费员、药品账房记账员、商场收费（银）员的工作不属于会计岗位；审计工作包括单位内部审计、社会审计、政府审计工作也不属于会计岗位。

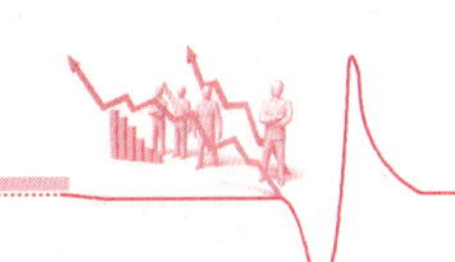

(二) 会计工作岗位设置

根据《会计基础工作规范》的规定，单位设置会计工作岗位应符合的要求如表 1-7 所示。

表 1-7　单位设置会计工作岗位的要求

单位设置会计工作岗位的要求	按需设岗	各单位应当根据会计业务需要设置会计工作岗位。不同单位的业务活动规模不同、会计活动规模不同，那么会计机构的规模和会计工作岗位的职责分工也就不同。那些业务活动规模大、业务过程复杂、管理严格的单位，会计机构的规模也就越大，会计机构内部的岗位职责分工也就越细；而那些业务活动规模较小、业务过程简单的单位，会计机构的规模也就越小，会计机构内部的岗位职责分工也就比较简单
	符合内部牵制制度	会计工作岗位，可以一人一岗、一人多岗或者一岗多人。但出纳人员不得兼管审核、会计档案保管和收入、费用、债权债务账目的登记工作。这体现了内部牵制制度中的“不相容职务相互分离”的原则
	建立轮岗制度	对会计人员的工作岗位应当有计划地进行轮换，以促进会计人员全面熟悉会计业务流程，提高会计人员业务素质
	建立岗位责任制	会计机构内部岗位责任制是指明确各项会计工作的职责范围、具体内容和要求，并落实到每一个会计工作岗位和会计工作人员的一种会计工作责任制度。单位建立岗位责任制将有利于单位会计人员履行会计岗位职责、提高会计工作效率

☞ **练一练**

下列关于会计工作岗位的说法中，不正确的是（　　）。

A. 定期轮换　　B. 只能一人一岗

C. 贯彻内部牵制的原则　　D. 根据单位会计业务的需要设置

【答案】B

三、会计人员的工作交接

会计人员工作交接是指会计人员调动、离职或因故无法工作时，应将其所经营的会计工作全部移交给接替人员。处理好会计工作的交接事宜，有利于保持会计工作的连续性和稳定性，有利于明确会计人员的责任。

(一) 交接的范围

会计人员工作交接的范围如图 1-16 所示。

会计人员工作交接的范围：

- 会计人员工作调动、离职或因故无法继续工作，必须办理交接手续
- 会计人员临时离职或者因病不能工作且需要接替或者代理的，会计机构负责人（会计主管人员）或者单位负责人必须指定有关人员接替或者代理，并办理会计工作交接手续。临时离职或者因病不能工作的会计人员恢复工作的，应当与接替或者代理人员办理交接手续
- 移交人员因病或者其他特殊原因不能亲自办理移交的，经单位领导人批准，可由移交人员委托他人代办移交，但委托人应对所移交的会计凭证、会计账簿、会计报表和其他有关资料的合法性、真实性承担法律责任

图 1-16　会计人员工作交接的范围

（二）交接的程序

会计人员工作交接的程序如图 1-17 所示。

提出交接申请 → 交接前的准备工作 → 移交点收 → 专人负责监交 → 交接后的有关事宜

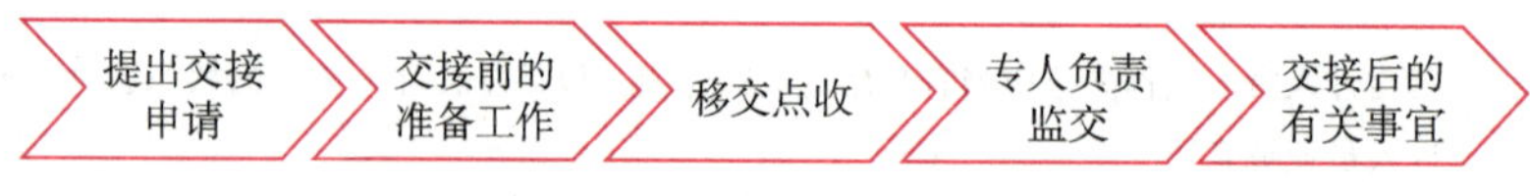

图 1-17　会计人员工作交接的程序

1. 提出交接申请

在交接申请中应说明具体的交接安排，以及有无重大报告事项或者建议等问题。

2. 交接前的准备工作

交接前的准备工作如图 1-18 所示。

交接前的准备工作：

- 已经受理的经济业务尚未填制会计凭证的，应当填制完毕
- 尚未登记的账目，应当登记完毕，并在最后一笔余额后加盖经办人员印章
- 整理应该移交的各项资料，对未了事项和遗留问题写出书面说明材料
- 编制移交清册，列明应当移交的会计凭证、会计账簿、财务会计报告、印章、现金、有价证券、支付簿、发票、文件、其他会计资料和物品等内容
- 会计机构负责人（会计主管人员）移交时，还应将财务会计工作、重大财务收支问题和会计人员的情况等向接替人员介绍清楚

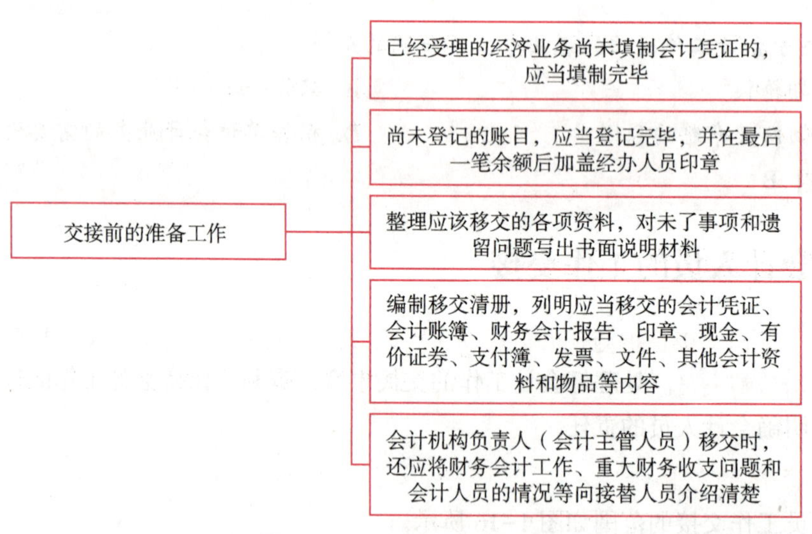

图 1-18　交接前的准备工作

3. 移交点收

移交人员在办理移交时，要按移交清册逐项移交。接替人员要按移交清册逐项核对点收。具体要求如图 1-19 所示。

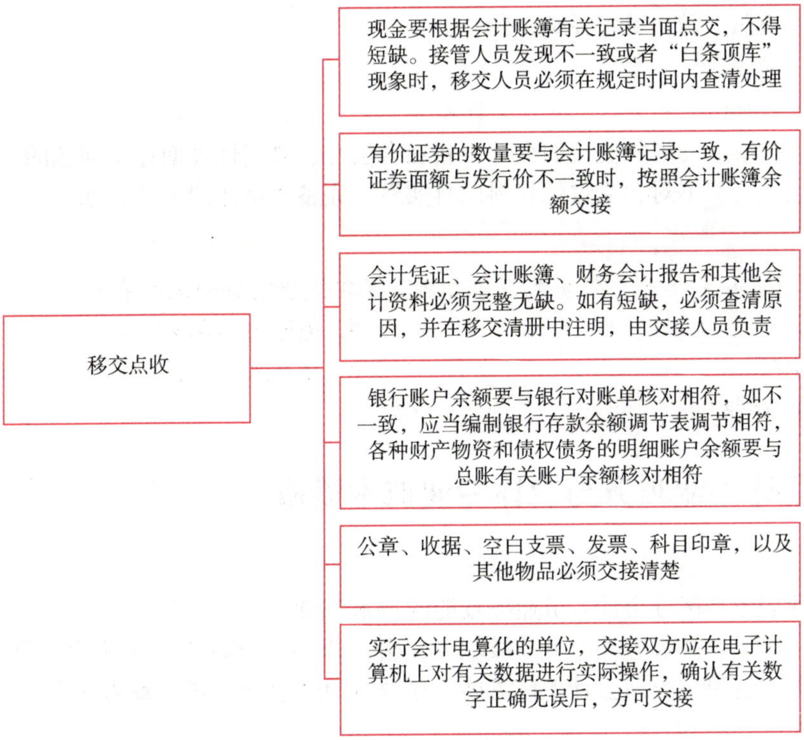

移交点收

- 现金要根据会计账簿有关记录当面点交，不得短缺。接管人员发现不一致或者“白条顶库”现象时，移交人员必须在规定时间内查清处理
- 有价证券的数量要与会计账簿记录一致，有价证券面额与发行价不一致时，按照会计账簿余额交接
- 会计凭证、会计账簿、财务会计报告和其他会计资料必须完整无缺。如有短缺，必须查清原因，并在移交清册中注明，由交接人员负责
- 银行账户余额要与银行对账单核对相符，如不一致，应当编制银行存款余额调节表调节相符，各种财产物资和债权债务的明细账户余额要与总账有关账户余额核对相符
- 公章、收据、空白支票、发票、科目印章，以及其他物品必须交接清楚
- 实行会计电算化的单位，交接双方应在电子计算机上对有关数据进行实际操作，确认有关数字正确无误后，方可交接

图 1-19　移交点收

4. 专人负责监交

专人负责监交的相关内容如图 1-20 所示。

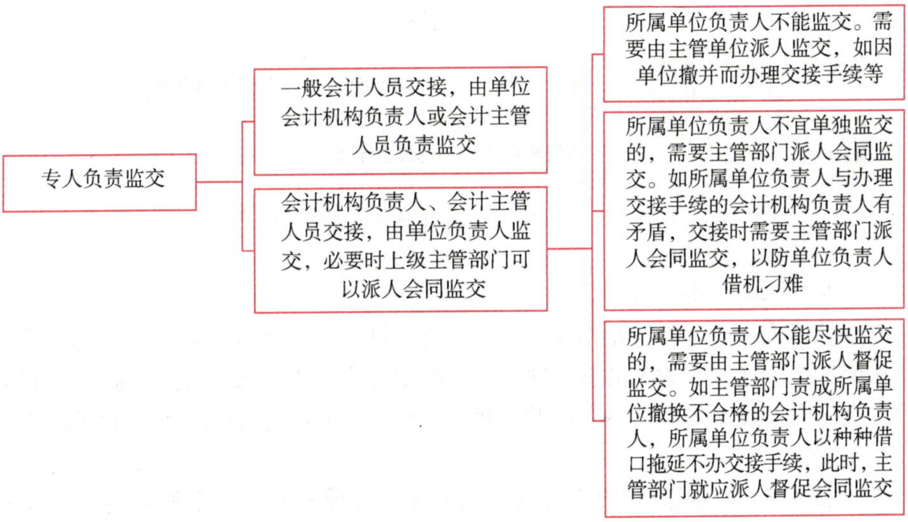

专人负责监交

- 一般会计人员交接，由单位会计机构负责人或会计主管人员负责监交
- 会计机构负责人、会计主管人员交接，由单位负责人监交，必要时上级主管部门可以派人会同监交
  - 所属单位负责人不能监交。需要由主管单位派人监交，如因单位撤并而办理交接手续等
  - 所属单位负责人不宜单独监交的，需要主管部门派人会同监交。如所属单位负责人与办理交接手续的会计机构负责人有矛盾，交接时需要主管部门派人会同监交，以防单位负责人借机刁难
  - 所属单位负责人不能尽快监交的，需要由主管部门派人督促监交。如主管部门责成所属单位撤换不合格的会计机构负责人，所属单位负责人以种种借口拖延不办交接手续，此时，主管部门就应派人督促会同监交

图 1-20　专人负责监交

5. 交接后的有关事宜

交接完毕后，交接双方和监交人员应在移交清册上签名或盖章。接替人员应当继续使用移交的会计账簿，不得自行另立新账，以保持会计记录的前后连续性。移交清册应一式三

份，交接双方各执一份，单位存档一份。

（三）交接人员的责任

移交人员对所移交的会计凭证、会计账簿、会计报表和其他有关资料的真实性、完整性负责。接替人员事后发现所交接的会计资料在合法性、真实性方面存在问题的，仍由原移交人员负责，接替人员不对移交过的材料的真实性、完整性负法律上的责任。

☞ **练一练**

会计工作交接完毕后，必须在移交清单上签名或者盖章的人员有（　　）。

A. 监交人　　B. 会计机构负责人

C. 接管人　　D. 移交人

【答案】ACD

四、会计专业职务与会计专业技术资格

（一）会计专业职务

会计专业职务是区分会计人员业务技能的技术等级。会计专业职务分为高级会计师、会计师、助理会计师。高级会计师为高级职务，会计师为中级职务，助理会计师为初级职务。会计专业职务由各单位根据会计工作需要，在规定的限额和批准的编制内设置。

（二）会计专业技术资格

会计专业技术资格是指担任会计专业职务的任职资格。会计专业技术资格分为初级资格、中级资格和高级资格 3 个级别，分别对应的会计专业职务为助理会计师、会计师、高级会计师，只有取得相应的专业技术资格才能担任相应的会计专业职务。具体内容如图 1-21 所示。

图 1-21　会计专业技术资格与会计专业职务

（三）会计专业技术人员继续教育

会计专业技术人员继续教育是指对各单位具有会计专业技术资格的人员，或不具有会计专业技术资格但从事会计工作的人员进行的、以不断提高会计专业技术人员素质为目的的再培训和再教育。会计专业技术人员享有参加继续教育的权利，同时也应履行接受继续教育的义务。

1. 会计专业技术人员继续教育的内容

会计专业技术人员继续教育内容包括公需科目和专业科目。公需科目包括专业技术人员应当普遍掌握的法律法规、政策理论、职业道德、技术信息等基本知识，专业科目包括会计专业技术人员从事会计工作应当掌握的财务会计、管理会计、财务管理、内部控制与风险管理、会计信息化、会计职业道德、财税金融、会计法律法规等相关专业知识。

2. 会计专业技术人员继续教育的形式

会计专业技术人员可以自愿选择参加继续教育的形式。会计专业技术人员继续教育的形

式有：第一，参加继续教育管理部门组织的会计专业技术人员继续教育培训、高端会计人才培训、全国会计专业技术资格考试等会计相关考试、会计类专业会议等；第二，参加会计继续教育机构或用人单位组织的会计专业技术人员继续教育培训；第三，参加国家教育行政主管部门承认的中专以上（含中专，下同）会计类专业学历（学位）教育；承担继续教育管理部门或行业组织（团体）的会计类研究课题，或在有国内统一刊号（CN）的经济、管理类报刊上发表会计类论文；公开出版会计类书籍；参加注册会计师、资产评估师、税务师等继续教育培训；第四，继续教育管理部门认可的其他形式。

任务六　法律责任

☞ **想一想**

某公司因产品销售不畅，新产品研发受到阻碍，公司财务预测本年度将发生500万元的亏损，公司总经理李某要求各部门一定完成当年的盈利目标，并对会计人员说："实在不行，可以对会计报表做一些技术处理。"总经理李某的行为属于（　　）。

A. 强令会计人员造假　　B. 指使会计人员造假

C. 纵容会计人员造假　　D. 授意会计人员造假

【答案】B

一、法律责任概述

法律责任是指行为人实施了违反法律规定的行为而应承担的法律后果。针对会计违法行为，《会计法》主要规定了两种法律责任：一是行政责任；二是刑事责任。

（一）行政责任

行政责任是指犯有一般违法行为的单位和个人，依照行政法律而应承担的法定的不利后果。行政责任主要分为行政处罚和行政处分两种形式，如表1-8所示。行政处罚是指特定的行政主体基于行政管理职权，对构成行政违法行为的行政相对人所实施的行政法上的制裁措施。行政处罚的形式主要有警告，罚款，没收违法所得，没收非法财物，责令停产、停业，暂扣或吊销许可证，暂扣或吊销营业执照和行政拘留。行政处分是国家工作人员违反行政法律规范所应承担的一种行政责任。行政处分的形式主要有警告、记过、记大过、降级、撤职、开除。

表1-8　行政责任的两种形式

行政责任	概念	种类
行政处罚	特定的行政主体基于行政管理职权，对构成行政违法行为的行政相对人所实施的行政法上的制裁措施	警告，罚款，没收违法所得，没收非法财物，责令停产、停业，暂扣或吊销许可证，暂扣或吊销营业执照，行政拘留
行政处分	国家工作人员违反行政法律规范所应承担的一种行政责任	警告、记过、记大过、降级、撤职、开除

☞ **练一练**

下列各项中，不属于对会计违法行为的行政处分的是（　　）。

A. 责令限期改正　　B. 开除　　C. 记过　　D. 警告

【答案】A

（二）刑事责任

刑事责任是指因违反了刑法而应当承担的法定的不利后果。行政责任与刑事责任两者的主要区别如表 1-9 所示。

表 1-9　行政责任与刑事责任的区别

区别	行政责任	刑事责任
追究的行为不同	行政责任追究的是一般违法行为	刑事责任追究的是犯罪行为
追究责任的机关不同	追究刑事责任的机关只能是司法机关	追究行政责任的机关则是国家行政机关
承担法律责任的后果不同	承担行政责任所接受的行政处罚相对于刑事责任则要轻很多	承担刑事责任要接受刑事处罚

二、不依法设置会计账簿等会计违法行为的法律责任

（一）会计违法行为的类型

会计违法行为的类型如图 1-22 所示。

会计违法行为的类型

1.不依法设置会计账簿的行为。主要包括应当设置会计账簿的单位不设置会计账簿及未按规定的种类、形式及要求设置会计账簿的行为

2.私设会计账簿的行为

3.未按照规定填制、取得原始凭证或者填制、取得的原始凭证不符合规定的行为

4.以未经审核的会计凭证为依据登记会计账簿或者登记会计账簿不符合规定的行为

5.随意变更会计处理方法的行为。会计处理方法的变更会直接影响会计资料的质量和可比性

6.向不同的会计资料使用者提供的财务会计报告编制依据不一致的行为

7.未按照规定使用会计记录文字或者记账本位币的行为

8.未按照规定保管会计资料，致使会计资料毁损、灭失的行为

9.未按照规定建立并实施单位内部会计监督制度或者拒绝实施监督或者不如实提供有关会计资料及有关情况的行为

10.任用会计人员不符合《会计法》规定的行为

图 1-22　会计违法行为的类型

（二）会计违法行为应承担的法律责任

会计违法行为应承担的法律责任如图 1-23 所示。

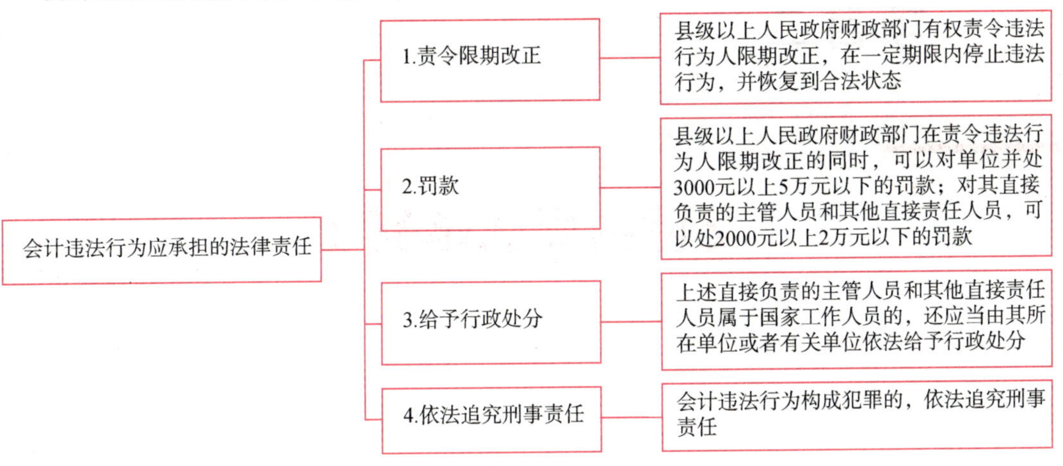

图 1-23　会计违法行为应承担的法律责任

三、其他会计违法行为的法律责任

其他会计违法行为的法律责任如表 1-10 所示。

表 1-10　其他会计违法行为的法律责任

<table>
<tr><td rowspan="6">其他会计违法行为的法律责任</td><td>伪造、变造会计凭证、会计账簿，编制虚假财务会计报告的法律责任</td><td rowspan="2">以上行为构成犯罪的需要依法承担刑事责任。
尚不构成犯罪的，承担以下行政责任：
①通报。由县级以上人民政府财政部门予以通报。
②罚款。县级以上人民政府财政部门在予以通报同时，可以对单位并处 5000 元以上 10 万元以下的罚款；对其直接负责的主管人员和其他直接责任人员，可以处 3000 元以上 5 万元以下的罚款。
③行政处分。属于国家工作人员的，还应当由其所在单位或者有关单位依法给予撤职直至开除的行政处分。
④从业限制。其中的会计人员，5 年内不得从事会计工作</td></tr>
<tr><td>隐匿或者故意销毁依法应当保存的会计凭证、会计账簿、财务会计报告的法律责任</td></tr>
<tr><td>授意、指使、强令会计机构、会计人员及其他人员伪造、变造会计凭证、会计账簿，编制虚假财务会计报告或者隐匿、故意销毁依法应当保存的会计凭证、会计账簿、财务会计报告的法律责任</td><td>以上行为构成犯罪的需要依法承担刑事责任。
尚不构成犯罪的，承担以下行政责任：
①罚款。可以由县级以上人民政府财政部门处 5000 元以上 5 万元以下的罚款。
②行政处分。属于国家工作人员的，还应当由其所在单位或者有关单位依法给予降级、撤职、开除的行政处分</td></tr>
<tr><td>单位负责人对依法履行职责、抵制违反《会计法》规定行为的会计人员实行打击报复的法律责任</td><td>以上行为构成犯罪的需要依法承担刑事责任。
尚不构成犯罪的，由其所在单位或者有关单位依法给予行政处分。
对受打击报复的会计人员，应当恢复其名誉和原有职务、级别</td></tr>
<tr><td>财政部门及有关行政部门的工作人员在实施监督管理中滥用职权、玩忽职守、徇私舞弊或者泄露国家秘密、商业秘密的法律责任</td><td>以上行为构成犯罪的需要依法承担刑事责任。
尚不构成犯罪的，依法给予行政处分</td></tr>
<tr><td>将检举人姓名和检举材料转给被检举单位和被检举人个人的法律责任</td><td>由所在单位或者有关单位依法给予相应的行政处分</td></tr>
</table>

项目二

支付结算法律制度

知识目标

1. 掌握支付结算的概念和基本特征，以及支付结算的方式、支付结算的基本原则、支付结算相关法律制度。

2. 了解银行结算账户的概念和种类，掌握银行账户的开立、变更、撤销和管理。熟悉银行结算账户的使用范围和开户要求。

3. 了解票据的概念和种类，掌握票据关系、票据行为以及票据使用中的异常情况和处理方法，掌握汇票、本票、支票的具体要求。

4. 了解银行卡的概念与种类；掌握银行卡的申请、销户、挂失流程，银行卡的利息、费用的计算，以及银行卡的使用规范。

5. 了解并熟悉其他结算方式，包括汇兑，托收，承付，委托收款和电子支付。

知识导图

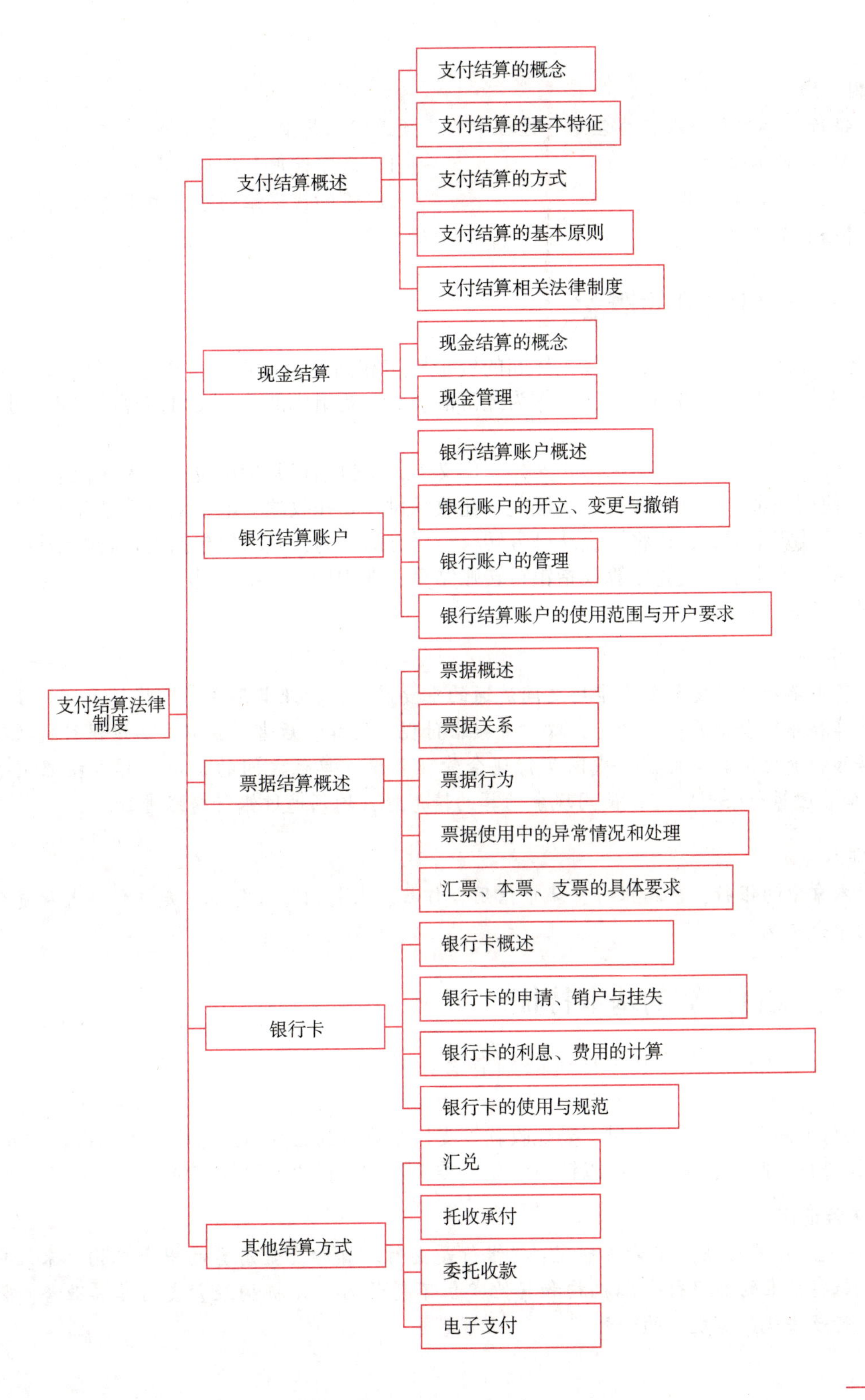

支付结算法律制度
支付结算概述
支付结算的概念
支付结算的基本特征
支付结算的方式
支付结算的基本原则
支付结算相关法律制度
现金结算
现金结算的概念
现金管理
银行结算账户
银行结算账户概述
银行账户的开立、变更与撤销
银行账户的管理
银行结算账户的使用范围与开户要求
票据结算概述
票据概述
票据关系
票据行为
票据使用中的异常情况和处理
汇票、本票、支票的具体要求
银行卡
银行卡概述
银行卡的申请、销户与挂失
银行卡的利息、费用的计算
银行卡的使用与规范
其他结算方式
汇兑
托收承付
委托收款
电子支付

任务一　支付结算概述

☞ **想一想**

银行、单位和个人在办理结算过程中，必须遵守的基本原则有（　　）。

A. 银行不垫款　　　　B. 恪守信用，履约付款

C. 必须提供担保　　　　D. 谁的钱进谁的账，由谁支配

【答案】 ABD

一、支付结算的概念

随着经济的繁荣发展，市场主体间的资金周转和商品流通加快，对于资金准确、及时、安全到账提出更加严格的要求，而作为经济活动的重要组成部分，支付结算的重要性也更加凸显。

支付结算的概念有广义和狭义之分。广义上，支付结算是指单位、个人在社会经济活动中通过使用现金、票据、银行卡、汇兑、托收承付、委托收款、电子支付等结算方式进行货币给付及其资金清算，以将资金从己方转移至对方的行为，其不仅包括银行转账结算还包括现金结算。狭义上，支付结算仅指银行转账结算，即中国人民银行印发的《支付结算办法》中支付结算的定义。

☞ **提示**

货币是产品市场与要素市场之间流通的重要媒介，按照其形式，可将货币结算分为现金结算和非现金结算，前者是指双方直接给付现金结算，后者是指双方通过银行将款项进行转移和资金清算。目前，我国实行现金管理制度，单位之间的货币结算除按照国务院《现金管理暂行条例》可以使用现金结算的情形外，均须通过银行转账进行。

☞ **提示**

本章中的银行，包括银行、城市信用合作社、农村信用合作社，是支付结算和资金清算的中介机构。

二、支付结算的基本特征

（一）支付结算的中介机构必须符合法律的规定

支付结算的主要当事人为付款人（或出票人）、收款人（或持票人）和中介机构。票据、银行卡和汇兑、托收承付、委托收款等支付结算行为必须由经过中国人民银行批准的金融机构进行。此外，银行间可以针对汇兑、委托收款、托收承付等支付结算业务实行代理。

☞ **法条链接**

《支付结算办法》第六条规定："银行是支付结算和资金清算的中介机构。未经中国人民银行批准的非银行金融机构和其他单位不得作为中介机构经营支付结算业务。但法律、行政法规另有规定的除外。"

《非金融机构支付服务管理办法》第三条规定："非金融机构提供支付服务，应当依据本办法规定取得《支付业务许可证》，成为支付机构。支付机构依法接受中国人民银行的监督管理。未经中国人民银行批准，任何非金融机构和个人不得从事或变相从事支付业务。"支付机构之间的货币资金转移应当委托银行业金融机构办理，不得通过支付机构相互存放货币资金或委托其他支付机构等形式办理。支付机构不得办理银行业金融机构之间的货币资金转移，经特别许可的除外。

（二）支付结算具有要式性，须符合法律规定的特定形式

支付结算是要式行为，即依据法律规定必须具有一定形式才有法律效力的行为。支付结算行为必须符合《支付结算办法》的规定，若不符合法定的形式要件，行为无效。

票据和结算凭证是支付结算行为要式性的重要体现，以保证支付结算的标准化、规范化。单位、个人和银行办理支付结算，应使用中国人民银行统一规定印制的票据和结算凭证。非央行统一规定印制的票据，票据无效；未使用央行统一规定格式的结算凭证，银行不予受理。填写票据和结算凭证也有具体细化的规定，如金额方面须同时记载中文大写和阿拉伯数字，且两者必须一致。

（三）支付结算实行统一管理和分级管理相结合的管理体制

支付结算不仅关系到当事人之间具体的经济事务，还关系到中国经济的运行与发展。故而，对于支付结算的管理应由国家进行把控。

（1）整体上，由中国人民银行总行负责制定统一的支付结算制度，组织、协调、管理、监督全国的支付结算工作，调解、处理银行之间的支付结算纠纷。

（2）具体细则上，由中国人民银行各个分行根据统一的支付结算制度制定实施细则，报总行备案；根据需要可以制定单项支付结算办法，报经中国人民银行总行批准后执行。中国人民银行分行、支行负责组织。协调、管理、监督本辖区的支付结算工作，调解、处理本辖区银行之间的支付结算纠纷。

（3）运行过程中，政策性银行、商业银行总行可以根据统一的支付结算制度，结合本行情况，制定具体管理实施办法，报经中国人民银行总行批准后执行。政策性银行、商业银行负责组织、管理、协调本行内的支付结算工作，调解、处理本行内分支机构之间的支付结算纠纷。

☞ 法条链接

《支付结算办法》第二十条第一款规定："支付结算实行集中统一和分级管理相结合的管理体制。"

☞ 练一练

《支付结算办法》第二十条第二款规定："（　　）负责制定统一的支付结算制度，组织、协调、管理、监督全国的支付结算工作，调解、处理银行之间的支付结算纠纷。"

A. 中国人民银行总行

B. 中国人民银行总行及各省、自治区和直辖市分行

C. 中国人民银行总行及各级分支机构

D. 中国人民银行总行及各商业银行总行

【答案】A

三、支付结算的方式

目前，我国办理支付结算主要通过“三票一卡”（汇票、本票、支票、银行卡）及汇兑、托收承付、委托收款等结算方式进行，如图 2-1 所示。

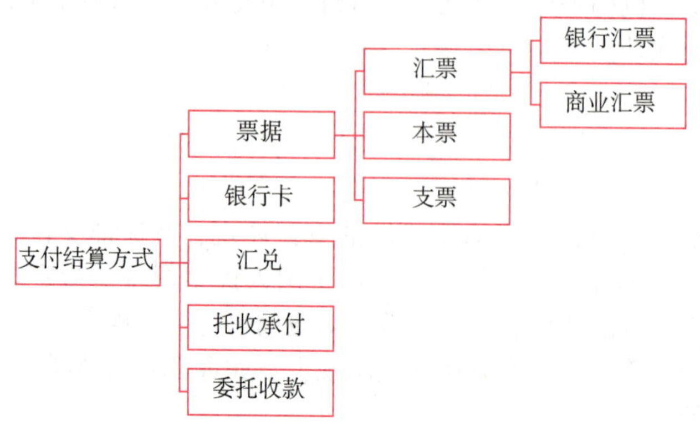

图 2-1　支付结算方式的类型

（一）票据

1. 汇票

根据《中华人民共和国票据法》（以下简称《票据法》）的规定，汇票是指出票人签发的，委托付款人在见票时，或者在指定日期无条件支付确定的金额给收款人或者持票人的票据，如图 2-2 所示。按照出票人的不同，汇票分为银行汇票和商业汇票。

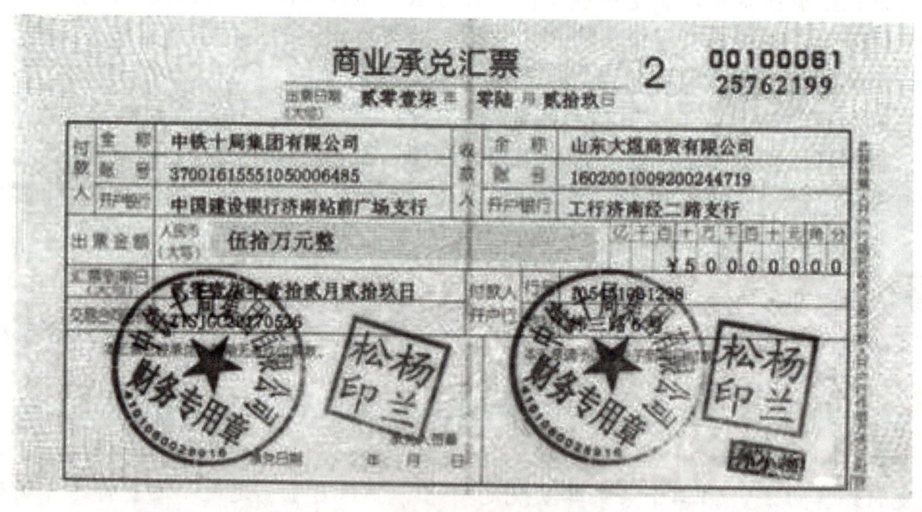
商业承兑汇票　2　00100061 25762199

出票日期（大写）　贰零壹柒年　零陆月　贰拾玖日

付款人			收款人		
全称	中铁十局集团有限公司		全称	山东大煜商贸有限公司	
账号	37001615551050006485		账号	1602001009200244719	
开户银行	中国建设银行济南站前广场支行		开户银行	工行济南经二路支行	

出票金额　人民币（大写）　伍拾万元整　¥500000.00

图 2-2　汇票

1）银行汇票

银行汇票是指由银行签发的，由其在见票时按照实际结算金额无条件支付给收款人或者持票人的票据。

2）商业汇票

商业汇票是指由银行以外的其他单位签发的，委托付款人在指定日期无条件支付确定金

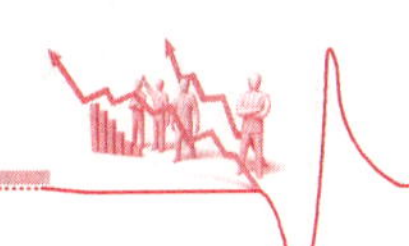

额给收款人或者持票人的票据。

2. 本票

本票是指是出票人签发的，承诺自己在见票时无条件支付确定的金额给收款人或者持票人的票据，如图 2-3 所示。本票也可根据出票人不同，分为商业本票（或称一般本票）和银行本票，但我国《票据法》中的本票仅指银行本票，即由银行机构签发的，承诺自己在见票时无条件支付确定金额给收款人或者持票人的票据。

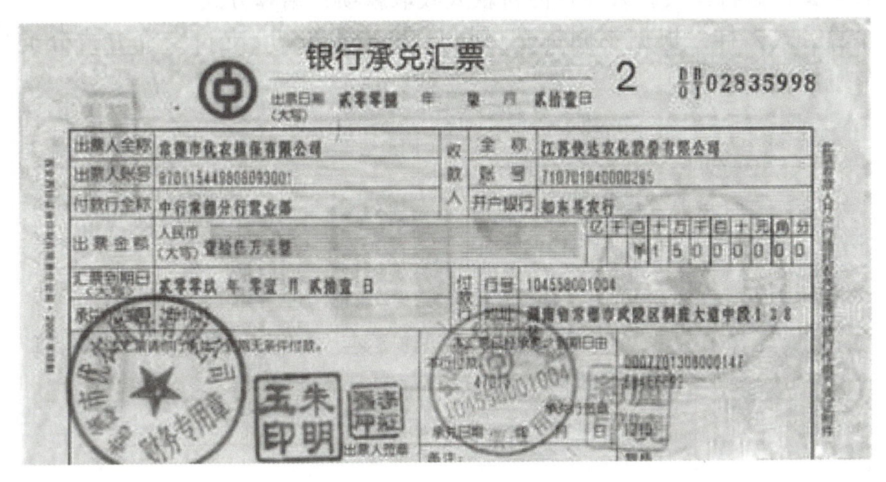

银行承兑汇票　2　02835998

出票日期（大写）

出票人全称		收款人	全称	
出票人账号			账号	710701040000285
付款行全称	中行常德分行营业部		开户银行	如东县农行
出票金额	人民币（大写）壹拾伍万元整		亿千百十万千百十元角分	￥15000000
汇票到期日（大写）		付款行	行号	104558001004

出票人签章

备注：

图 2-3　本票

3. 支票

支票是指由出票人签发的，委托办理支票存款业务的银行或者其他金融机构在见票时无条件支付确定的金额给收款人或者持票人的票据，如图 2-4 所示。

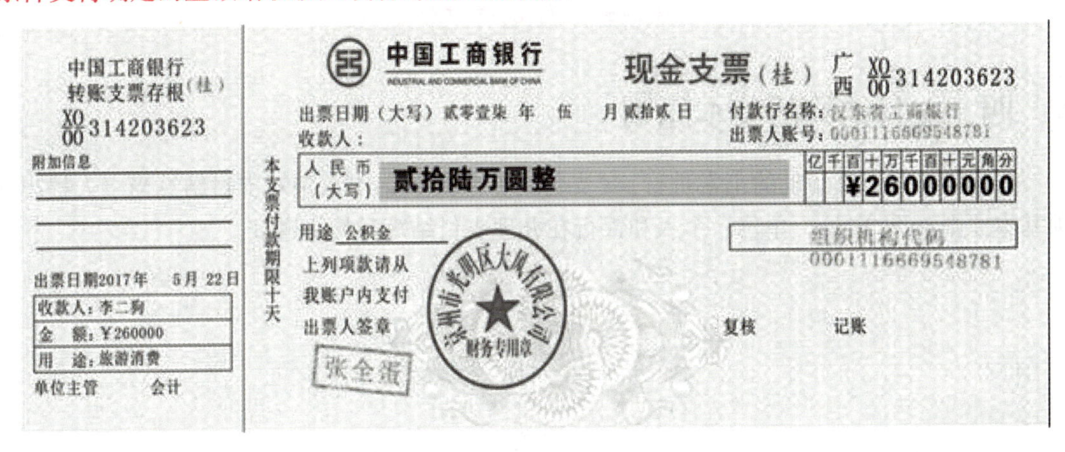

中国工商银行
转账支票存根（桂）
XO 00 314203623
附加信息
出票日期2017年　5月 22日
收款人：李二狗
金　额：￥260000
用　途：旅游消费
单位主管　　会计

中国工商银行
INDUSTRIAL AND COMMERCIAL BANK OF CHINA
现金支票（桂）　广西　XO 00 314203623
出票日期（大写）贰零壹柒 年　伍　月 贰拾贰 日　付款行名称：
收款人：　出票人账号：0001116669548781
本支票付款期限十天
人民币（大写）贰拾陆万圆整　亿千百十万千百十元角分　￥26000000
用途 公积金
组织机构代码
0001116669548781
上列项款请从
我账户内支付
出票人签章
复核　　记账

图 2-4　支票

（二）银行卡

银行卡是指经批准由商业银行（含邮政金融机构）向社会发行的具有消费信用、转账结算、存取现金等全部或部分功能的信用支付工具。

（三）汇兑

汇兑是指汇款人委托银行将其款项支付给收款人的结算方式。汇兑分为信汇和电汇两

种。单位和个人各种款项的结算，均可使用汇兑结算方式。

（四）托收承付

托收承付是指根据购销合同在收款人发货后委托银行向异地付款人收取款项，并在合同对单或对证验收后，向银行承认付款的结算方式。

（五）委托收款

委托收款是指银行经收款人委托向付款人收取款项的结算方式。

支付结算方式多样，根据不同标准可划分为不同类型。支付结算方式分类如图 2-5 所示。

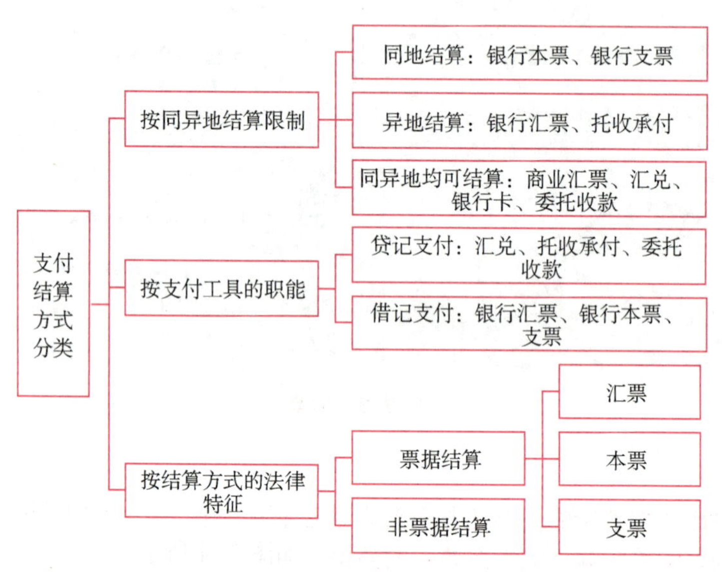

图 2-5　支付结算方式分类

四、支付结算的基本原则

为保障支付结算活动的正常进行，《支付结算办法》第十六条对支付结算当事人提出三项基本原则（图 2-6），单位、个人和银行在办理支付结算时均应遵守。

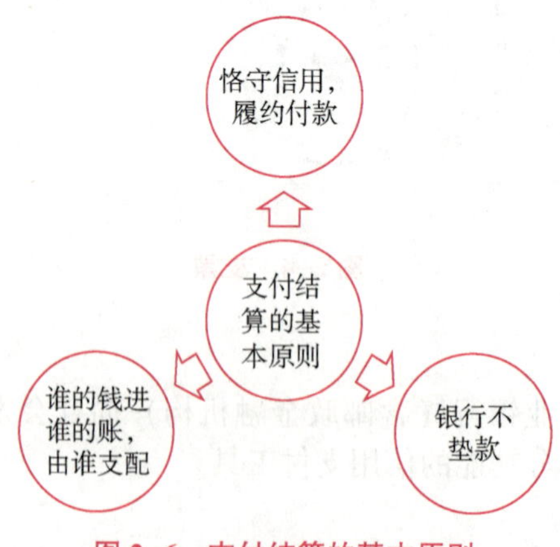

图 2-6　支付结算的基本原则

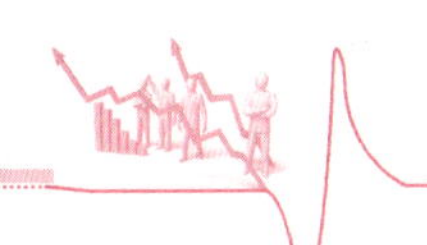

（一）恪守信用，履约付款

交易当事人之间的协议由各自协商确定，各方当事人应当遵守信用，履行约定事项，支付结算时应当按照协议约定进行操作。对于付款人来说，应当按照约定的付款金额、时间和方式进行支付。对于银行来说，应当尊重客户的自由意志，依照客户的委托妥善办理支付结算；同时也应尽到作为中介机构的合理的审查义务。

☞ 法条链接

《支付结算办法》第十七条规定："银行以善意且符合规定和正常操作程序审查，对伪造、变造的票据和结算凭证上的签章以及需要交验的个人有效身份证件，未发现异常而支付金额的，对出票人或付款人不再承担受委托付款的责任，对持票人或收款人不再承担付款的责任。"

（二）谁的钱进谁的账，由谁支配

支付结算应当取决于委托人的自由意志，民事行为具有法律效力的前提之一是当事人意思自由，支付结算方面也体现了这一点。支付结算过程中，当事人对自己的银行存款拥有支配权，银行本身仅为中介机构，不应干扰、限制委托人的自由意志，其只需尽到自己的审查义务即可。

☞ 法条链接

《支付结算办法》第十八条规定："依法背书转让的票据，任何单位和个人不得冻结票据款项。但是法律另有规定的除外。"

《支付结算办法》第十九条规定："银行依法为单位、个人在银行开立的基本存款账户、一般存款账户、专用存款账户和临时存款账户的存款保密，维护其资金的自主支配权。对单位、个人在银行开立上述存款账户的存款，除国家法律、行政法规另有规定外，银行不得为任何单位或者个人查询；除国家法律另有规定外，银行不代任何单位或者个人冻结、扣款，不得停止单位、个人存款的正常支付。"

（三）银行不垫款

银行仅为支付结算的中介机构，负责办理结算当事人之间的款项转移，不承担垫付款项的责任。此原则旨在区别银行资金与存款人资金，一方面维护银行资金的所有权和经营权的安全，另一方面促使委托人直接对自己的债权、债务负责。

☞ 练一练

（　　）不是单位、个人和银行办理支付结算必须遵守的原则。

A. 恪守信用，履约付款　　　　B. 银行不垫款

C. 谁的钱进谁的账，由谁支配　　　　D. 一个基本账户原则

【答案】 D

五、支付结算相关法律制度

随着经济和科技的发展，支付结算方式也日新月异。为维护支付结算体系的安全，相关

的法律法规陆续出台。目前，关于支付结算的法律制度已逐步形成体系。

（一）关于支付结算方式基础性规定

关于支付结算方式基础性规定，主要包括《中华人民共和国商业银行法》（1995年5月10日第八届全国人民代表大会常务委员会第十三次会议通过，根据2003年12月27日第十届全国人民代表大会常务委员会第六次会议《关于修改〈中华人民共和国商业银行法〉的修定》修正）、《中华人民共和国人民币银行结算账户管理办法》（2002年8月21日第34次行长办公会议通过，于2003年9月1日起施行）等。

（二）关于支付结算方式的具体性要求

支付结算业务必须严格执行各项法律法规，具体有如下关于支付结算方式的要求的规定：《票据法》（1995年5月10日第八届全国人民代表大会常务委员会第十三次会议通过，并于1996年1月1日起施行，根据2004年8月28日第十届全国人民代表大会常务委员会第十一次会议《关于修改〈中华人民共和国票据法〉的决定》修正）、《票据管理实施办法》（1997年10月1日起实施，2011年1月8日修正）、《中华人民共和国电子签名法》（2005年4月1日起施行，2015年4月24日修正）等。

（三）政府部门监管要求的规定

近年来关于支付结算的政策性规定，包括《中国人民银行关于进一步加强人民币银行结算账户开立、转账、现金支取业务管理的通知》（2011年印发）、《境外机构人民币银行结算账户开立和使用有关问题的通知》（2012年印发）、《中国人民银行关于加强银行卡业务管理的通知》（2014年印发）等。

任务二 现金结算

☞ 想一想

下列各项中，除经开户银行审查后可予以支付外，单位不能擅自用现金的是（ ）。

A. 支付向个人收购的农副产品的价款5 000元

B. 出差人员王某领取必须随身携带的差旅费10 000元

C. 支付购买办公用品的费用600元

D. 向职工个人支付工资、津贴共1 200元

【答案】D

一、现金结算的概念

现金结算是指通过现金进行支付结算的行为，而理论上现金有广义与狭义之分。广义上，现金是指可以投入流通的交换媒介，是可以有效地用来购买货物、劳务或偿还债务、支付日常零星开支的通货，包括库存现款和各种银行存款、流通证券等。狭义上，现金是指企

业所拥有的硬币、纸币，即由企业出纳员保管作为零星业务开支之用的库存现款。在我国，现金是指人民币（包括纸币和金属铸币）。由此可见，我国采用的是狭义的现金概念。

二、现金管理

现金管理是指管理、监督与控制开户单位现金的使用范围、数量，如管理现金使用范围、使用限额、库存限额及处理违反现金管理行为等。各级人民银行监督和稽核开户银行的现金管理，然后开户银行具体执行，监督管理开户单位的现金收支、使用。实行现金管理制度和国家对信贷与结算的其他有关规定，以达到让中国人民银行成为国民经济的结算中心、信贷中心与现金出纳中心的目的，充分发挥银行对国民经济各部门的监督作用，对于保护社会主义经济建设对金银的需要具有重要的意义。

（一）现金的使用范围

我国鼓励开户单位和个人在经济活动中，以转账方式进行结算，减少使用现金，并对现金结算进行了严格管理，开户单位之间的经济往来，除了按照《现金管理暂行条例》规定的范围可以使用现金外，应当通过开户银行进行转账结算。现金结算的范围如表 2-1 所示。

表 2-1 现金结算的范围

可以使用现金的范围	（1）职工工资、津贴； （2）个人劳务报酬； （3）根据国家规定颁发给个人的科学技术、文化艺术、体育等各种奖金； （4）各种劳保，福利费用以及国家规定的对个人的其他支出； （5）向个人收购农副产品和其他物资的价款； （6）出差人员必须随身携带的差旅费； （7）结算起点以下的零星支出； （8）中国人民银行确定需要支付现金的其他支出。 以上结算起点定为 1 000 元。结算起点的调整，由中国人民银行确定，报国务院备案。使用现金限额，也按此执行。除第（5）、（6）项外，开户单位支付给个人的款项，超过使用现金限额的部分，应当以支票或者银行本票支付；确需全额支付现金的，经开户银行审核后，予以支付现金
不得使用现金的情形	（1）机关、团体、部队、全民所有制和集体所有制企业事业单位购置国家规定的专项控制商品，必须采取转账结算方式。 （2）开户单位应按国家规定的开支范围使用现金，结算金额超过起点的，不得使用现金。 （3）在银行开户的个体工商户、农村承包经营户异地采购的贷款，应当通过银行以转账方式进行结算。但因采购地点不确定、交通不方便必须携带现金的，由客户提出申请，开户银行根据实际需要予以支付现金。 （4）对个体工商户、农村承包经营户发放的贷款，应当以转账方式支付。但对确需在集市使用现金购买物资的，经开户银行审核后，可以在贷款金额内支付现金

（二）库存现金的限额

库存现金限额是指开户单位日常零星支出所需留存的现金的最高额度。各个开户单位的库存现金都须核定限额，由开户单位提出计划，开户银行审批，每年核定一次。若一个单位在几家银行开户的，由一家开户银行核定。部队、公安系统的保密单位和其他保密单位的库存现金限额的核定和现金管理工作检查事宜由其主管部门负责，并由主管部门将确定的库存现金限额和检查情况报开户银行。

银行核定时，一般以开户单位 3~5 天的日常零星开支所需为库存现金限额；边远地区和交通不发达地区的开户单位的库存现金限额可以适当放宽，但最多不得超过 15 天的日常零星开支。对没有在银行单独开立账户的附属单位也要实行现金管理，核定必须保留的现金限额，其限额包括在开户单位的库存限额之内。商业和服务行业的找零备用现金也要根据营业额核定定额，但不包括在开户单位的库存现金限额之内。

经过核定的库存现金限额，开户单位必须严格遵守，如需增减库存现金限额，应当向开户银行提出申请，银行核定后再调整。

正常开支需要量不包括企业每月发放工资和不定期差旅费等大额现金支出。超过限额的现金应及时存入银行，库存现金低于限额时，可以签发现金支票从银行提取现金，补足限额。

☞ 提示

核定单位库存限额是为了既保证日常零星现金支付的合理需要，又尽量减少现金的使用。计算公式如下：

库存现金限额=每日零星支出额×核定天数

每日零星支出额=月（或季）平均现金支出额（不包括定期性的大额现金支出和不定期的大额现金支出）/月（或季）平均天数

除可以从非业务性的零星现金收入（如退回差旅费、出售废品收入等现金收入）中补充和允许坐支的单位可以从业务收入中补充外，开户单位均应向银行领取现金补足限额。单位向开户银行领取现金补足限额一般不得超过原核定的库存现金限额与剩余现金之差。如果零星费用集中支付，需领取的现金和库存现金之和超过库存现金限额，应在领取现金时说明情况经银行同意后方可领取，但单位当天留存过夜的库存现金数额不得超过库存现金限额。

单位向开户银行领取零星现金时，在现金支票用途栏应注明“备用金”字样，不属于备用金范围需要的现金，应另开现金支票领取。单位收入的现金不得作为库存现金留存，应于当日送存银行。

☞ 练一练

根据《现金管理暂行条例》的规定，为了保证开户单位零星开支的需要，允许单位预留一部分现金，其金额的最高限额一般按照单位（　　）的日常零星开支所需来确定。

A. 1~2 天　　B. 3~5 天　　C. 2~3 天　　D. 2~5 天

【答案】B

（三）现金收支的规定

单位办理现金收支业务时，应当按照《现金管理暂行条例》和财政部关于各单位货币资金管理和控制的规定，符合表 2-2 所示要求。

表 2-2　现金收支业务的具体要求

现金收支业务的具体要求	1. 在经济往来中，转账结算凭证具有同现金相同的支付能力。开户单位在销售活动中，不得对现金结算给予比转账结算优惠待遇；不得拒收支票、银行汇票、银行本票和其他转账结算凭证
	2. 购置国家规定的专项控制商品，必须采取转账结算方式支付；销售国家专控商品的单位不得收取现金
	3. 现金收入及时送存银行。企业的现金收入应于当天送存开户银行，确有困难的，应由开户银行确定送存时间。企业送存现金和提取现金，应当注明送存现金的来源和支取的用途
	4. 实行收支两条线，不得擅自坐支现金。坐支现金不利于银行对于企业现金的监督与管理，故开户单位不得擅自从本单位的现金收入中直接支付，一般只能从本企业库存现金限额中支付或者从开户银行提取。特殊情况下需要坐支现金的，应当先报经开户银行审查批准，由银行核定坐支范围和限额。单位必须在现金账目上如实反映坐支金额，按月向开户银行报送坐支金额和使用情况
	5. 企业因采购地点不固定、交通不便、生产或者市场急需、抢险救灾及其他特殊情况必须使用现金的，应向开户银行提出申请，由本单位会计部门负责人签字盖章，经开户银行审核后，予以支付现金
	6. 现金管理应遵循“八不准”制度： （1）不准用不符合财务制度的凭证顶替库存现金，即不得“白条顶库”。 （2）不准谎报用途套取现金。企业在国家规定的现金使用范围和限额内需要现金，应从开户银行提取，提取时应写明用途，不得编造用途套取现金。 （3）不准用银行账户代其他单位和个人存入或支取现金。 （4）不准将单位收入的现金以个人名义存储。 （5）不准保留账外公款。 （6）不准单位之间互相借用现金。 （7）不准发行变相货币。 （8）不准以任何票券代替人民币在市场上流通
	7. 实行大额现金支付登记备案制度。为规范大额现金支付的登记和备案，中国人民银行 1997 发布了《大额现金支付登记备案规定》。按照规定，开户单位提取大额现金时，要填写有关大额现金支取登记表，其内容主要应包括支取时间、单位、金额、用途等。开户银行要建立台账，实行逐笔登记，并于季后 15 日内报送中国人民银行当地分支行备案。开户银行对本行签发的超过大额现金标准、注明“现金”字样的银行汇票、银行本票，视同大额现金支付，实行登记备案制度

任务三　银行结算账户

☞ **想一想**

以下账户中，（　　）可以办理转账、提取现金等结算业务，可以向本单位按账户管理规定保留的相应账户划拨工会经费、住房公积金及提租补贴。

A. 国库单一账户　　　　B. 财政专户

C. 预算单位的零余额账户　　　　D. 财政部门的零余额账户

【答案】 C

一、银行结算账户概述

（一）银行结算账户的概念

通过存款人在银行开立的结算账户进行支付结算活动，是最为常见的支付结算情形。《人民币银行结算账户管理办法》第二条将“银行结算账户”定义为银行为存款人开立的办理资金收付结算的人民币活期存款账户。此处“存款人”是指在中国境内开立银行结算账户的机关、团体、部队、企业、事业单位、其他组织（以下统称单位）、个体工商户和自然人；银行是指在中国境内经中国人民银行批准经营支付结算业务的政策性银行、商业银行（含外资独资银行、中外合资银行、外国银行分行）、城市信用合作社、农村信用合作社。

☞ **提示**

银行结算账户不同于普通的储蓄账户，前者办理的是资金收付结算业务，后者办理的是现金存取业务。但自然人可以根据需要在已开立的储蓄账户中选择并向开户银行申请确认为个人银行结算账户。

（二）银行结算账户的种类

按照不同的标准，银行结算账户可分以下几类，如图 2-7 所示。

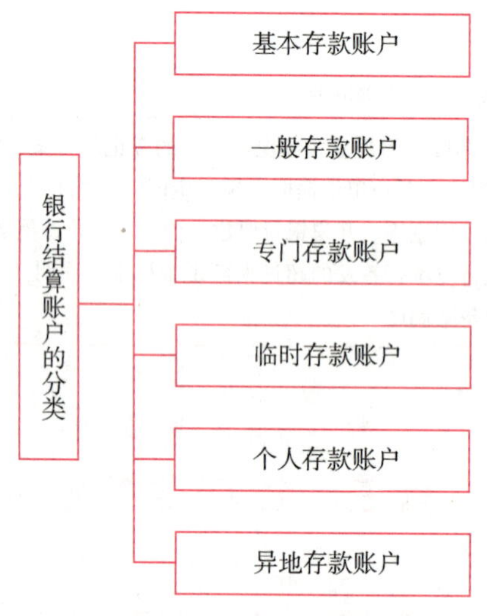

图 2-7　银行结算账户的分类

二、银行账户的开立、变更与撤销

（一）开立

（1）银行账户的开立需要经过以下流程，如图 2-8 所示。

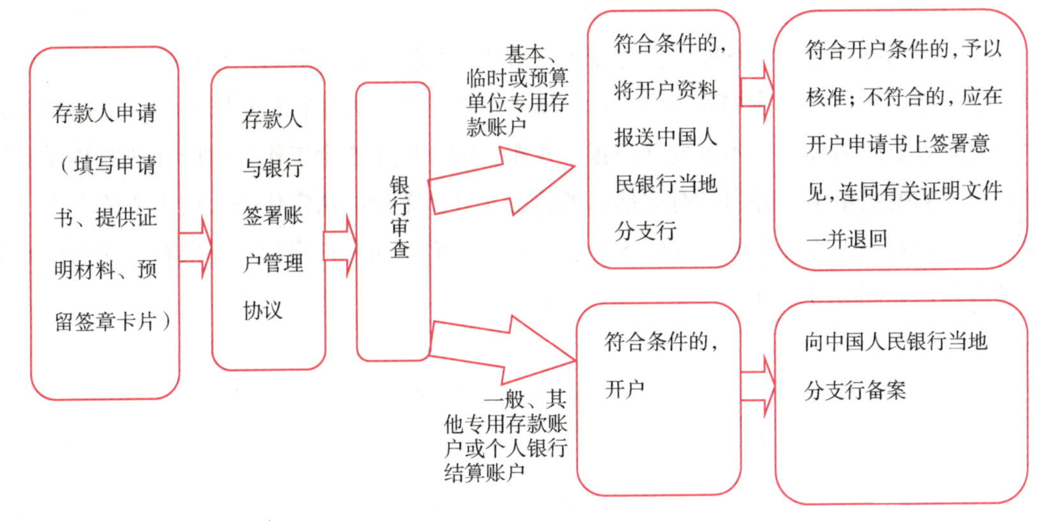

图 2-8 银行账户的开立流程

（2）开立过程中的注意事项如表 2-3 所示。

表 2-3 开立过程中的注意事项

开立过程中应注意以下事项	存款人申请	（1）自主选择，实名开立。存款人可以自主选择银行开立银行结算账户。存款人应以实名开立银行结算账户，并对其出具的开户申请资料实质内容的真实性负责，法律、行政法规另有规定的除外。 （2）填写申请，证、章完备。存款人申请开立银行结算账户时，应填制开户申请书。开户申请书按照中国人民银行的规定记载有关事项。 （3）名称一致，签章一致。单位开立银行结算账户的名称应与其提供的申请开户的证明文件的名称全称相一致
	银行审查	银行应对存款人的开户申请书填写的事项和证明文件的真实性、完整性、合规性进行认真审查。开户申请书填写的事项齐全，符合开立基本存款账户、临时存款账户和预算单位专用存款账户条件的，银行应将存款人的开户申请书、相关的证明文件和银行审核意见等开户资料报送中国人民银行当地分支行，经其核准后办理开户手续；符合开立一般存款账户、其他专用存款账户和个人银行结算账户条件的，银行应办理开户手续，并于开户之日起 5 个工作日内向中国人民银行当地分支行备案
	建立存款人预留签章卡片	银行为存款人开立银行结算账户，应与存款人签订银行结算账户管理协议，明确双方的权利与义务。除中国人民银行另有规定的以外，应建立存款人预留签章卡片，并将签章式样和有关证明文件的原件或复印件留存归档

☞ **提示**

存款人开立单位银行结算账户，自正式开立之日起 3 个工作日后，方可办理付款业务。但注册验资的临时存款账户转为基本存款账户和因借款转存开立的一般存款账户除外。

（二）变更

变更银行结算账户，即改变存款人的账户信息资料。具体有以下要求。

1. 申请+盖章+提供证明

存款人申请办理银行结算账户信息变更，应填写变更银行结算账户申请书。属于申请变更单位银行结算账户的，应加盖单位公章；属于申请变更个人银行结算账户的，应加其个人签章。存款人更改名称，但不改变开户银行及账号的，应于5个工作日内向开户银行提出银行结算账户的变更申请，并出具有关部门的证明文件；单位的法定代表人或主要负责人、住址及其他开户资料发生变更时，应于5个工作日内书面通知开户银行并提供有关证明。变更银行结算账户如图2-9所示。

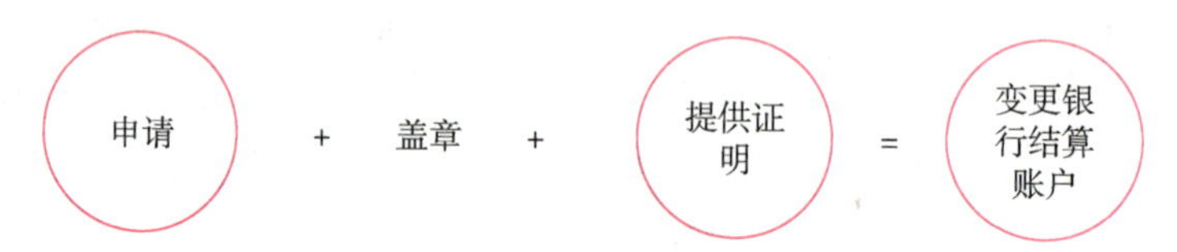

图2-9　变更银行结算账户

2. 办理+报告

银行接到存款人的变更通知后，应及时办理变更手续，并于2个工作日内向中国人民银行报告。

☞ **提示**

关于核准类银行结算账户的存款人名称、法定代表人或单位负责人的变更，银行应在接到变更申请后的2个工作日内，将存款人的变更银行结算账户申请书、开户许可证及有关证明文件报送中国人民银行当地分支行。符合变更条件的，中国人民银行当地分支行核准其变更申请，收回原开户许可证，颁发新的开户许可证。不符合变更条件的，中国人民银行当地分支行不核准其变更申请。

（三）撤销

撤销银行结算账户是指存款人因开户资格或其他原因终止银行结算账户使用的行为。

有下列情形之一的，存款人应向开户银行提出撤销银行结算账户的申请：①被撤并、解散、宣告破产或关闭的；②注销、被吊销营业执照的；③因迁址需要变更开户银行的；④其他原因需要撤销银行结算账户的。

在①、②两种情形下，存款人应于5个工作日内向开户银行提出撤销银行结算账户的申请，因此两种情形撤销的，基本存款账户的开户银行应自撤销银行结算账户之日起2个工作日内将撤销该基本存款账户的情况书面通知该存款人其他银行结算账户的开户银行；存款人其他银行结算账户的开户银行，应自收到通知之日起2个工作日内通知存款人撤销有关银行结算账户；存款人应自收到通知之日起3个工作日内办理其他银行结算账户的撤销；银行知道存款人存在此两种情况，但存款人超过规定期限未主动办理撤销银行结算账户手续的，银行有权停止其银行结算账户的对外支付。

此外，应注意的是未清偿开户银行债务的存款人，不得申请撤销该账户。存款人撤销银行结算账户，必须与开户银行核对银行结算账户存款余额，交回空白票据、结算凭证和开户登记证，银行核对无误后才能办理销户手续。若存款人既未按规定交回各种重要空白票据及结算凭证的，也未出具有关证明，造成损失的，由其自行承担。银行撤销单位银行结算账户时应在其基本存款账户开户登记证上注明销户日期并签章，同时于撤销银行结算账户之日起2个工作日内，向中国人民银行报告。未获得工商行政管理部门核准登记的单位，在验资期满后，应向银行申请撤销注册验资临时存款账户，其账户资金应退还给原汇款人账户。

三、银行账户的管理

（一）银行结算账户管理的基本原则

银行结算账户管理的基本原则如图 2-10 所示。

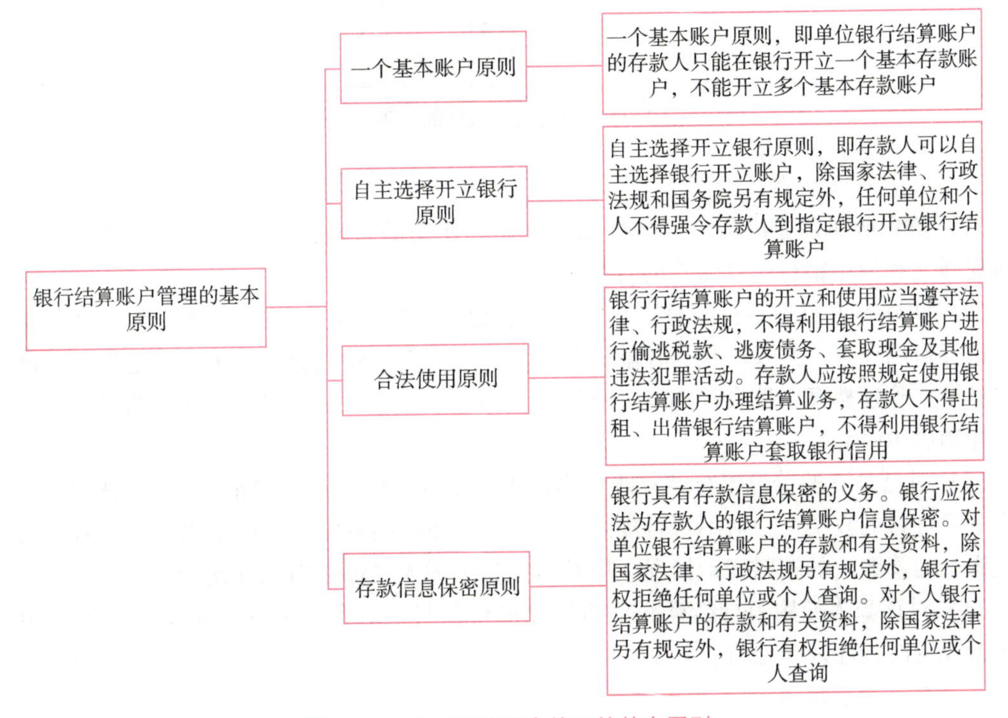

图 2-10 银行结算账户管理的基本原则

☞ **练一练**

下列关于银行结算账户的表述，错误的有（ ）。

A. 银行有权拒绝任何单位或个人查询单位银行结算账户的存款

B. 任何单位和个人不得强令存款人到指定银行开立银行结算账户

C. 存款人均可以开立一个基本存款账户

D. 银行不得为任何单位或者个人冻结、扣划款项，不得停止单位、个人存款的正常支付

【答案】 ABCD

（二）银行结算账户管理的具体内容

1. 中国人民银行的管理事项

中国人民银行的管理事项如图 2-11 所示。

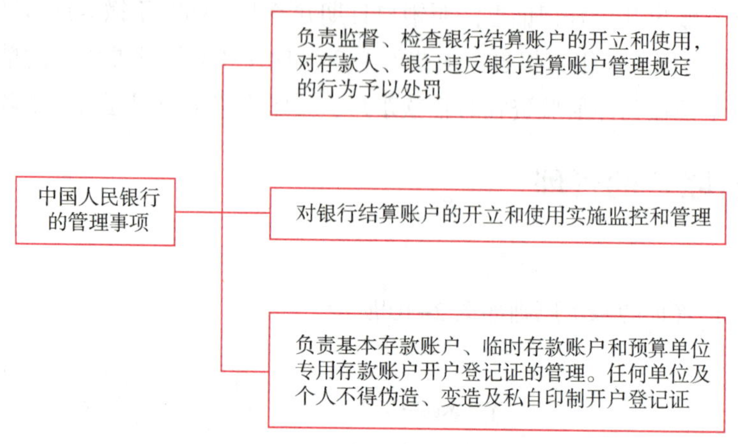

图 2-11　中国人民银行的管理事项

2. 银行的管理事项

（1）负责所属营业机构银行结算账户开立和使用的管理，监督和检查其执行情况，纠正违规开立和使用银行结算账户的行为。

（2）明确专人负责银行结算账户的开立、使用和撤销的审查和管理，负责对存款人开户申请资料的审查，并及时报送存款人开销户信息资料，建立健全开销户登记制度，建立银行结算账户管理档案，按会计档案进行管理。银行结算账户管理档案的保管期限为银行结算账户撤销后 10 年。

（3）对已开立的单位银行结算账户实行年检制度，检查开立的银行结算账户的合规性，核实开户资料的真实性；对不符合规定开立的单位银行结算账户，应予以撤销。对经核实的各类银行结算账户的资料变动情况，应及时报告中国人民银行当地分支行。

（4）对存款人使用银行结算账户的情况进行监督，对存款人的可疑支付应按照中国人民银行规定的程序及时报告。

3. 存款人的管理事项

存款人应加强对预留银行签章的管理。单位遗失预留公章或财务专用章的，应向开户银行出具书面申请、开户登记证、营业执照等相关证明文件；更换预留公章或财务专用章时，应向开户银行出具书面申请、原预留签章的式样等相关证明文件。个人遗失或更换预留个人印章或更换签字人时，应向开户银行出具经签名确认的书面申请，以及原预留印章或签字人的个人身份证件。银行应留存相应的复印件，并凭以办理预留银行签章的变更。

（三）违反银行结算账户管理规定的责任

1. 存款人违反账户管理制度的处罚

（1）开立、撤销银行结算账户过程中，存款人的错误行为：①违反规定开立银行结算账户；②伪造、变造证明文件，欺骗银行开立银行结算账户；③违反规定不及时撤销银行结算账户。

非经营性的存款人，有上述所列行为之一的，给予警告并处以 1 000 元的罚款；经营性的存款人，有上述所列行为之一的，给予警告并处以 1 万元以上 3 万元以下的罚款；构成犯罪的，移交司法机关依法追究刑事责任。

伪造、变造、私自印制开户登记证的存款人，属非经营性的，处以 1 000 元罚款；属经营性的，处以 1 万元以上 3 万元以下的罚款；构成犯罪的，移交司法机关依法追究刑事责任。

（2）使用银行结算账户过程中，存款人的错误行为：①违反规定将单位款项转入个人银行结算账户；②违反规定支取现金；③利用开立银行结算账户逃避银行债务；④出租、出借银行结算账户；⑤从基本存款账户之外的银行结算账户转账存入、将销货收入存入或现金存入单位银行卡账户；⑥法定代表人或主要负责人、存款人地址及其他开户资料的变更事项未在规定期限内通知银行。

非经营性的存款人有上述所列①～⑤项行为的，给予警告并处以 1 000 元罚款；经营性的存款人有上述所列①～⑤项行为的，给予警告并处以 5 000 元以上 3 万元以下的罚款；存款人有上述所列第⑥项行为的，给予警告并处以 1 000 元的罚款。

2. 银行及其有关人员违反账户管理制度的处罚

（1）开立银行结算账户时，银行的错误行为：①违反规定为存款人多头开立银行结算账户；②明知或应知是单位资金，而允许以自然人名称开立账户存储。

银行有上述所列行为之一的，给予警告，并处以 5 万元以上 30 万元以下的罚款；对该银行直接负责的高级管理人员、其他直接负责的主管人员、直接责任人员按规定给予纪律处分；情节严重的，中国人民银行有权停止对其开立基本存款账户的核准，责令该银行停业整顿或者吊销经营金融业务许可证；构成犯罪的，移交司法机关依法追究刑事责任。

（2）银行结算账户的使用中，银行的错误行为：①提供虚假开户申请资料欺骗中国人民银行许可开立基本存款账户、临时存款账户、预算单位专用存款账户；②开立或撤销单位银行结算账户，未按规定在其基本存款账户开户登记证上予以登记、签章或通知相关开户银行；③违反规定办理个人银行结算账户转账结算；④为储蓄账户办理转账结算；⑤违反规定为存款人支付现金或办理现金存入；⑥超过期限或未向中国人民银行报送账户开立、变更、撤销等资料。

银行有上述所列行为之一的，给予警告，并处以 5 000 元以上 3 万元以下的罚款；对该银行直接负责的高级管理人员、其他直接负责的主管人员、直接责任人员按规定给予纪律处分；情节严重的，中国人民银行有权停止对其开立基本存款账户的核准；构成犯罪的，移交司法机关依法追究刑事责任。

四、银行结算账户的使用范围与开户要求

☞ 想一想

甲公司在 A 银行开立了一个一般存款账户，随后在与乙公司进行货物买卖交易时，甲公司财务经理向乙公司签发了一张现金支票，其上注明的付款人为 A 银行。乙公司财务人员持该支票 A 银行提示付款，要求支取现金，但 A 银行工作人员审查该支票后，拒绝为乙公司办理现金支付。A 银行工作人员的做法是否正确？

《人民币银行结算账户管理办法》明确规定了银行结算账户的使用范围与开户要求，具体如下。

1. 基本存款账户

基本存款账户如图 2-12 所示。

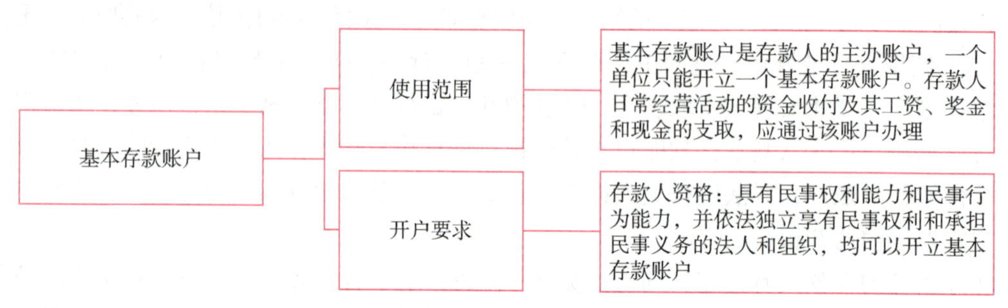

图 2-12　基本存款账户的使用范围和开户要求

开立基本存款账户所需的证明文件如下。

（1）企业法人，应出具企业法人营业执照正本。

（2）非法人企业，应出具企业营业执照正本。

（3）机关和实行预算管理的事业单位，应出具政府人事部门或编制委员会的批文或登记证书和财政部门同意其开户的证明；非预算管理的事业单位，应出具政府人事部门或编制委员会的批文或登记证书。

（4）军队、武警团级（含）以上单位及分散执勤的支（分）队，应出具军队军级以上单位财务部门、武警总队财务部门的开户证明。

（5）社会团体，应出具社会团体登记证书，宗教组织还应出具宗教事务管理部门的批文或证明。

（6）民办非企业组织，应出具民办非企业登记证书。

（7）外地常设机构，应出具其驻在地政府主管部门的批文。

（8）外国驻华机构，应出具国家有关主管部门的批文或证明；外资企业驻华代表处、办事处应出具国家登记机关颁发的登记证。

（9）个体工商户，应出具个体工商户营业执照正本。

（10）居民委员会、村民委员会、社区委员会，应出具其主管部门的批文或证明。

（11）独立核算的附属机构，应出具其主管部门的基本存款账户开户登记证和批文。

（12）其他组织，应出具政府主管部门的批文或证明。

上述存款人为从事生产、经营活动纳税人的，还应出具税务部门颁发的税务登记证。

2. 一般存款账户

一般存款账户如图 2-13 所示。

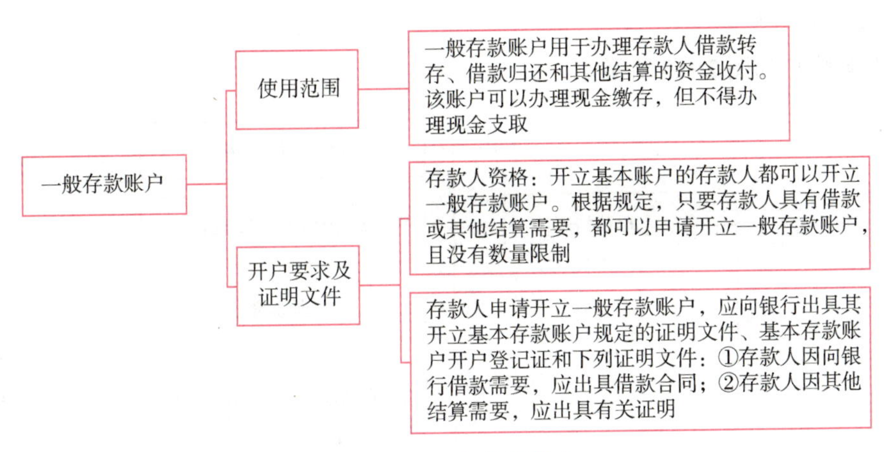

图 2-13　一般存款账户

3. 专门存款账户

专门存款账户如图 2-14 所示。

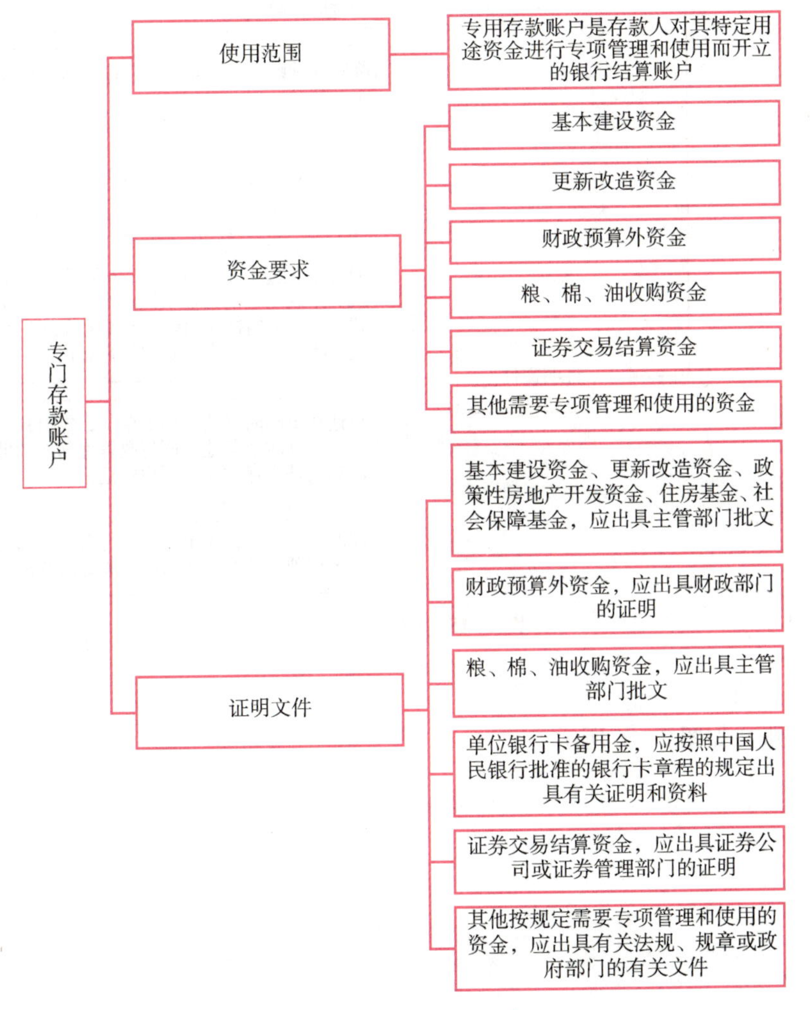

图 2-14　专门存款账户

4. 临时存款账户

临时存款账户如图 2-15 所示。

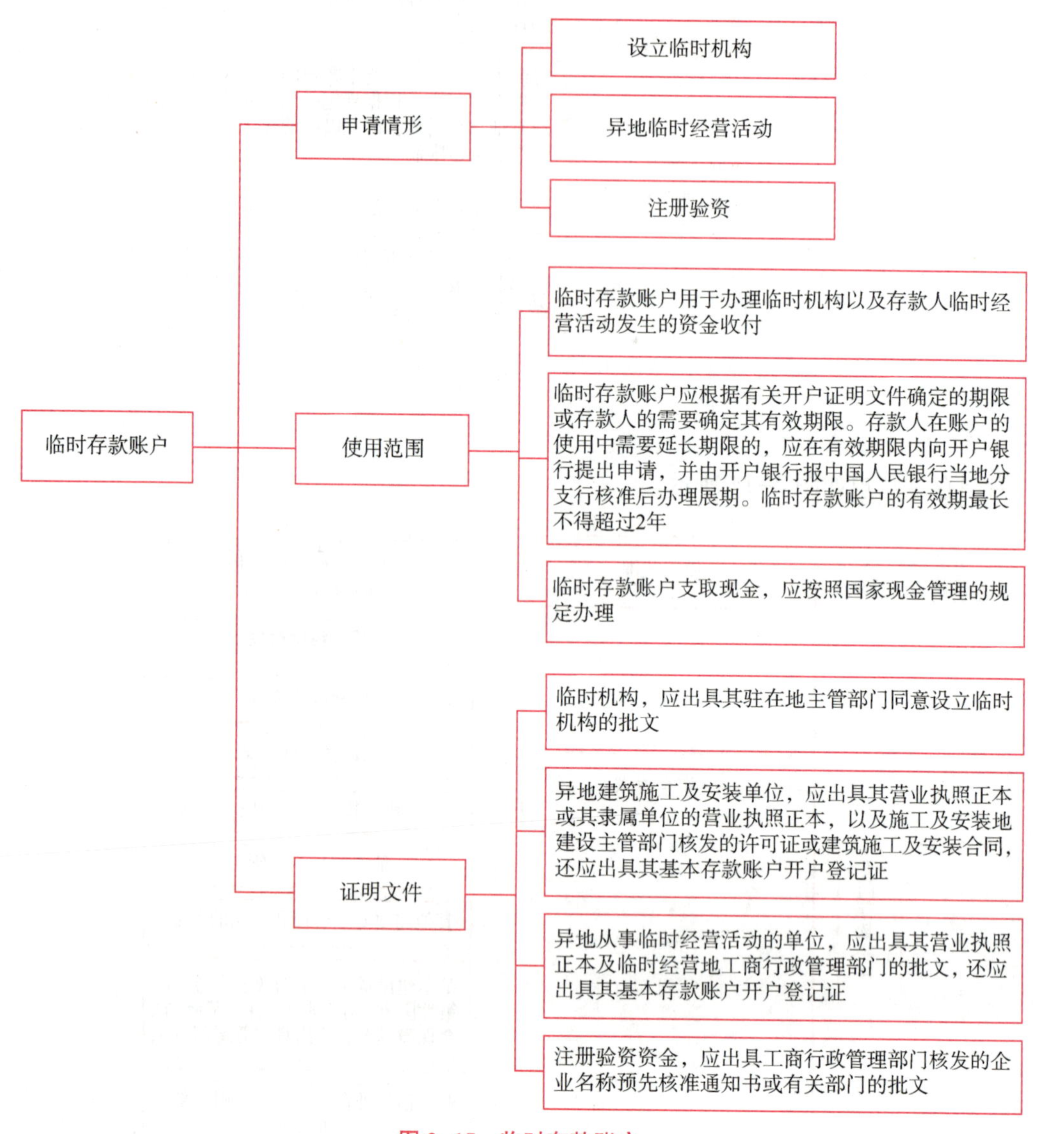

图 2-15 临时存款账户

5. 个人存款账户

个人存款账户如图 2-16 所示。

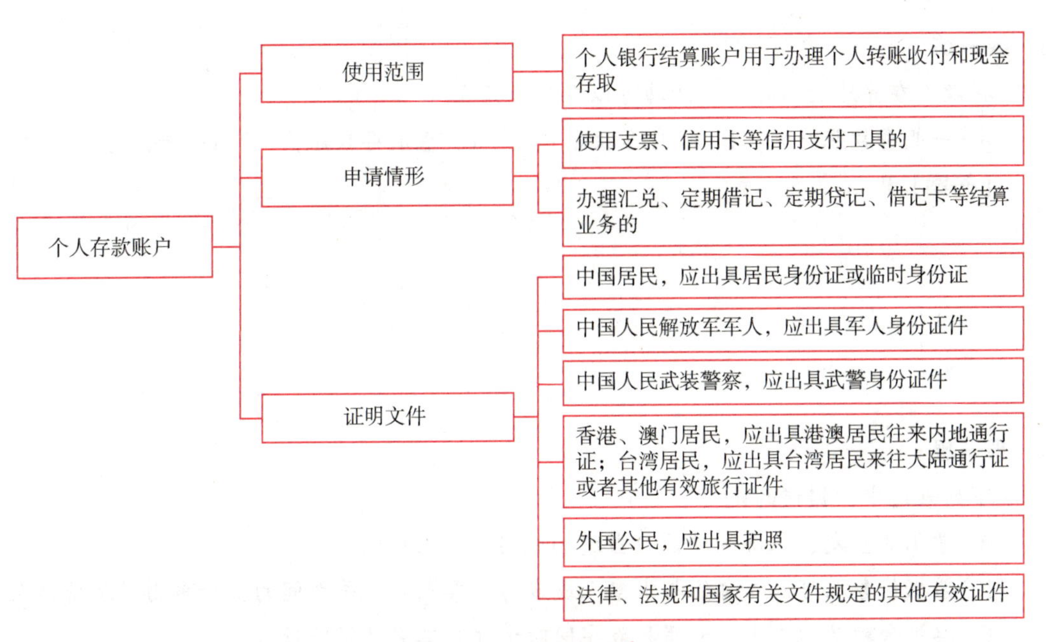

图 2-16　个人存款账户

6. 异地存款账户

异地存款账户如图 2-17 所示。

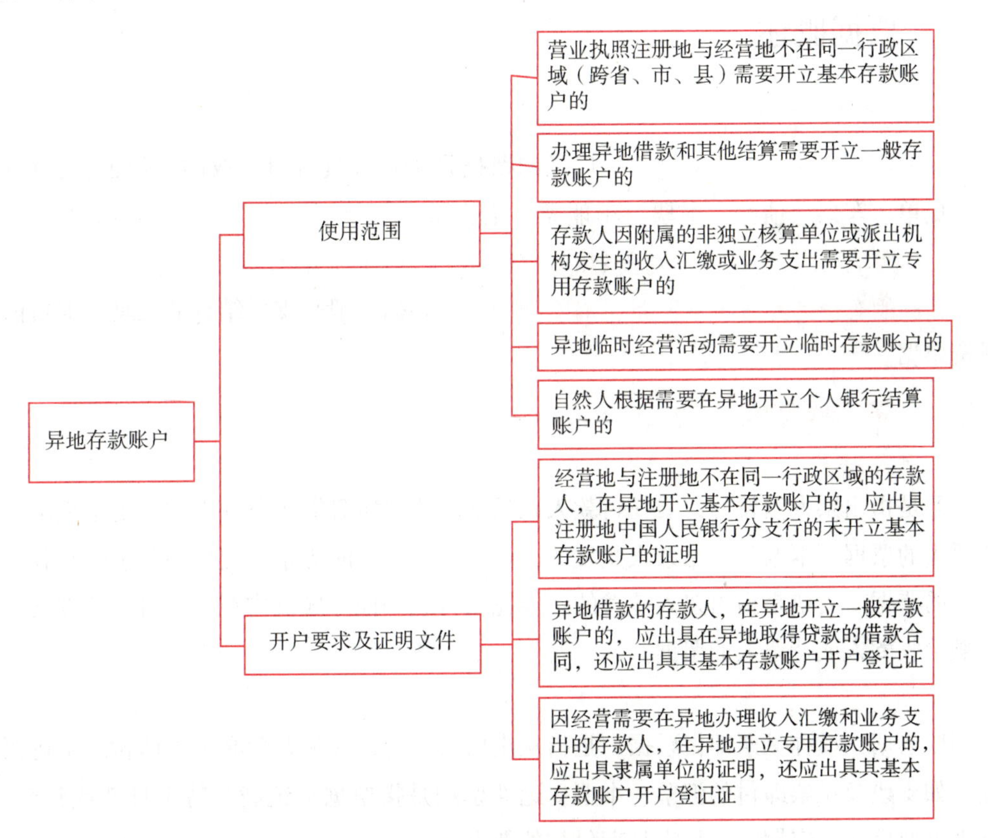

图 2-17　异地存款账户

☞ **练一练**

存款人在异地的临时经营活动可以在异地开立（　　）。

A. 一般存款账户　　B. 临时存款账户　　C. 基本存款账户　　D. 专用存款账户

【答案】B

任务四　票据结算概述

☞ **想一想**

下列表述中，错误的是（　　）。

A. 票据的签发、取得和转让应当遵循诚实信用的原则

B. 票据债务人可以以自己与出票人或者与持票人的前手之间的抗辩事由对抗持票人

C. 票据金额必须以中文大写和数字同时记载且二者必须一致

D. 票据的签发、取得和转让必须具有真实的交易关系和债权债务关系

【答案】B

一、票据概述

（一）票据的概念

票据的概念有广义与狭义之分。广义的票据是指各种具有财产权的有价证券，如股票、仓单、提单、车票、债券、本票、车船票、借据等。狭义的票据是指《票据法》规定的，由出票人签发的、约定自己或委托付款人在见票时或指定的日期向收款人或持票人无条件支付一定金额的有价证券，包括汇票、本票和支票。票据一般是支付结算的工具，但目前也出现融资票据。

（二）票据的种类

1. 按照票据基本当事人及付款人的不同，可以分为汇票、本票和支票

汇票是指出票人签发的，委托付款人在见票时或指定日期无条件支付确定金额给收款人或持票人的票据。本票是指出票人签发的，由自己在见票时无条件支付确定金额给收款人或持票人的票据。支票是指出票人签发的，委托银行或其他金融机构在见票时无条件支付确定的金额给收款人或持票人的票据。

2. 按照付款时间不同，可以分为即期票据和远期票据

即期票据，或称见票即付票据，是指从出票人起付款人见票后必须立即付款给持票人的票据，如支票及见票即付的汇票、本票；远期票据是指票据上记载了特定日期或到期日的，付款人见票后在一定期限或特定日期付款的票据。

3. 按照收款人记载方式不同，可以分为记名票据和无记名票据

记名票据是指记载收款人姓名或者名称的票据，转让时必须背书。无记名票据是指票面上不记载收款人姓名，可不经背书而直接交付转让的，付款人可以对任何持票人付款的票据，我国只有支票才可以签发无记名票据。

票据结算事务中，票据种类及主要区别如表 2-4 所示。

表 2-4　票据种类及主要区别

票据种类			出票人	付款人	付款日期
汇票	银行汇票		银行	出票银行	即期
	商业汇票	银行承兑汇票	银行以外的单位	承兑银行	远期
		商业承兑汇票		银行以外的对票据承兑单位	
本票	银行本票		银行	出票银行	即期
支票	普通支票		自然人、法人、非法人组织	出票人的开户银行或其他金融机构	即期
	现金支票				
	转账支票				

（三）票据结算的特征

票据结算的特征如图 2-18 所示。

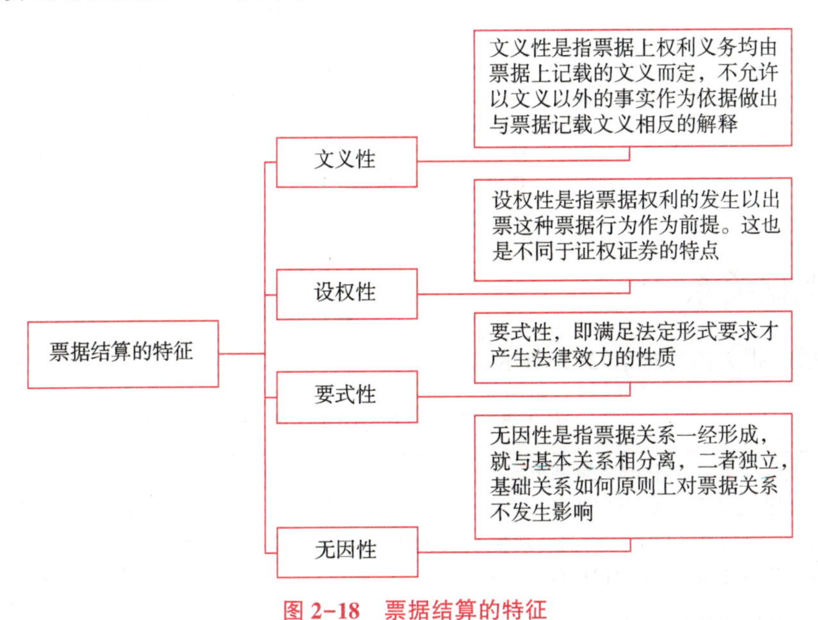

图 2-18　票据结算的特征

☞ 提示

传统票据为纸质，随着互联网的应用，电子票据兴起。电子票据是依托于网上银行系统和网络技术，通过电子数据输入处理的方式体现出其上权利义务关系的票据。电子票据具有提高票据业务的透明度、避免纸质票据毁损灭失、降低当事人的成本等优点。目前在我国推行的主要是电子商业汇票。

（四）票据的功能

票据的功能如图 2-19 所示。

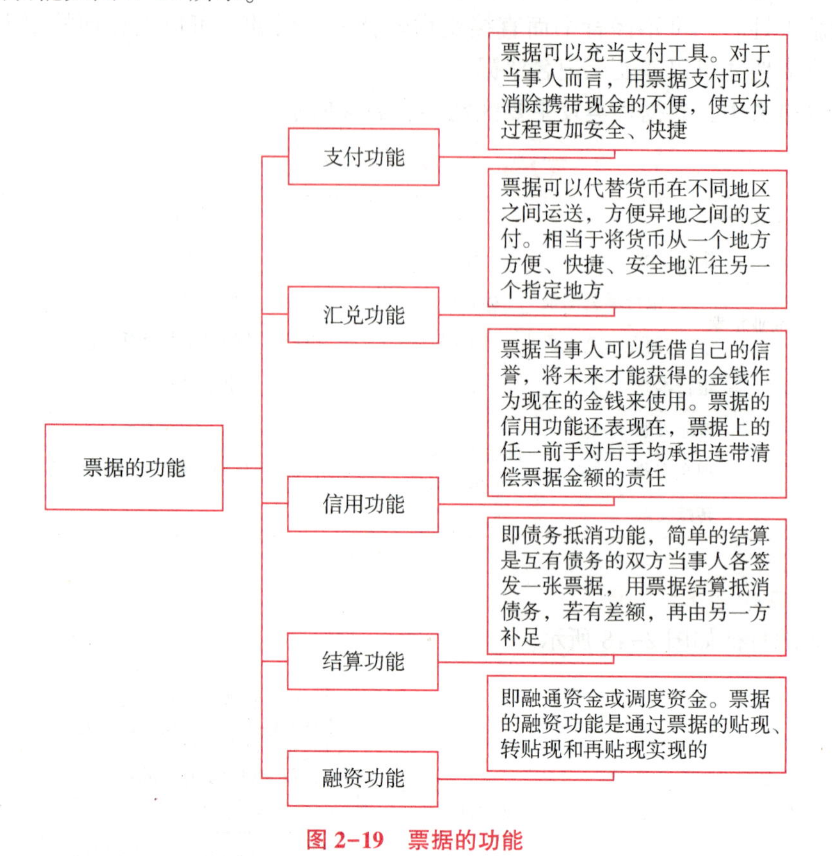

图 2-19　票据的功能

二、票据关系

票据关系的相关内容如表 2-5 所示。

表 2-5　票据关系的相关内容

票据关系	概念	1. 票据关系是指当事人之间基于票据行为或其他合法事由而发生的，体现在票据上的债权债务关系。 2. 票据关系是一种体现在票据上的权利义务关系，这种法律关系的当事人、权利义务内容，都体现在票据所记载的内容上面，而不能体现在其他载体上面，这也体现了票据的文义性和设权性。 3. 票据关系的内容是票据权利与票据义务
	当事人	1. 票据关系的当事人是票据关系中承受权利义务的主体。 2. 票据关系的当事人可以分为基本当事人和非基本当事人。 （1）基本当事人是指在票据签发时就存在的当事人，包括汇票与支票中的出票人、收款人、付款人和本票中的出票人、收款人。 （2）非基本当事人是指票据关系产生后，通过其他票据行为加入票据关系中的当事人，包括背书人、被背书人、保证人、承兑人等。 应注意的是，票据当事人在不同的票据行为中有特定的名称，所以同一当事人可能在不同行为中具有多重身份而名称不同

续表

票据关系	权利与义务	票据权利	1. 票据权利是指持票人向票据债务人请求支付票据金额的权利，包括付款请求权和追索权。 2. 付款请求权是指持票人请求票据付款人或承兑人支付票据金额的权利。 3. 追索权是指持票人不能实现付款请求权时，向其前手请求清偿票据金额及其利息和相关费用的权利。 4. 付款请求权是持票人享有的第一顺序权利，追索权是持票人享有的第二顺序权利。付款请求权是由最后合法持票人向付款人或承兑人行使，追索权是由最后合法持票人或承担被追索义务后取得票据的当事人向其的前手及其保证人行使。 5. 票据权利应在规定的期限内行使，否则权利消灭： （1）持票人对票据的出票人和承兑人的权利，自票据到期日起 2 年。见票即付的汇票、本票，自出票日起 2 年； （2）持票人对支票出票人的权利，自出票日起 6 个月； （3）持票人对前手的追索权，自被拒绝承兑或者被拒绝付款之日起 6 个月； （4）持票人对前手的再追索权，自清偿日或者被提起诉讼之日起 3 个月
		票据义务	票据义务又称票据责任，是与票据权力相对的概念，是指票据债务人向持票人支付票据金额的义务。票据义务与票据损害赔偿责任不同，一般不具有赔偿属性，它是体现在票据上的义务，仅能从票据的文字记载加以确定，且只有票据债务人才可能承担票据义务。 票据义务的承担应满足以下条件：①票据有效；②持票人享有票据权利，并提示过票据；③票据上有义务人的有效签章；④票据义务人不存在抗辩权

三、票据行为

票据行为的相关内容如表 2-6 所示。

表 2-6　票据行为的相关内容

票据行为	概念	票据行为，是指为创立、变更、消灭票据关系而在票据上实施的法律行为，包括出票、背书、承兑和保证 票据行为具有文义性、要式性、无因性和独立性	
	有效要件	1. 实质要件 （1）票据行为人有行为能力。 （2）意思表示真实。 （3）目的合法	
		2. 形式要件 （1）签发凭证格式合法、统一。 （2）记载事项满足规定要求。 （3）交付	
		出票	出票是指出票人签发并交付票据给收款人的票据行为。出票时要求如下： （1）汇票的出票人必须与付款人具有真实的委托付款关系，并且具有支付汇票金额的可靠资金来源。不得签发无对价的汇票用以骗取银行或者其他票据当事人的资金。 （2）出票时应当将法定绝对必要事项予以记载，否则票据无效。 （3）出票人签发汇票后，即承担保证该汇票承兑和付款的责任

续表

票据行为	具体的票据行为	背书	背书是指收款人或者持票人为转让票据权利或者授予他人一定的票据权利，而在票据背面或者粘单上记载相关事项并签章的票据行为。 根据《票据法》的规定，以汇票为例，背书的要求如下： （1）出票人在汇票上记载“不得转让”字样的，汇票不得转让。 （2）背书由背书人签章并记载背书日期。 （3）以背书转让的汇票，背书应当连续，即在票据转让中，转让汇票的背书人与受让汇票的被背书人在汇票上的签章依次前后衔接。 （4）背书不得附有条件。 （5）背书记载“委托收款”字样的，被背书人有权代背书人行使被委托的汇票权利。 （6）汇票被拒绝承兑、被拒绝付款或者超过付款提示期限的，不得背书转让；背书转让的，背书人应当承担汇票责任
		承兑	承兑仅用于商业汇票，是指汇票付款人承诺在汇票到期日支付汇票金额的票据行为。 承兑时应注意的事项如下： （1）定日付款或者出票后定期付款的汇票，持票人应当在汇票到期日前向付款人出示汇票，并要求付款人承诺付款。见票后定期付款的汇票，持票人应当自出票日起1个月内向付款人提示承兑。见票即付的汇票无须提示承兑。汇票未按照规定期限提示承兑的，持票人丧失对其前手的追索权。 （2）付款人对向其提示承兑的汇票，应当自收到提示承兑的汇票之日起3日内承兑或者拒绝承兑。付款人收到持票人提示承兑的汇票时，应当向持票人签发收到汇票的回单。回单上应当记明汇票提示承兑日期并签章。 （3）付款人承兑汇票的，应当在汇票正面记载“承兑”字样和承兑日期并签章；见票后定期付款的汇票，应当在承兑时记载付款日期。 （4）付款人承兑汇票，不得附有条件；承兑附有条件的，视为拒绝承兑。 （5）付款人承兑汇票后，应当承担到期付款的责任
		保证	保证是指票据债务人以外的主体，为担保特定债务人履行票据债务而在票据上记载保证事项并签章的行为。以汇票为例，票据保证的要求如下： （1）保证事项需在票据上加以记载。 （2）保证不得附有条件；附有条件的，不影响对汇票的保证责任。 （3）保证人对合法取得汇票的持票人所享有的汇票权利，承担保证责任。但是，被保证人的债务因汇票记载事项欠缺而无效的除外。 （4）被保证的汇票，保证人应当与被保证人对持票人承担连带责任。汇票到期后得不到付款的，持票人有权向保证人请求付款，保证人应当足额付款。保证人为两人以上的，保证人之间承担连带责任。 （5）保证人清偿汇票债务后，可以行使持票人对被保证人及其前手的追索权
		付款	付款人依法足额付款后，全体汇票债务人的责任解除

☞ **练一练**

下列有关票据背书的表述中，正确的有（　　）。

A. 背书附条件的，背书无效

B. 部分转让票据权利的背书无效

C. 将票据权利分别转让给两人以上的背书无效

D. 背书人在背书时记载“不得转让”字样的，被背书人再行背书无效

【答案】BC

四、票据使用中的异常情况及处理

(一) 票据伪造

1. 票据伪造的概念及构成要件

票据伪造是指为行使票据权利或获取其他非法利益，假冒他人的名义或虚构某个名义在票据上签章的行为。票据行为的各个环节，包括出票、承兑、保证、背书，都可能发生伪造问题。票据伪造通常表现为：未向他人授权的人，声称已或他人授权或直接假冒他人，以他人名义进行票据行为；虚构不存在的人，并以此人名义进行票据行为。需要注意的是，此处应与无权代理相关情形相区别：若行为人表明本人的存在并以代理人的身份在票据上签章的，属于无权代理。

票据伪造的构成要件如图 2-20 所示。

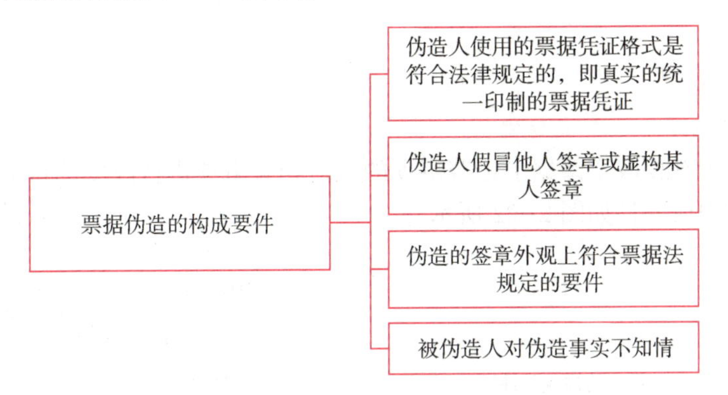

图 2-20 票据伪造的构成要件

2. 票据伪造的处理

对伪造人来说，其在票据上的签章并非以自己的名义所作，不是自己的名义实施票据行为，故不承担票据责任，但应当承担其他法律责任。伪造票据属于违法行为，伪造应承担赔偿责任、行政责任，构成犯罪的应承担刑事责任。

对被伪造人来说，其并未在票据上签字盖章，故该签章无效，其不承担票据责任，通常也不承担其他法律责任。

对票据上其他真实签章人来说，虽票据上有伪造签章，但因票据行为有独立性，票据有效，故其上的真实签章仍有效，真实签章人仍承担票据责任。

对持票人来说，其从伪造票据人手中取得票据的行为无效，不享有票据权利；从真实签章人手中取得票据，虽其上有伪造签章，但有真实签章，票据人仍可取得票据权利，可向此前的真实签章人要求承担票据责任。

对付款人来说，对伪造票据进行付款是否承担赔偿责任，应根据其是否尽到审查义务，有故意或重大过失等进行判定。

(二) 票据变造

1. 票据变造的概念及构成要件

票据变造是指没有变更权限的人变更除票据签章以外的其他记载事的行为。变造是没有变更权的人实施的行为，其改变了有效票据上的有关记载事项，属于违法行为，但并不导致票据无效。

票据变造的构成要件如图 2-21 所示。

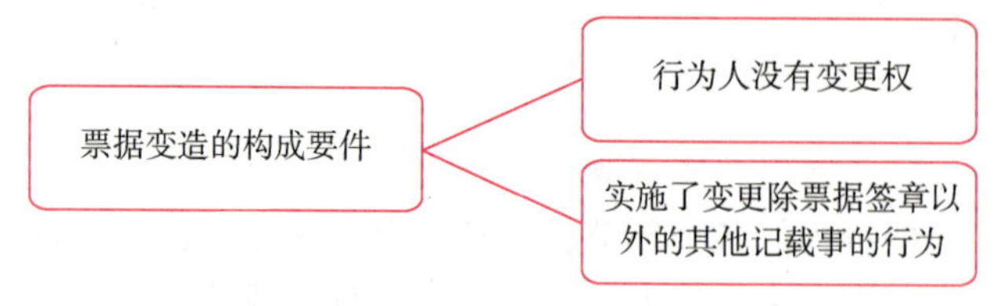

图 2-21　票据变造的构成要件

2. 票据变造的处理

票据上除签章以外的其他记载事项被变造的，在变造之前签章的人，对原记载事项负责；在变造之后签章的人，对变造之后的记载事项负责；不能辨别是在票据被变造之前或者之后签章的，视同在变造之前签章。

（三）票据更改

1. 票据更改的概念及构成要件

票据更改是指有权改变票据上记载事项的人对相关事项进行改变的行为。

票据更改的构成要件如图 2-22 所示。

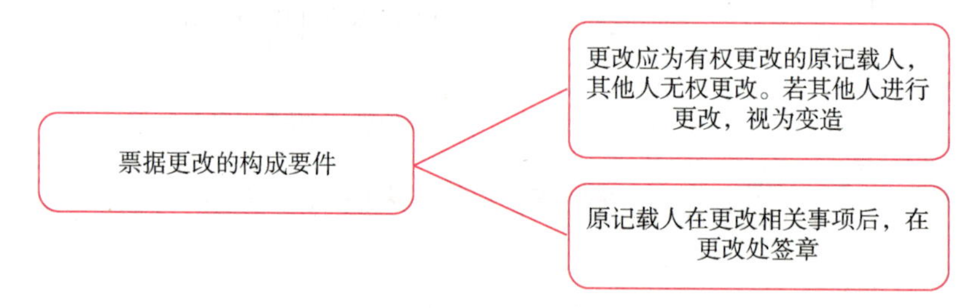

图 2-22　票据更改的构成要件

2. 票据更改的处理

票据更改应当符合法律规定：票据金额、日期、收款人名称不得更改，更改的票据无效。对票据上的其他记载事项，原记载人可以更改，更改时应当由原记载人签章证明。符合规定的票据变更，更改前的记载事项失效，按更改后的事项确定权利义务关系。

（四）票据涂销

票据涂销是指行为人涂去票据上记载事项的行为。虽实务中存在票据涂销的行为，但我国法律没有对其进行规定。一般来说，原记载人和回头背书的被背书人才有涂销票据的权利，其为更改错误或简化关系对票据进行涂销。

（五）票据丧失

1. 票据丧失的概念

票据丧失是指票据因灭失、毁损、遗失、被盗等原因脱离票据权利人的控制。票据丧失的失票人必须是丧失票据前的最后合法持票人，且因其意志以外的原因失去对票据的占有。

2. 票据丧失的处理

票据丧失后，可以采取挂失止付、公示催告、普通诉讼 3 种方式救济。

1）挂失止付

挂失止付是在票据丧失后，失票人请求付款人暂停止付的一种救济方式，但不是救济过程中的必经程序，最后仍需要选择公示催告或诉讼方式。挂失止付针对的是已承兑的商业汇票、支票、填明“现金”字样的银行汇票或银行本票。

票据丧失，失票人可以及时通知票据的付款人挂失止付。但是，未记载付款人或者无法确定付款人及其代理付款人的票据除外。收到挂失止付通知的付款人，应当暂停支付。失票人应当在通知挂失止付后 3 日内，也可以在票据丧失后，依法向人民法院申请公示催告，或者向人民法院提起诉讼。

2）公示催告

公示催告是指失票人在票据丧失后由向人民法院请求以公告方式告知不确定的利害关系人在限期内申报权利，否则法院通过除权判决宣告所丧失的票据无效的一种程序。失票人应当向法院提出书面申请，法院审查后决定受理的，应通知付款人停止支付，并从立案之日起 3 日内发出公告。公告期不少于 60 日，且公示催告期间届满日不得早于票期付款日后 15 日。公示催告期间，有利害关系人申报权利的，法院应通知其出示票据；无人申报权利的，或申报被驳回的，失票人应自公示催告其届满之日起 1 个月内申请法院做出除权判决。公示期届满后，法院做出除权判决前，有利害关系人申报权利且无可驳回理由的，法院不再做除权判决而是裁定终结公示催告程序，当事人可通过普通诉讼确定权利归属。

3）普通诉讼

票据丧失后，失票人可以以承兑人或出票人为被告，请求人民法院判决被告向原告付款。票据权利人也可以基于其对票据的所有权而以占有票据的人为被告，请求人民法院判决被告向返还票据。

五、汇票、本票、支票的具体要求

汇票、本票、支票的具体要求，如表 2-7 所示。

表 2-7　汇票、本票、支票的具体要求

具体要求		汇票	本票	支票
出票	绝对必要记载事项	（1）表明“汇票”的字样； （2）无条件支付的委托； （3）确定的金额； （4）付款人名称； （5）收款人名称； （6）出票日期； （7）出票人签章。 未记载上述事项之一的，汇票无效	（1）表明“本票”的字样； （2）无条件支付的承诺； （3）确定的金额； （4）收款人名称； （5）出票日期； （6）出票人签章。 未记载上述事项之一的，本票无效	（1）表明“支票”的字样； （2）无条件支付的委托； （3）确定的金额； （4）付款人名称； （5）出票日期； （6）出票人签章。 未记载上述事项之一的，支票无效。 支票上的金额可以由出票人授权补记，未补记前的支票，不得使用。 支票上未记载收款人名称的，经出票人授权，可以补记

续表

具体要求		汇票	本票	支票
出票	相对必要记载事项	(1) 汇票上未记载付款日期的，为见票即付。 (2) 汇票上未记载付款地的，付款人的营业场所、住所或者经常居住地为付款地。 (3) 汇票上未记载出票地的，出票人的营业场所、住所或者经常居住地为出票地。 需要注意的是，汇票上可以记载本法规定事项以外的其他出票事项，但是该记载事项不具有汇票上的效力	(1) 本票上未记载付款地的，出票人的营业场所为付款地。 (2) 本票上未记载出票地的，出票人的营业场所为出票地	(1) 支票上未记载付款地的，付款人的营业场所为付款地。 (2) 支票上未记载出票地的，出票人的营业场所、住所或者经常居住地为出票地。 需要注意的是，支票的出票人所签发的支票金额不得超过其付款时在付款人处实有的存款金额，即禁止签发空头支票
汇票的承兑		1. 定日付款或者出票后定期付款的汇票，持票人应在汇票到期日前向付款人提示承兑。见票后定期付款的汇票，持票人应当自出票日起 1 个月内向付款人提示承兑。未按照规定期限提示承兑的，持票人丧失对其前手的追索权。见票即付的汇票无须提示承兑。 2. 付款人对向其提示承兑的汇票，应当自收到提示承兑的汇票之日起 3 日内承兑或者拒绝承兑。付款人承兑汇票的，应当在汇票正面记载“承兑”字样和承兑日期并签章；见票后定期付款的汇票，应当在承兑时记载付款日期。 3. 付款人承兑汇票，不得附有条件；承兑附有条件的，视为拒绝承兑。 4. 付款人承兑汇票后，应当承担到期付款的责任		
付款		见票即付的汇票，自出票日起 1 个月内向付款人提示付款；定日付款、出票后定期付款或者见票后定期付款的汇票，自到期日起 10 日内向承兑人提示付款。持票人未按照规定期限提示付款的，在做出说明后，承兑人或者付款人仍应当继续对持票人承担付款责任。 通过委托收款银行或者通过票据交换系统向付款人提示付款的，视同持票人提示付款。 持票人获得付款的，应当在汇票上签收，并将汇票交给付款人。持票人委托银行收款的，受委托的银行将代收的汇票金额转账收入持票人账户，视同签收。 付款人及其代理付款人付款时，应当审查汇票背书的连续，并审查提示付款人的合法身份证明或者有效证件。付款人及其代理付款人以恶意或者有重大过失付款的，应当自行承担责任。 对定日付款、出票后定期付款或者见票后定期付款的汇票，付款人在到期日前付款的，由付款人自行承担所产生的责任	本票的出票人在持票人提示见票时，必须承担付款的责任。 本票自出票日起，付款期限最长不得超过 2 个月。本票的持票人未按照规定期限提示见票的，丧失对出票人以外的前手的追索权	支票限于见票即付，不得另行记载付款日期。另行记载付款日期的，该记载无效。支票的持票人应当自出票日起 10 日内提示付款；异地使用的支票，其提示付款的期限由中国人民银行另行规定。超过提示付款期限的，付款人可以不予付款；付款人不予付款的，出票人仍应当对持票人承担票据责任。 付款人依法支付支票金额的，对出票人不再承担受委托付款的责任，对持票人不再承担付款的责任。但是，付款人以恶意或者有重大过失付款的除外。 出票人必须按照签发的支票金额承担保证向该持票人付款的责任。出票人在付款人处的存款足以支付支票金额时，付款人应当在当日足额付款

任务五　银行卡

☞ **想一想**

某公司的下列做法中，错误的有（　　）。

A. 公司持卡购买一台价值 12 万元的设备

B. 公司将其信用卡转借给其子公司

C. 公司从信用卡上支取现金 5 000 元

D. 公司结算信用卡 3 月共透支 15 万元

【答案】 ABCD

一、银行卡概述

（一）银行卡的概念

银行卡是指经批准由商业银行（含邮政金融机构）向社会发行的具有消费信用、转账结算、存取现金等全部或部分功能的信用支付工具。

银行卡减少了现金和票据的流通，改变了银行的业务范围，使银行业务突破了时间和空间的限制。

（二）银行卡的种类

银行卡按照不同标准可分为不同种类，如图 2-23 所示。

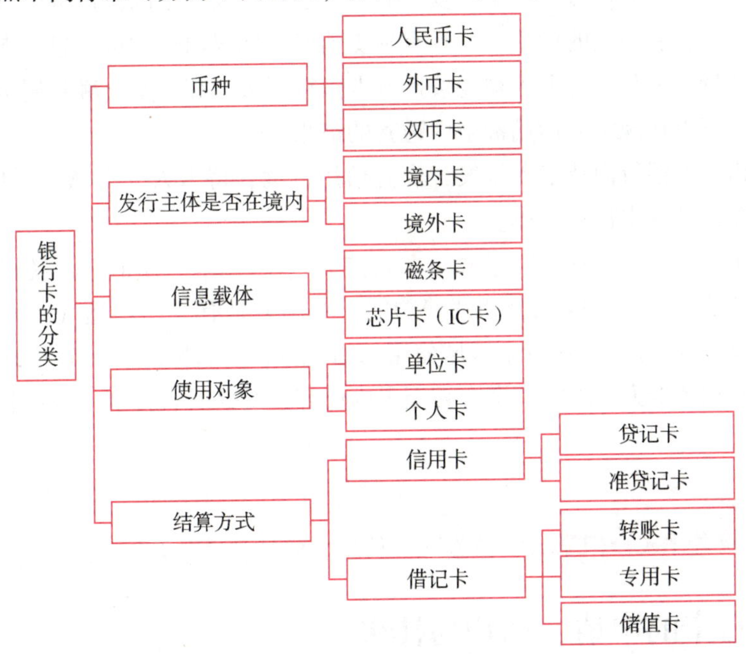

图 2-23　银行卡的分类

1. 按照币种不同，分为人民币卡、外币卡和双币种卡

人民币卡的存款、信用额度均为人民币，且偿还时应当使用人民币；外币卡的存款、信用额度均为外币，且偿还时应当使用外币；双币种卡的存款、信用额度同时有人民币和外币两个账户。

2. 按照发行主体是否在境内，分为境内卡和境外卡

境内卡是由境内商业银行发行的银行卡；境外卡是由境外设立的外资金融机构或外资非金融机构发行的银行卡。无论是境内卡还是境外卡，在境内、境外均可使用。

3. 按照信息载体不同，分为磁条卡和芯片卡

磁条卡是以磁性材料或此条为信息载体的卡片状的记录介质，其由高强度、耐高温的塑料或纸质涂覆塑料制成，常见的银联卡、存折都属于磁条卡，携带十分方便。芯片卡，又称IC卡，其容量大，工作原理类似于微型计算机，可应用于单一的银行卡品种（即纯芯片卡），也可应用于组合的银行卡品种（即磁条芯片复合卡）。

4. 按照使用对象不同，分为单位卡和个人卡

单位卡是指商业银行向企业、事业单位、学校、机关、团体、部队等单位发行的银行卡；个人卡是指商业银行向个人发行的银行卡。

5. 按照结算方式的特点不同，分为信用卡和借记卡

《商业银行信用卡业务监督管理办法》第七条规定："本办法所称信用卡，是指记录持卡人账户相关信息，具备银行授信额度和透支功能，并为持卡人提供相关银行服务的各类介质。"授信额度是信用卡结算的重要特点，持卡人可以在信用额度内先消费后还款。

根据《银行卡业务管理办法》的规定，可以按照是否向发卡银行交存备用金，将信用卡分为贷记卡和准贷记卡：贷记卡是指发卡银行给予持卡人一定的信用额度，持卡人可以在信用额度内先消费、后还款的信用卡，具有透支消费、期限内还款可免息、卡内存款不计付利息等特点。准贷记卡是指持卡人须先按照发卡银行要求交存一定金额备用金，当备用金余额不足支付时，可以在规定的信用额度内透支的信用卡。

借计卡是指发卡银行向持卡人签发，没有信用额度，持卡人先存款、后使用的银行卡，不具备透支功能，结算也比较简单。

借记卡按功能不同，又分为转账卡（含储蓄卡）、专用卡、储值卡：转账卡是实时扣账的借记卡，有转账结算、存取观金和消费功能；专用卡是有专门用途（在百货、餐饮、饭店、娱乐行业以外的用途）、在特定区域使用的借记卡，有转账结算、存取现金功能；储值卡是发卡银行根据持卡人要求将其资金转至卡内储存，交易时直接从卡内扣款的预付钱包式的借记卡。

☞ **想一想**

外币卡与境外卡是一回事吗？储蓄卡与储值卡的区别是什么？

二、银行卡的申请、销户与挂失

银行卡的申请、销户与挂失如表2-8所示。

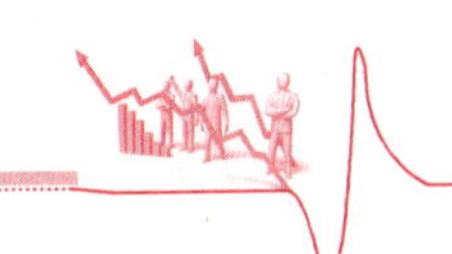

表 2-8　银行卡的申请、销户与挂失

银行卡的申请	1. 单位卡 凡在中国境内金融机构开立基本存款账户的单位，凭借中国人民银行核发的开户许可证可申领单位卡。 单位卡可申领若干张，持卡人资格由申领单位法定代表人或其委托的代理人书面制定和注销。 单位卡账户的资金一律从其基本存款账户转账存入，不得交存现金；单位外币卡账户的资金应从其单位的外汇账户转账存入，不得在境内存取外币现钞。不得将其他存款账户和销货收入的款项存入单位卡账户。 2. 个人卡 具有完全民事行为能力的公民即可申领个人卡。个人卡的主卡持卡人可为了其配偶及年满 18 周岁的亲属申领附属卡，附属卡最多不得超过两张，主卡持卡人有权要求注销其附属卡。个人卡账户的资金以其持有的现金存入或以其工资性款项及属于个人的其他合法收入转账存入。严禁将单位的款项转账存入个人卡账户。 需要注意的是，单位或个人申请银行卡，均应按规定填制申请表，连同有关资料一并送交发卡银行。对符合条件的，发卡银行为申领人开立银行卡账户，并发给银行卡。银行卡仅限于合法持卡人本人使用，持卡人不得出租或转借银行卡及其账户
银行卡的挂失	银行卡遗失或被盗，持卡人应立即持本人身份证或其他有效证明，向就近的发卡银行或代办银行申请挂失，按规定提供相关情况，办理挂失手续。发卡银行的挂失服务应为 24 小时制，通过营业网点、客户服务电话或电子银行等方式及时受理持卡人的挂失业务，并采取相应的风险控制措施。借记卡挂失后，持卡人不再承担该卡账户资金变动的责任，司法机关、仲裁机关另有判决的除外。发行银行可对储值卡和芯片卡内的电子钱包不予挂失。持卡人申请挂失后，又找回银行卡的，可申请撤销挂失止付
银行卡的销户	持卡人还清透支本息后，在以下情况时可以办理销户。 （1）银行卡期满 45 天后，持卡人不更换新卡的。 （2）银行卡挂失满 45 天后，没有附属卡又不更换新卡的。 （3）信誉不佳，被列入止付名单，发卡银行已收回其银行卡 45 天的。 （4）持卡人因故死亡，发卡银行已收回其银行卡 45 天的。 （5）持卡人要求销户或担保人撤销担保，并已交回全部银行卡 45 天的。 （6）银行卡账户 2 年及其以上未发生交易的。 （7）持卡人违反其他规定，发卡银行认为应该取消资格的。 销户后，发卡银行应当收回银行卡，有效卡无法收回的，应当将其止付。销户时，单位卡账户余额转入基本存款账户，单位外币卡余额转入相应外汇账户，不得提取现金。个人卡账户可转账结清或提取现金

三、银行卡的利息、费用的计算

（一）银行卡的利息计算

银行卡的计息包括计收利息和计付利息，核算均应当按照《金融保险企业财务制度》的规定进行。

发卡银行对准贷记卡及借记卡（不含储值卡）账户内的存款，按照中国人民银行规定的同期同档次存款利率及计息办法计付利息。发卡银行对贷记卡账户的存款、储值卡（含 IC 卡的电子钱包）内的币值不计付利息。

贷记卡持卡人非现金交易享受如下优惠条件。

（1）免息还款期待遇。免息还款期从银行记账日起至发卡银行规定的到期还款日止，最长为 60 天。持卡人在到期还款日前偿还所使用全部银行款项的，无须支付非现金交易的利息。

（2）最低还款额待遇。持卡人在到期还款日前偿还所使用全部银行款项有困难的，可按照发卡银行规定的最低还款额还款。但是贷记卡持卡人选择最低还款额方式或超过发卡银行批准的信用额度用卡时，不再享受免息还款期待遇，应当支付未偿还部分自银行记账日起，按规定利率计算的透支利息。贷记卡持卡人支取现金、准贷记卡透支，不享受上述两项待遇，应当支付现金交易额或透支额自银行记账日起，按规定利率计算的透支利息。

贷记卡透支按月计收复利，准贷记卡透支按月计收单利，透支利率为日利率万分之五，并根据中国人民银行的此项利率调整而调整。

（二）银行卡的费用计算

商业银行办理银行卡收单业务时，一般会向客户收取手续费。银行卡收单业务是指签约商业银行向商户提供的本外币资金结算服务。

商业银行办理银行卡收单业务应当按下列标准向商户收取结算手续费：①宾馆、餐饮、娱乐、旅游等行业不得低于交易额的2%；②其他行业不得低于交易金额的1%。

发卡银行对贷记卡持卡人未偿还最低还款额和超信用额度用卡的行为，应当分别按最低还款额未还部分、超过信用额度部分的5%收取滞纳金和超限费。

☞ **练一练**

发卡银行对某些银行卡账户内的存款，按照中国人民银行规定的同期同档次存款利率及计息办法计付利息，这些银行卡包括（　　）。

A. 借记卡　　B. 贷记卡　　C. 准贷记卡　　D. 储值卡

【答案】 AC

四、银行卡的使用与规范

（一）银行卡的使用

1. 提现

根据《银行卡业务管理办法》的第36、37条规定，发卡银行对贷记卡的取现应当每笔授权，每卡每日累计取现不得超过2 000元人民币。发卡银行应当对持卡人在自动柜员机（Automatic Teller Machine，ATM）取款设定交易上限，每卡每日累计提款不得超过5 000元人民币。储值卡的面值或卡内币值不得超过1 000元人民币。《中国人民银行关于改进个人支付结算服务的通知》已将自动柜员机取款交易上限提高，其中借记卡在自动柜员机取款的交易上限由现行每卡每日累计5 000元提高至2万元。各银行可在2万元的限度内综合考虑客户需要、服务能力和安全控制水平等因素，确定本行每卡单笔和每日累计提现金额。

2. 购物消费

持卡人可持银行卡在特约商户购物、消费。特约商户，是指与收单机构签订银行卡受理协议、按约定受理银行卡并委托收单机构为其完成交易资金结算的企事业单位、个体工商户或其他组织，以及按照国家工商行政管理机关有关规定，开展网络商品交易等经营活动的自然人。特约商户不得歧视和拒绝同一银行卡品牌的不同发卡银行的持卡人；应当按规定使用受理终端（网络支付接口）和收单银行结算账户，不得利用其从事或协助他人从事非法活动；不得因持卡人使用银行卡而向持卡人收取或变相收取附加费用，或降低服务水平。

（二）银行卡的相关规范

（1）单位人民币卡可办理商品交易和劳务供应款项的结算，但不得透支；超过中国人民银行规定起点的，应当经中国人民银行当地分行办理转汇。

（2）持卡人带卡购物，消费时需将信用卡和身份证一并交特约商户并在签购单上签名确认。

（3）准贷记卡的透支期限最长为 60 天。贷记卡的首月最低还款额不得低于其当月透支余额的 10%。持卡人不得恶意透支。恶意透支是指持卡人超过规定限额或规定期限，并经发卡银行催收无效的透支行为。发卡银行通过下列途径追偿透支款项和诈骗款项：①扣减持卡人保证金、依法处理抵押物和质物；②向保证人追索透支款项；③通过司法机关的诉讼程序进行追偿。

（4）发卡银行应当遵守下列信用卡业务风险控制指标：①同一持卡人单笔透支发生额个人卡不得超过 2 万元（含等值外币）、单位卡不得超过 5 万元（含等值外币）。②同一账户月透支余额个人卡不得超过 5 万元（含等值外币），单位卡不得超过发卡银行对该单位综合授信额度的 3%。无综合授信额度可参照的单位，其月透支余额不得超过 10 万元（含等值外币）。③外币卡的透支额度不得超过持卡人保证金（含储蓄存单质押金额）的 80%。④从本办法实施之日起新发生的 180 天（含 180 天，下同）以上的月均透支余额不得超过月均总透支余额的 15%。

（5）持卡人不需要继续使用银行卡的，应持银行卡主动到发卡银行办理销户。销户时，单位卡账户余额转入其基本存款账户，不得提取现金。

☞ **练一练**

刘某所持贷记卡透支余额为 2 万元，根据支付结算法律制度的规定，其首月最低还款额不得低于（　　）元。

A. 1 000　　B. 2 000　　C. 4 000　　D. 6 000

【答案】 B

任务六　其他结算方式

☞ **想一想**

根据《支付结算办法》的规定，汇款人委托银行将其款项支付给收款人的结算方式是（　　）。

A. 信用证结算方式　　B. 委托收款结算方式

C. 托收承付结算方式　　D. 汇兑结算方式

【答案】 D

一、汇兑

（一）汇兑概述

汇兑是指汇款人委托银行将其款项支付给收款人的结算方式，适用于单位和个人各种款项的结算，且没有金额起点限制。根据汇款凭证转发方式的不同，汇兑可以分为信汇和电汇，由汇款人选择使用。信汇是以邮寄方式将汇款凭证转给外地收款人指定的汇入行；电汇是以电报方式将汇款凭证转发给收款人指定的汇入行。

（二）汇兑的基本流程

汇兑的基本流程如图 2-24 所示。

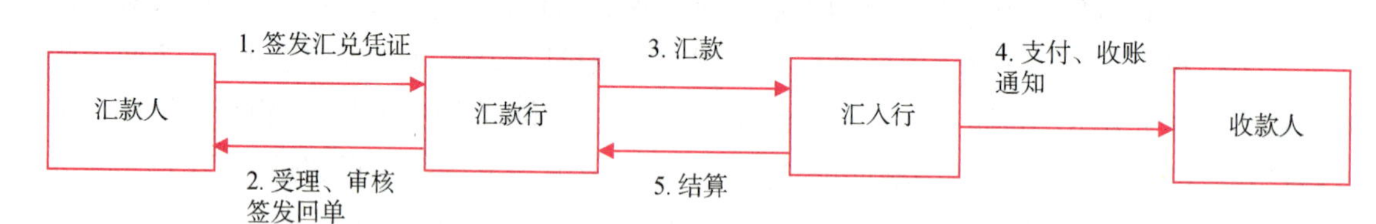

图 2-24　汇兑的基本流程

（三）汇兑的办理、撤销和退汇

汇兑的办理、撤销和退汇如表 2-9 所示。

表 2-9　汇兑的办理、撤销和退汇

汇兑的办理	1. 签发汇兑凭证	根据《支付结算办法》的规定，签发汇兑凭证必须记载下列事项。 （1）表明“信汇”或“电汇”的字样； （2）无条件支付的委托； （3）确定的金额； （4）收款人名称； （5）汇款人名称； （6）汇入地点、汇入行名称； （7）汇出地点、汇出行名称； （8）委托日期（汇款人向汇出银行提交汇兑凭证的当日）； （9）汇款人签章。 汇兑凭证记载的汇款人、收款人在银行开立存款账户的，必须记载其账号。以上必须记载而欠缺记载的，银行不予受理。 汇兑凭证上记载收款人为个人的，收款人需要到汇入银行领取汇款，汇款人应在汇兑凭证上注明“留行待取”字样；留行待取的汇款，需要指定单位的收款人领取汇款的，应注明收款人的单位名称；信汇凭收款人签章支取的，应在信汇凭证上预留其签章。汇款人确定不得转汇的，应在汇兑凭证备注栏注明“不得转汇”字样
	2. 银行受理	汇出银行受理汇款人签发的汇兑凭证，经审查无误后，应及时向汇入银行办理汇款，并向汇款人签发汇款回单。汇款回单仅为汇出银行受理汇款的依据，而非该笔汇款已转入收款人账户的证明

续表

汇兑的办理	3. 付款汇入	汇入银行对汇兑凭证审核无误后，对收款人进行支付。 (1) 开立存款账户的收款人，应将汇给其的款项直接转入收款人账户，并向其发出收账通知。收账通知是银行将款项确已收入收款人账户的凭据。 (2) 未在银行开立存款账户的收款人，凭信、电汇的取款通知或“留行待取”的，向汇入银行支取款项，必须交验本人的身份证件，在信汇、电汇凭证上注明证件名称、号码及发证机关，并在“收款人签盖章”处签章；信汇凭签章支取的，收款人的签章必须与预留信汇凭证上的签章相符。 (3) 支取现金的，信汇、电汇凭证上必须有按规定填明的“现金”字样，才能办理。未填明“现金”字样，需要支取现金的，由汇入银行按照国家现金管理规定审查支付。 (4) 收款人可委托他人向汇入银行支取款项，但应在取款通知上签章，注明本人身份证件名称、号码、发证机关和“代理”字样及代理人姓名。代理人代理取款时，也应在取款通知上签章，注明其身份证件名称、号码及发证机关，并同时交验代理人和被代理人的身份证件。 (5) 转账支付的，应由原收款人向银行填制支款凭证，并由本人交验其身份证件办理支付款项。该账户的款项只能转入单位或个体工商户的存款账户，严禁转入储蓄和信用卡账户。 (6) 转汇的，应由原收款人向银行填制信汇、电汇凭证，并由本人交验其身份证件。转汇的收款人必须是原收款人。原汇入银行必须在信汇、电汇凭证上加盖“转汇”戳记
汇兑的撤销和退汇	1. 汇兑的撤销	汇款人对汇出银行尚未汇出的款项可以申请撤销。申请撤销时，应出具正式函件或本人身份证件及原件、电汇回单。汇出银行只有在查明确未汇出款项，并收回原信汇、电汇回单时，方可办理撤销手续
	2. 汇兑的退汇	申请退汇针对的是已经从汇出银行汇出的款项。对于在汇入银行开立存款账户的收款人，由汇款人与收款人自行联系退汇；对未在汇入银行开立存款账户的收款人，汇款人应出具正式函件或本人身份证件及原信汇、电汇回单，由汇出银行通知汇入银行，经汇入银行核实汇款确未支付，并将款项汇回汇出银行，方可办理退汇。汇入银行对于收款人拒绝接受的汇款，应即办理退汇。汇入银行对于向收款人发出取款通知，经过2个月无法交付的汇款，应主动办理退汇。 转汇银行既不得受理汇款人或汇出银行对汇款的撤销，也不得受理汇款人或汇出银行对汇款的退汇

☞ 练一练

根据《支付结算办法》的规定，汇款人委托银行将其款项支付给收款人的结算方式是（ ）。

A. 信用证结算方式　　B. 汇兑结算方式

C. 托收承付结算方式　　D. 委托收款结算方式

【答案】 B

二、托收承付

（一）托收承付的概述

托收承付是指根据购销合同由收款人发货后委托银行向异地付款人收取款项，由付款人向银行承认付款的结算方式。托收承付结算每笔的金额起点为1万元。新华书店系统每笔的金额起点为1 000元。根据结算款项的划回方式不同，托收承付分邮寄和电报两种，由收款人选用。

根据《支付结算办法》，托收承付的适用有以下注意事项：①使用托收承付结算方式的收款单位和付款单位，必须是国有企业、供销合作社及经营管理较好，并经开户银行审查同意的城乡集体所有制工业企业。②办理托收承付结算的款项，必须是商品交易，以及因商品交易而产生的劳务供应的款项。代销、寄销、赊销商品的款项，不得办理托收承付结算。③收付双方使用托收承付结算必须签有符合《中华人民共和国经济合同法》规定的购销合同，并在合同上订明使用托收承付结算方式。④收付双方办理托收承付结算，必须重合同、守信用。收款人对同一付款人发货托收累计 3 次收不回货款的，收款人开户银行应暂停收款人向该付款人办理托收；付款人累计 3 次提出无理拒付的，付款人开户银行应暂停其向外办理托收。⑤收款人办理托收，必须具有商品确已发运的证件（包括铁路、航运、公路等运输部门签发的运单、运单副本和邮局包裹回执）。没有发运证件的，可凭其他有关证件办理。

（二）托收承付的基本流程

托收承付的基本流程如图 2-25 所示。

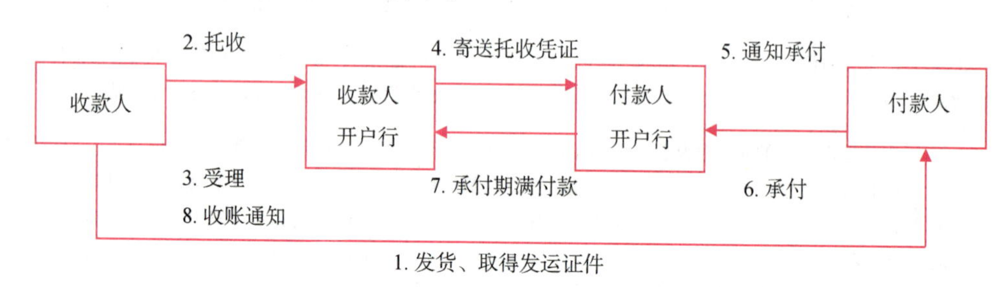

图 2-25 托收承付的基本流程

1. 托收

托收是指收款人按照签订的购销合同发货后，委托银行办理托收的行为。收款人应将托收凭证并附发运证件或其他符合托收承付结算的有关证明和交易单证送交银行。收款人开户银行接到托收凭证及其附件后，应当按照托收的范围、条件和托收凭证记载的要求认真进行审查，必要时，还应查验收付款人签订的购销合同。凡不符合要求或违反购销合同发货的，不能办理。审查时间最长不得超过次日。审查无误的，将托收凭证及交易单证一并寄交付款人开户

2. 承付

承付是指付款人向银行承认付款的行为。付款人开户银行收到托收凭证及其附件后，应当及时通知付款人。通知的方法，可以根据具体情况与付款人签订协议，采取付款人来行自取、派人送达、对距离较远的付款人邮寄等。付款人应在承付期内审查核对，安排资金。

承付货款分为验单付款和验货付款两种，由收付双方商量选用，并在合同中明确规定，如表 2-10 所示。

表 2-10　承付货款

		承付期	具体流程
承付货款	验单付款	3 天，从付款人开户银行发出承付通知的次日算起（承付期内遇法定休假日顺延）	付款人在承付期内，未向银行表示拒绝付款，银行即视作承付，并在承付期满的次日（法定休假日顺延）上午银行开始营业时，将款项主动从付款人的账户内付出，按照收款人指定的划款方式，划给收款人
	验货付款	10 天，从运输部门向付款人发出提货通知的次日算起。对收付双方在合同中明确规定，并在托收凭证上注明验货付款期限的，银行从其规定	付款人收到提货通知后，应即向银行交验提货通知。付款人在银行发出承付通知的次日起 10 天内未收到提货通知的，应在第 10 天将货物尚未到达的情况通知银行。在第 10 天付款人没有通知银行的，银行即视作已经验货，于 10 天期满的次日上午银行开始营业时，将款项划给收款人；在第 10 天付款人通知银行货物未到，而以后收到提货通知没有及时送交银行，银行仍按 10 天期满的次日作为划款日期，并按超过的天数，计扣逾期付款赔偿金
			采用验货付款的，收款人必须在托收凭证上加盖明显的“验货付款”字样戳记。托收凭证未注明验货付款，经付款人提出合同证明是验货付款的，银行可按验货付款处理

不论验单付款还是验货付款，付款人都可以在承付期内提前向银行表示承付，并通知银行提前付款，银行应立即办理划款；因商品的价格、数量或金额变动，付款人应多承付款项的，须在承付期内向银行提出书面通知，银行据以随同当次托收款项划给收款人。付款人不得在承付货款中，扣抵其他款项或以前托收的货款。

（三）拒绝付款的处理

仅在出现下列情况的，付款人在承付期内，可向银行提出全部或部分拒绝付款。

（1）没有签订购销合同或购销合同未订明托收承付结算方式的款项。

（2）未经双方事先达成协议，收款人提前交货或因逾期交货付款人不再需要该项货物的款项。

（3）未按合同规定的到货地址发货的款项。

（4）代销、寄销、赊销商品的款项。

（5）验单付款，发现所列货物的品种、规格、数量、价格与合同规定不符，或货物已到，经查验货物与合同规定或发货清单不符的款项。

（6）验货付款，经查验货物与合同规定或与发货清单不符的款项。

（7）货款已经支付或计算有错误的款项。

外贸部门托收进口商品的款项，在承付期内，订货部门除因商品的质量问题不能提出拒绝付款，应当另行向外贸部门提出索赔外，属于前述 7 种情况的，可以向银行提出全部或部分拒绝付款。

付款人对以上情况提出拒绝付款时，必须填写拒绝付款理由书并签章，注明拒绝付款理由，涉及合同的应引证合同上的有关条款。开户银行必须认真审查拒绝付款理由，查验合同。对于付款人提出拒绝付款的手续不全、依据不足、理由不符合规定和不属于 7 种拒绝付款情况的，以及超过承付期拒付和应当部分拒付提为全部拒付的，银行均不得受理，应实行强制扣款。但是，对于军品的拒绝付款，银行不审查拒绝付款理由。

银行同意部分或全部拒绝付款的，应在拒绝付款理由书上签注意见。部分拒绝付款，除

办理部分付款外，应将拒绝付款理由书连同拒付证明和拒付商品清单邮寄收款人开户银行转交收款人。全部拒绝付款，应将拒绝付款理由书连同拒付证明和有关单证邮寄收款人开户银行转交收款人。

☞ **练一练**

下列关于托收承付结算方式使用要求的表述中，不正确的是（ ）。

A. 托收承付只能用于异地结算

B. 收付双方使用托收承付结算方式必须签有合法的购销合同

C. 付款人累计 3 次提出无理由拒付的，付款人开户银行应暂停其向外办理托收

D. 收款人对同一付款人发货托收累计 3 次收不回货款的，收款人开户银行应暂停收款人办理所有托收业务

【答案】 D

三、委托收款

（一）委托收款概述

委托收款是指收款人委托银行向付款人收取款项的结算方式。其适用范围广：地域上，在同城、异地均可以使用；对象上，单位和个人凭已承兑商业汇票、债券、存单等付款人债务证明办理款项的结算，均可以使用委托收款结算方式。根据结算款项的划回方式不同，委托收款可分邮寄和电报两种，由收款人选用。在同城范围内，收款人收取公用事业费或根据国务院的规定，可以使用同城特约委托收款。收取公用事业费，必须具有收付双方事先签订的经济合同，由付款人向开户银行授权，并经开户银行同意，报经中国人民银行当地分支行批准。

（二）委托收款的基本流程

委托收款的基本流程如图 2-26 所示。

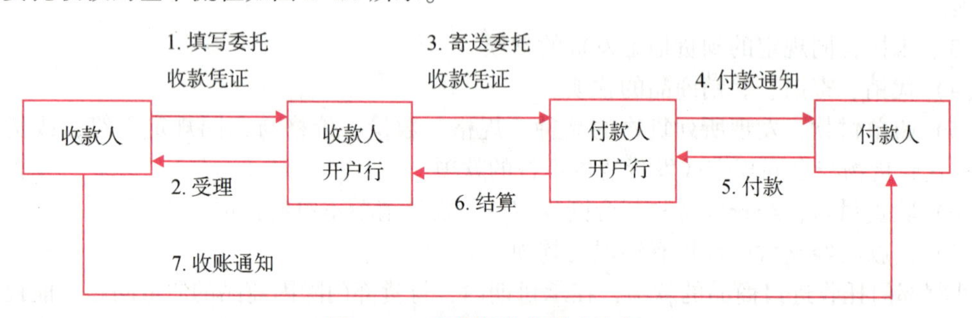

图 2-26 委托收款的基本流程

1. 委托

收款人办理委托收款应向银行提交委托收款凭证和有关的债务证明。委托收款凭证必须记载下列事项：①标明“委托收款”的字样；②确定的金额；③付款人名称；④收款人名称；⑤委托收款凭据名称及附寄单证张数；⑥委托日期；⑦收款人签章。欠缺记载上列事项之一的，银行不予受理。有关债务证明，是指能够证明债务到期并应让付款人支付一定款项的凭证，如水电费单、已承兑的商业汇票、债券等。

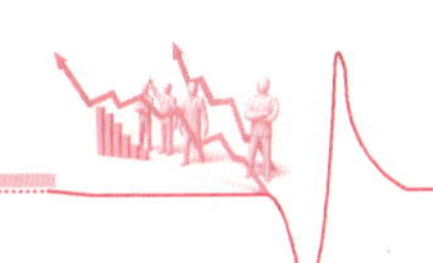

2. 付款

银行接到寄来的委托收款凭证及债务证明，经审查无误后，应办理付款：①以银行为付款人的，银行应在当日将款项主动支付给收款人。②以单位为付款人的，银行应及时通知付款人，按照有关办法规定，需要将有关债务证明交给付款人的应交给付款人，并签收。

付款人应于接到通知的当日书面通知银行付款。按规定，若付款人未在接到通知日的次日起 3 日内通知银行付款的，视同付款人同意付款，银行应于付款人接到通知日的次日起第 4 日上午开始营业时，将款项划给收款人。

付款人提前收到由其付款的债务证明，应通知银行于债务证明的到期日付款。付款人未于接到通知日的次日起 3 日内通知银行付款，付款人接到通知日的次日起第 4 日在债务证明到期日之前的，银行应于债务证明到期日将款项划给收款人。

银行在办理划款时，付款人存款账户不足支付的，应通过被委托银行向收款人发出未付款项通知书。按照有关办法规定，债务证明留存付款人开户银行的，应将其债务证明连同未付款项通知书邮寄被委托银行转交收款人。

（三）拒绝付款的处理

付款人审查有关债务证明后，对收款人委托收取的款项需要拒绝付款的，可以办理拒绝付款：①以银行为付款人的，应自收到委托收款及债务证明的次日起 3 日内出具拒绝证明连同有关债务证明、凭证寄给被委托银行，转交收款人。②以单位为付款人的，应在付款人接到通知日的次日起 3 日内出具拒绝证明，持有债务证明的，应将其送交开户银行。银行将拒绝证明、债务证明和有关凭证一并寄给被委托银行，转交收款人。

☞ **练一练**

下列关于委托收款，说法正确的是（　　）。

A. 委托收款款项的划回方式，分为邮寄和电报两种

B. 单位和个人凭借已承兑的商业汇票、债券、存单等付款人债务证明办理款项的结算，可以使用委托收款

C. 委托收款结算方式下，付款人不得拒绝付款

D. 委托收款是指收款人委托银行向付款人收取款项的结算方式

【答案】 ABD

四、电子支付

（一）电子支付概述

电子支付是指单位、个人（以下简称客户）直接或授权他人通过电子终端发出支付指令，实现货币支付与资金转移的行为。在互联网时代，电子支付的交易量巨大，其通过数字化方式进行款项支付的，具有便捷、高效、经济的优点，是电子商务中十分重要的一个环节，关系到电子商务的准确性与安全性。

按发起方式的不同，电子支付可分为网上支付、电话支付、移动支付、销售点终端交易、自动柜员机交易和其他电子支付。其中，网上支付是指通过互联网实现金融交换，实现货币支付、现金流转、资金清算、查询统计等目的。通常仍须以银行为中介，典型的网上支付模式有网银等。

（二）电子支付的基本流程

电子支付的基本流程如图 2-27 所示。

发起电子支付指令	· 客户根据支付需要，按照其与发起行的协议规定，通过计算机、电话、销售点终端、自动柜员机、移动通信工具或其他电子设备，发起电子支付指令。发起行是指接受客户委托发出电子支付指令的银行
确认电子支付指令	· 发起行应采取有效措施，在客户发出电子支付指令前，提示客户对指令的准确性和完整性进行确认 · 应确保正确执行客户的电子支付指令，对电子支付指令进行确认后，应能够向客户提供纸质或电子交易回单 · 应建立必要的安全程序，对客户身份和电子支付指令进行确认，并形成日志文件等记录，保存至交易后5年
执行电子支付指令	· 应建立必要的安全程序，对客户身份和电子支付指令进行确认，并形成日志文件等记录，保存至交易后5年
接收电子支付指令	· 电子支付指令接收人的开户银行或接收人未在银行开立账户而电子支付指令确定的资金汇入银行，在接收电子支付指令后，应及时回复确认。发起行、接收行应确保电子支付指令传递的可跟踪稽核和不可篡改

图 2-27　电子支付的基本流程

（三）电子支付的相关法律规范

为了规范电子支付业务，防范支付风险，保证资金安全，维护银行及其客户在电子支付活动中的合法权益，促进电子支付业务健康发展，中国人民银行 2005 年制定了《电子支付指引（第一号）》，2011 年制定了《非金融机构支付服务管理办法》，2015 年颁布了《非银行支付机构网络支付业务管理办法》。此外，2004 年发布的《中华人民共和国电子签名法》及 2018 年发布的《中华人民共和国电子商务法》也涉及电子支付的相关法律问题。

项目三

税收法律制度

知识目标

1. 了解税收的概念和作用，掌握税收的特征，熟悉税收的分类，掌握税法及其构成要素。

2. 掌握主要的税种（包括增值税、消费税、企业所得税、个人所得税），掌握每种税的纳税义务人、征税对象、税率、税收优惠、征收管理办法等。

3. 掌握税收征收管理中的税务登记、发票管理、纳税申报、税款征收、税务检查、税收法律责任、税收行政复议和行政诉讼。

知识导图

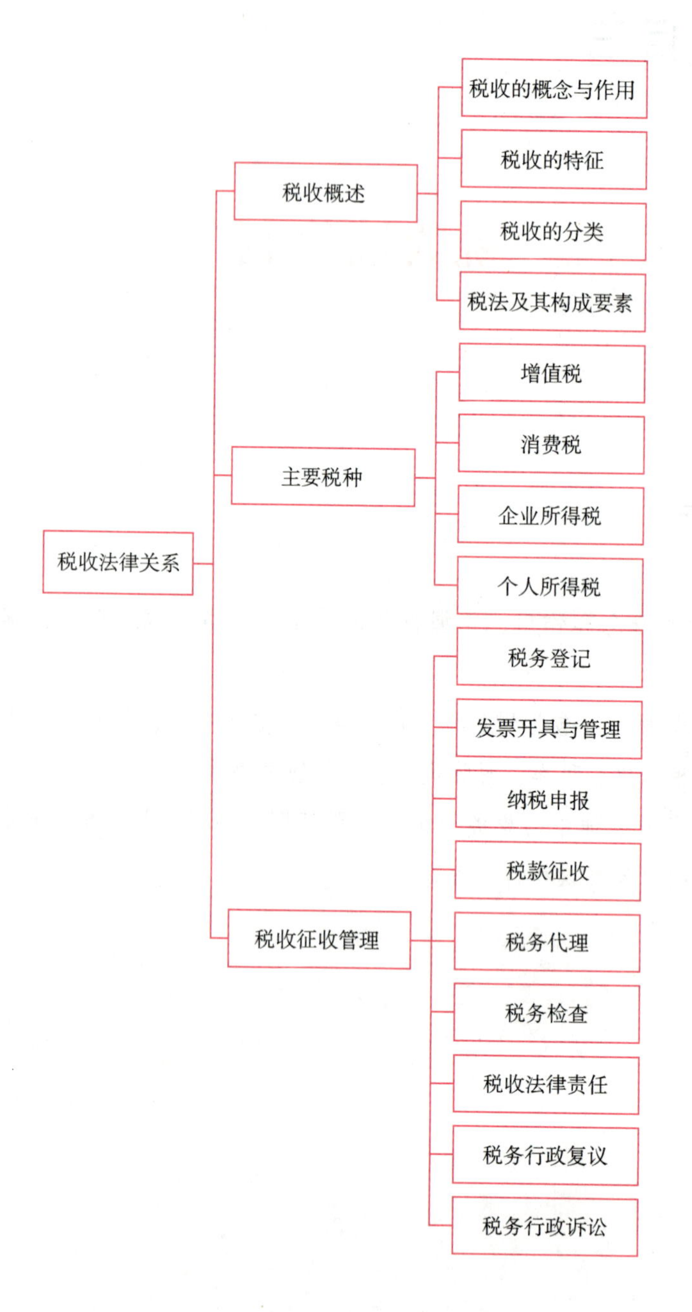

税收法律关系
税收概述
税收的概念与作用
税收的特征
税收的分类
税法及其构成要素
主要税种
增值税
消费税
企业所得税
个人所得税
税收征收管理
税务登记
发票开具与管理
纳税申报
税款征收
税务代理
税务检查
税收法律责任
税务行政复议
税务行政诉讼

任务一　税收概述

☞ **想一想**

老师讲到税收概述部分时，交代同学们课下预习，并组成小组进行讨论。

A同学说：税收是国家运用强制力无偿获得单位或者个人一定比例的收入，无偿性对单位和个人而言是不公平的。

B同学说：税收是国家取单位或者个人的钱再用到社会公共领域，也就是单位或者个人身上，是公平的。

C同学说：工资达到一定标准就要缴纳个人所得税，那没达到标准的就不纳税，纳税不是每个公民的义务吗？

思考：A、B、C同学的想法正确吗？

一、税收的概念与作用

（一）税收的概念

税收是国家为了满足社会公共需要，运用国家强制力，依据国家法律规定的标准，从单位或者个人处无偿取得的一种财政收入。税收是国家财政收入的主要来源，是一种非常重要的政策工具。税收从本质而言是国家为满足社会公共需要，凭借国家公权力，按照法定标准和程序，强制、无偿的从公民或者非公民处取得财政收入而在国家和纳税人之间形成的一种特殊的利益分配关系。税收和每个公民的生活息息相关，实际影响着我们的生活。

☞ **提示**

从税收的概念我们可以知道：①税收的征收主体是国家；②征收客体是单位和个人；③税收的征收目的是满足社会公共需要；④税收征收的依据是法定标准和程序。

（二）税收的作用

税收的作用如图3-1所示。

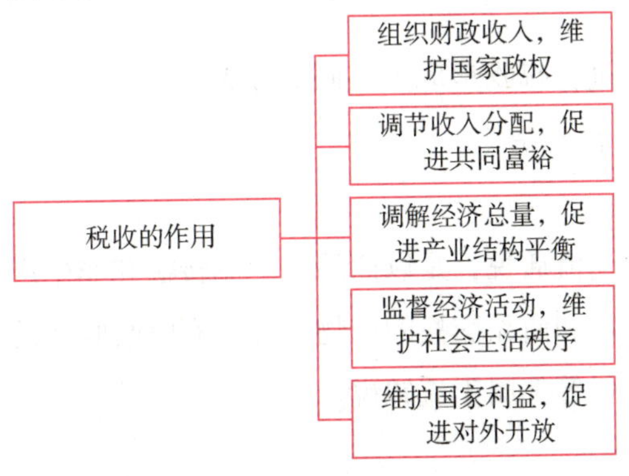

图3-1　税收的作用

☞ **想一想**

1. 税收是国家强制征收的吗？税收最终用于何处？
2. 税收的作用有哪些呢？税收和国家政权有关系吗？

二、税收的特征

税收作为财政收入的主要来源，与其他财政收入方式相比，具有自己的基本特征，如图 3-2 所示。

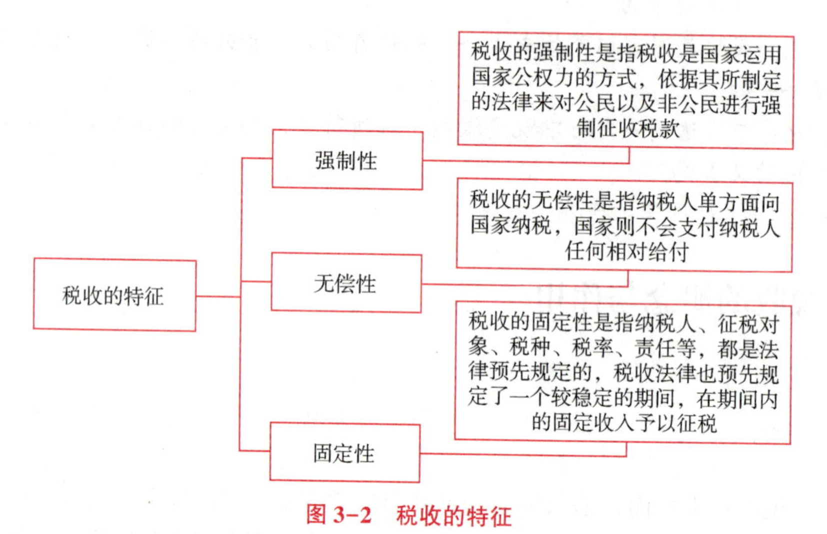

图 3-2　税收的特征

☞ **练一练**

下列各项中，属于税收特征的是（　　）。

A. 强制性　　B. 特定性　　C. 固定性　　D. 无偿性

【答案】ACD

三、税收的分类

依据不同的目的和标准，税收形成了不同的分类。

1. 按照征税对象的属性分类

1）流转税

流转税又称流转课税、流通税，是以商品生产流转额和非生产流转额为课税对象征收的一类税。流转税是商品生产和商品交换的产物，是政府财政收入的重要来源。我国现行税制中的增值税、消费税、关税等都属于流转税。

2）所得税

所得税又称收益税，是指以各种所得额为课税对象的一类税。我国现行税制中，所得税

包括企业所得税和个人所得税。

3）财产税

财产税是指以纳税人所拥有或支配的财产为课税对象的一类税。我国现行税制中，财产税包括房产税、车船税。

4）资源税

资源税是以各种应税自然资源为课税对象的一种税。资源税主要为了调节资源级差收入，也产生国有资源有偿使用的理念。我国现行税制中资源税、土地增值税、耕地占用税和城镇土地使用税都属于资源税。

5）行为税

行为税是指以纳税人的某些特定行为为课税对象的一类税。中国现行的行为税主要有印花税、城建税、烟叶税等。

2. 按照征收管理的分工体系分类

1）工商税

工商税是指绝大部分由税务机关负责征收管理的税。工商税收是我国现行税制的主体部分，占税收总额的90%以上。工商税收的征收范围比较广，目前我国现行税制具体包括增值税、消费税、资源税、企业所得税、个人所得税、城市维护建设税、房产税、土地增值税、印花税等。

2）关税类

关税类由海关负责征收管理的税。关税是对进出口的货物、物品征收的税收总称。其主要是指进出口关税及对入境旅客行李物品和个人邮递物品征收的进口税，不包括由海关代征的进口环节增值税、消费税和船舶吨税。关税不仅支撑着我国的中央财政收入，也起着调节国家进出口贸易的作用。

3. 按照税收征收权限和收入支配权限分类

1）中央税

中央税是指由中央政府征收或由地方政府征收后交由中央政府管理、使用的一类税。我国现行税制中的关税和消费税等都属于中央税。

2）地方税

地方税是指由地方政府征收和管理使用的一类税。我国现行税制中的房产税和环境保护税等都属于地方税。

3）中央与地方共享税

中央与地方共享税是指税收的管理权和使用权属中央政府和地方政府共同拥有的一类税。我国现行税制中的增值税和资源税等都属于中央与地方共享税。

4. 按照计税标准不同进行的分类

1）从价税

从价税是指以课税对象的价格为依据按比例征收的一类税。我国现行税制中的增值税、关税和各种所得税等税种都属于从价税。我国对于从价税实行比例税率和累进税率。

2）从量税

从量税是指以课税对象的数量为依据，按固定税额计征的一类税。我国现行税制中的资源税、车船使用税和土地增值税等都属于从量税。从量税实行定额税率，征收相对简便。

3）复合税

复合税将从价税和从量税混合使用的一类税。我国现行税收管理办法中对卷烟、白酒就是实行复合税。

☞ **练一练**

我国的增值税属于（　　）。

A. 工商税　　B. 中央税　　C. 从价税　　D. 流转税

【答案】 ACD

下列税种中，不属于财产税类的是（　　）。

A. 车船税　　B. 船舶吨税　　C. 车辆购置税　　D. 房产税

【答案】 C

四、税法及其构成要素

（一）税法的概念

税法是指调整税收关系的法律规范，是国家最高权力机关或其授权的行政机关制定的有关调整国家与纳税人之间在税收征纳方面的权力与义务关系的法律规范的总称。

（二）税法的构成要素

税法的构成要素是指各种单行税法具有的共同的基本要素的总称，一般包括征税人、纳税义务人、征税对象、税目、税率、计税依据、纳税环节、纳税期限、纳税地点、减免税和法律责任等项目，如图 3-3 所示。其中，纳税义务人、征税对象、税率是税法的 3 个最基本的构成要素。

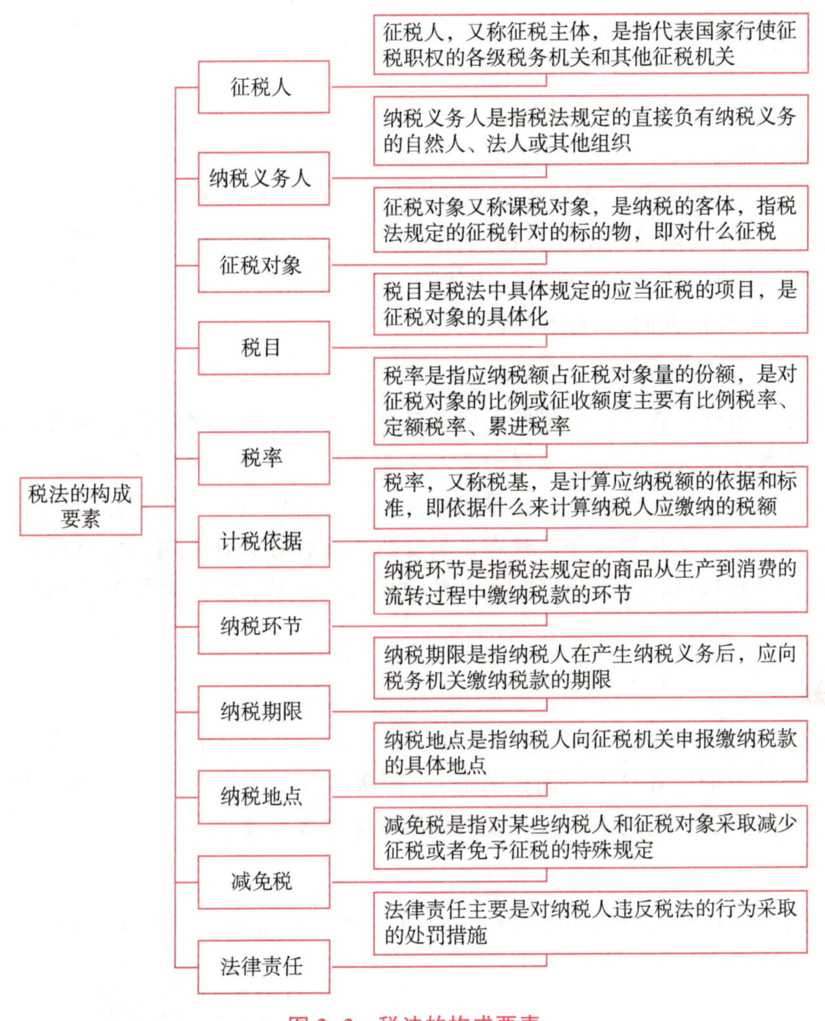

图 3-3　税法的构成要素

任务二　主要税种

☞ **想一想**

兴旺公司在日常的生产经营活动中发生了以下费用，在计算企业所得税应纳所得额时不允许扣除的项目是（　　）。

A. 企业购买国债的利息收入 2 万元

B. 企业的计税工资薪金支出 8 万元

C. 企业直接对我国甘肃地区“希望工程”的 5 万元公益性捐款

D. 企业在规定比例之内发生的 1 万元业务招待费

【答案】C

一、增值税

（一）增值税的概念和分类

1. 增值税的概念

增值税是以商品和劳务、服务在流转过程中产生的增值额作为征税对象而征收的一种流转税。增值税是对在我国境内销售货物或者加工、修理修配劳务、销售服务、无形资产、不动产及进口货物的单位和个人，就其销售货物、劳务、服务、无形资产、不动产的增值税和货物进口金额为计税依据而征收的一种流转税。

☞ **提示**

增值额是指纳税人在生产、经营或劳务服务中所创造的新增价值，即纳税人在一定时期内销售货物或提供劳务服务所取得的收入大于其购进货物或取得劳务服务时支付金额的差额。因增值因素在实际经济活动中难以精确计算，所以增值税的计算一般采用税款抵扣的方式计算增值税应纳税额，即纳税人根据货物或应税劳务销售额，按照规定的税率计算出一个税额，然后从中扣除上一环节已缴纳的增值税税额，其余额即为纳税人应纳的增值税税额。

☞ **法条链接**

《中华人民共和国增值税暂行条例》第一条规定："在中华人民共和国境内销售货物或者加工、修理修配劳务（以下简称劳务），销售服务、无形资产、不动产以及进口货物的单位和个人，为增值税的纳税人，应当依照本条例缴纳增值税。"

2. 增值税的分类

根据外购固定资产所含税金扣除方式的不同，增值税的分类如图 3-4 所示。

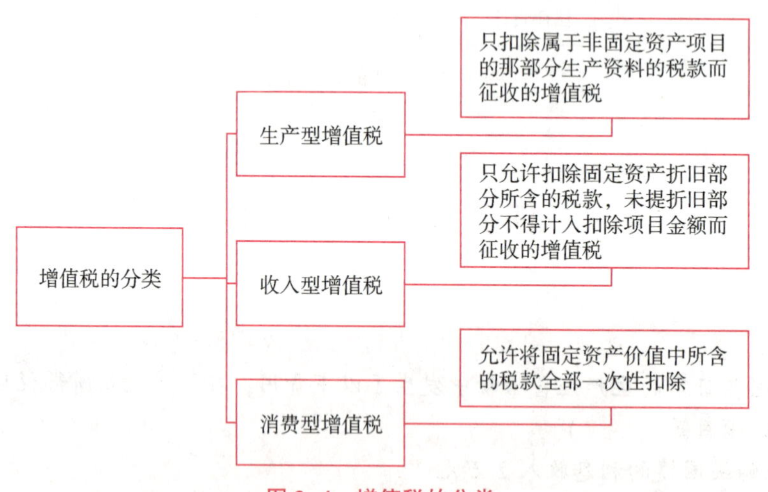

图 3-4　增值税的分类

（二）增值税的征收范围

增值税的征收范围由一般范围、特殊范围、免征范围 3 部分构成，如表 3-1 所示。

表 3-1　增值税的征收范围

<table>
<tr><td rowspan="10">增值税的征收范围</td><td rowspan="6">一般范围</td><td colspan="2">销售或者进口的货物</td></tr>
<tr><td rowspan="2">提供应税劳务</td><td>加工劳务</td></tr>
<tr><td>修理修配劳务</td></tr>
<tr><td rowspan="3">发生应税行为</td><td>销售应税服务</td></tr>
<tr><td>销售无形资产</td></tr>
<tr><td>销售不动产</td></tr>
<tr><td rowspan="4">特殊范围</td><td colspan="2">属于征税范围的特殊项目</td></tr>
<tr><td rowspan="3">属于征税范围的特殊行为</td><td>视同销售</td></tr>
<tr><td>混合销售</td></tr>
<tr><td>兼营非增值税应税劳务</td></tr>
<tr><td colspan="4">免征范围</td></tr>
</table>

1. 一般范围

1）销售或者进口货物

销售或者进口货物，包括电力、热力、气体在内有形动产。

2）提供应税劳务

提供应税劳务是指纳税人提供的加工、修理修配劳务。加工劳务是指委托人为受托人提供原材料，受托人按照委托人要求的标准、时间、方式制造货物而获取加工费的业务。修理修配劳务是指受托人对货物进行修复，使其重新恢复原状而获得修理费的业务。

3）发生应税行为

应税行为包括销售应税服务、销售无形资产、销售不动产。增值税一般范围内的销售应税服务主要包括交通运输服务、邮政业务、电信业务、建筑业务、金融服务、现代服务、生活服务，如表 3-2 所示。

表 3-2　销售应税服务的范围

<table>
<tr><td rowspan="8">交通运输服务</td><td rowspan="2">陆路运输服务</td><td>铁路运输服务</td></tr>
<tr><td>其他陆路运输服务（缆车运输服务、公路运输服务、铁路运输服务、索道运输服务等）</td></tr>
<tr><td rowspan="2">水路运输服务</td><td>程租业务</td></tr>
<tr><td>期租业务</td></tr>
<tr><td rowspan="3">航空运输服务</td><td>运输货物</td></tr>
<tr><td>运输旅客</td></tr>
<tr><td>航空运输的湿租业务</td></tr>
<tr><td>管道运输服务</td><td>通过管道运输气体、液体、固体物质</td></tr>
<tr><td rowspan="3">邮政业务</td><td>邮政普通业务</td><td>邮件寄递、邮票发行、报刊发行等</td></tr>
<tr><td>邮政特殊业务</td><td>机要通信、盲人读物等</td></tr>
<tr><td>其他邮政业务</td><td>邮册销售、邮政代理等业务</td></tr>
</table>

续表

电信业务	基础电信业务	第一类包括固定通信、移动通信、卫星通信、数据通信
		第二类包括集群通信、无线寻呼、卫星通信、数据通信网络接入、设备服务、网络托管
	增值电信业务	第一类包括数据处理、多方通信、虚拟专网、数据中心
		第二类包括储蓄转发、呼叫中心、因特网接入、信息服务、增值电信服务
建筑业务	工程服务	新建、改建
	安装服务	装配、安置
	修缮服务	修补、加固、养护、改善
	装饰服务	修饰、装修
	其他建筑服务	平整土地、园林绿化、建筑物平移、钻井、爆破等
金融服务	贷款服务	资金贷与他人使用而获取相应利息收益
	直接收取金融服务	为其他金融业务提供相应服务而获取费用
	保险服务	投保人和保险人通过订立合同的方式，规定投保人支付一定的保险费，当出现合同约定的情形时由保险人承担赔偿保险金的责任。
	金融商品转让	转让外汇、有价证券、非货币期货和其他金融商品所有权的业务活动。
现代服务	研发和技术服务	研发服务、合同能源管理服务、工程勘察勘探服务、专业技术服务
	信息技术服务	软件服务、电路设计及测试服务、信息系统服务、业务流程管理服务、信息系统增值服务。
	文化创意服务	设计服务、知识产权服务、广告服务、会议展览服务。
	物流辅助服务	航空服务、港口码头服务、货运客运场站服务、装卸搬运服务、仓储服务、收派服务等
现代服务	租赁服务	包括融资租赁服务和经营租赁服务
	鉴证咨询服务	包括认证服务、鉴证服务和咨询服务
	广播影视服务	包括广播影视节目的制作服务、发行服务和播映服务
	商务辅助服务	包括企业管理服务、经纪代理服务、人力资源服务和安全保护服务
	其他现代服务	除上述事项之外的其他现代服务
生活服务	文化体育服务	文化服务、体育服务
	教育医疗服务	教育服务、医疗服务
	旅游娱乐服务	旅游服务、娱乐服务
	餐饮住宿服务	餐饮服务、住宿服务
	居民日常服务	为居民日常生活需求提供的服务
	其他生活服务	除上述事项中之外的其他生活服务

（1）交通运服务。交通运服务是指使用运输工具将货物或者旅客送达目的地，使其空间位置得到转移的业务活动，包括陆路运输服务、水路运输服务、航空运输服务和管道运输服务。

①陆路运输服务是指通过陆路运送货物或旅客的运输业务活动，包括铁路、公路、缆

车、索道、地铁、城市轨道、出租车等运输服务。出租车公司向使用本公司自有出租车的出租车司机收取的管理费用，按陆路运输服务征收增值税。

② 水路运输服务是指通过江、河、湖、川等天然、人工水道或者海洋航道运送货物或旅客的运输业务活动。远洋运输的程租、期租业务，属于水路运输服务。

☞ **提示**

程租业务是指远洋运输企业为租船人完成某一特定航次运输任务并收取租赁费的业务。期租业务是指远洋运输企业将配备有操作人员的船舶承租给他人使用一定期限，承租期内听候承租方调遣，不论是否经营，均按天数向承租方收取租赁费，发生的固定费用均由船东负担的业务。

③ 航空运输服务是指通过空中航线运送货物或旅客的运输业务活动。航空运输的湿租业务属于航空运输服务。湿租业务是指航空运输企业将配备有机组人员的飞机承租给他人使用一定的期限，承租期内听候承租方调遣，不论是否经营，均按一定标准向承租方收取租赁费，发生的固定费用均由承租方承担的业务。

④ 管道运输服务是指通过管道设施输送气体液体、固体物质的运输业务活动。

（2）邮政业务。邮政业务是指中国邮政集团公司及其所属邮政行业提供邮件寄递、邮政汇兑、机要通信和邮政代理等邮政基本服务的业务活动，包括邮政普通服务、邮政特殊服务和其他邮政服务。

（3）电信业务。电信业务是指利用有线、无线的电磁系统或者光电系统等各种通信网络资源，提供语音通话服务，传送、发射、接收或者应用图像、短信等电子数据和信息的业务活动。

（4）建筑业务。建筑业务是指各类建筑物、构筑物及其附属设施的建造、修缮、装饰，线路、管道、设备、设施等的安装及其他工程作业的业务活动，包括工程服务、安装服务、修缮服务、装饰服务和其他建筑服务。

（5）金融服务。金融服务是指经营金融保险的业务活动，包括贷款服务、直接收费金融服务、保险服务和金融商品转让。

（6）现代服务。现代服务是指围绕制造业、文化产业、现代物流产业等提供技术性、知识性服务的业务活动，包括研发和技术服务、信息技术服务、文化创意服务、物流辅助服务、租赁服务、鉴证咨询服务、广播影视服务、商务辅助服务和其他现代服务。

（7）生活服务。生活服务是指为满足城乡居民日常生活需求提供的各类服务活动，包括文化体育服务、教育医疗服务、旅游娱乐服务、餐饮住宿服务、居民日常服务和其他生活服务。提供餐饮服务的纳税人销售的外卖食品，按照餐饮服务缴纳增值税。

销售无形资产是指转让无形资产所有权或者使用权的业务活动。无形资产是指不具实物形态，但能带来经济利益的资产，包括技术、商标、著作权、商誉、自然资源使用权和其他权益性无形资产。技术包括专利技术和非专利技术。自然资源使用权包括土地使用权、海域使用权、探矿权、采矿权、取水权和其他自然资源使用权。其他权益性无形资产，包括基础设施资产经营权、公共事业特许权、配额、经营权（包括特许经营权、连锁经营权、其他经营权）、经销权、分销权、代理权、会员权、席位权、网络游戏虚拟道具、域名、名称权、肖像权、冠名权、转会费等。

销售不动产是指转让不动产所有权的业务活动。不动产是指不能移动或者移动后会引起性质、形状改变的财产，包括建筑物、构筑物等。建筑物包括住宅、商业营业用房、办公楼等可供居住、工作或者进行其他活动的建造物。构筑物包括道路、桥梁、隧道、水坝等建造物。转让建筑物有限产权或者永久使用权的，转让在建的建筑物或者构筑物所有权的，以及在转让建筑物或者构筑物时一并转让其所占土地的使用权的，按照销售不动产缴纳增值税。

2. 特殊范围

1）视同销售

单位或个体经营者的下列行为，视同发生应税销售行为：将货物交付其他单位或者个人代销；销售代销货物；设有两个以上机构并实行统一核算的纳税人，将货物从一个机构移送其他机构用于销售，但相关机构设在同一县（市）的除外；将自产或者委托加工的货物用于非应税项目；将自产、委托加工的货物用于集体福利或者个人消费；将自产、委托加工或者购进的货物作为投资，提供给其他单位或者个体工商户；将自产、委托加工或者购进的货物分配给股东或者投资者；将自产、委托加工或者购进的货物无偿赠送其他单位或者个人；单位或者个体工商户向其他单位或者个人无偿销售应税服务、无偿转让无形资产或者不动产，但用于公益事业或者以社会公众为对象的除外；财政部和国家税务总局规定的其他情形。

2）混合销售

混合销售是指既涉及货物销售又涉及劳务的销售行为。从事货物的生产、批发或者零售的单位和个体工商户的混合销售行为，按照销售货物缴纳增值税；其他单位和个体工商户的混合销售行为，按照销售服务缴纳增值税。

3）兼营非增值税应税劳务

兼营非增值应税劳务是指纳税人的经营范围既包括销售货物和应税劳务，又包括提供非应税劳务。

☞ **提示**

与混合销售行为不同，兼营非增值应税劳务是指销售货物或应税劳务与提供非应税劳务不同时发生在同一购买者身上，也不发生在同一项销售行为中。

☞ **练一练**

下列选项中，属于增值税征税范围的是（　　）。

A. 管道运输服务　　B. 翻译服务　　C. 邮政储蓄业务　　D. 代理记账服务

【答案】 ABD

☞ **法条链接**

《增值税暂行条例实施细则》第七条规定：“纳税人兼营非增值税应税项目的，应分别核算货物或者应税劳务的销售额和非增值税应税项目的营业额；未分别核算的，由主管税务机关核定货物或者应税劳务的销售额。”

非增值应税劳务是指属于应缴营业税的交通运输业、建筑业、金融保险业、邮电通讯业、文化体育业、娱乐业、服务业税目征收范围的劳务。

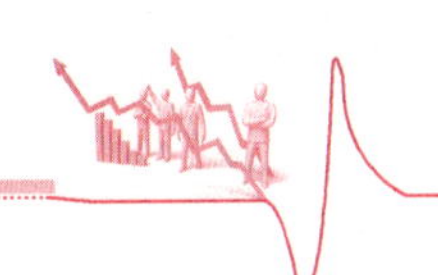

3. 免征范围

《中华人民共和国增值税暂行条例》第十五条规定："下列项目免征增值税：

（一）农业生产者销售的自产农产品；

（二）避孕药品和用具；

（三）古旧图书；

（四）直接用于科学研究、科学试验和教学的进口仪器、设备；

（五）外国政府、国际组织无偿援助的进口物资和设备；

（六）由残疾人的组织直接进口供残疾人专用的物品；

（七）销售的自己使用过的物品。

除前款规定外，增值税的免税、减税项目由国务院规定。任何地区、部门均不得规定免税、减税项目。"

（三）增值税的税率

增值税的税率如表 3-3 所示。

表 3-3　增值税的税率

税率	主要内容
税率 13%	提供加工、修理、修配劳务 销售或进口货物（另有列举的货物除外） 提供有形动产租赁服务
税率 9%	转让土地使用权、销售不动产、提供不动产租赁、提供建筑服务、提供交通运输服务、提供邮政服务、提供基础电信服务
	销售或者进口下列货物：粮食等农产品、食用植物油、食用盐；自来水、暖气、冷气、热气、煤气、石油液化气、天然气、沼气、居民用煤炭制品；图书、报纸、杂志、音像制品、电子出版物；粮食、食用植物油；饲料、化肥、农药、农机、农膜；国务院规定的其他货物
税率 6%	金融服务、增值电信服务、现代服务（租赁服务除外）、提供生活服务、销售无形资产
零税率	纳税人出口货物，税率为零，国务院另有规定的除外； 境内单位和个人跨境销售国务院规定范围的服务、无形资产
征收率	应纳税额与销售额的比率，分为 3%、5% 两种。增值税征收率适用于两种情况，一是小规模纳税人，二是一般纳税人发生应税销售行为按规定可以选择简易计税方法计税的

（四）增值税的计税方法

增值税的计税方法包括一般计税方法、简易计税方法和扣缴计税方法。

1. 一般计税方法

一般纳税人发生销售行为适用一般计税方法计税。其计算公式为

当期应纳增值税税额 = 当期销项税额 − 当期进项税额

销项税额 = 销售额 × 适用税率

进项税额 = 买价 × 扣除率

不含税销售额 = 含税销售额 ÷（1+增值税税率）

2. 简易计税方法

小规模纳税人发生应税销售行为时适用简易计税方法计税，其计算公式为

当期应纳增值税额＝当期销售额（不含增值税）×征税率

销售额＝含税销售额÷（1+征收率）

3. 扣缴计税方法

境外的单位或者个人在境内销售劳务，在境内未设有经营机构的，以其境内代理人为扣缴义务人；在境内没有代理人的，以购买方为扣缴义务人。扣缴义务人按照下列公式计算应扣缴税额

应扣税额＝接受方支付的价格÷（1+税率）×税率

☞ **想一想**

远程家具厂为增值税的一般纳税人，其销售一批家具，不含增值税的价格为 20 000 元，则其增值税销项税额为

增值税销项税额＝20 000×13%＝2 600（元）

远程家具厂为增值税为一般纳税人，其销售一批家具，含增值税的价格为 22 600 元，适用的增值税税率为 13%。则其增值税销项税额为

不含税销售额＝22 600÷（1+13%）＝20 000（元）

增值税销项税额＝20 000×13%＝2 600（元）

（五）增值税的征收管理

1. 纳税义务发生的时间

纳税义务发生的时间是纳税人发生应税销售行为应当承担纳义务的起始时间。《增值税暂行条例》《增值税暂行条例实施细则》和营改增通知明确规定了增值税义务发生时间。

应税销售行为纳税义务发生时间的一般规定。《增值税暂行条例》第十九条明确规定了增值税纳税义务发生时间：①纳税人发生应税销售行为，为收讫销售款项或者取得索取售款项凭据的当天；先开具发票的，为开具发票的当天；②进口货物，为报关进口的当天；③增值税扣缴义务发生时间为纳税人增值税纳税义务发生的当天。

应税销售行为纳税义务发生时间的具体规定。《增值税暂行条例实施细则》和营改增通知规定了具体的纳税义务发生时间。

（1）采取直接收款方式销售货物，不论货物是否发出，均为收到销售款或者取得索取销售款凭据的当天。

（2）纳税人发生销售服务、无形资产或者不动产行为的，为收讫销售额或者取得索取销售款项凭据的当天；先开具发票的，为开具发票的当天。

（3）采取托收承付和委托银行收款方式销售货物，为发出货物并办理托收手续的当天。

（4）采取赊销和分期收款方式销售货物，为书面合同约定的收款日期的当天，无书面合同的或者书面合同没有约定收款日期的，为货物发出的当天。

（5）采取预收货款方式销售货物。为货物发出的当天，但生产销售生产工期超过 12 个月的大型机械设备、船舶、飞机等货物，为收到预收款或者书面合同约定的收款日期的当天。纳税人提供有形动产租赁服务采取预收款方式的，其纳税义务发生时间为收到预收款的当天。纳税人提供建筑服务、租赁服务采取预收款方式的，其纳税义务发生时间为收到预收款的当天。

（6）委托其他纳税人代销货物，为收到代销单位的代销清单或者收到全部或者部分货

款的当天。未收到代销清单及货款的，为发出代销货物满 180 天的当天。

（7）纳税人从事金融商品转让的，为金融商品所有权转移的当天。

（8）纳税人发生视同销售服务、无形资产或者不动产情形的，其纳税义务发生时间为服务、无形资产转让完成的当天或者不动产权属变更的当天。

（9）纳税人进口货物，纳税义务发生时间为报关进口的当天。

（10）增值税扣缴义务发生时间为纳税人增值税纳税义务发生的当天。

☞ **练一练**

下列关于增值税纳税义务发生时间的说法中，正确的有（　　）。

A. 采用预收货款方式销售货物，为货物发出的当天

B. 采用赊销和分期收款方式销售货物，为合同约定的收款日期的当天

C. 采用托收承付和委托银行收款方式销售货物，为办妥托收手续的当天

D. 委托其他纳税人代销货物，为收到代销清单或者收到全部或者部分货款的当天

【答案】ABD

2. 纳税期限

根据《增值税暂行条例》和营改增通知，增值税的纳税期限分别为 1 日、3 日、5 日、10 日、15 日、1 个月或者 1 个季度

纳税人的具体税期限，由主管税务机关根据纳税人应纳税额的大小分别核定。不能按照固定期限纳税的，可以按次纳税。

3. 纳税地点

（1）固定业户应当向其机构所在地主管税务机关申报纳税。总机构和分支机构不在同县（市）的，应当分别向各自所在地的主管税务机关申报纳税；经财政部和国家税务总局或者其授权的财政和税务机关批准，可以由总机构汇总向总机构所在地的主管税务机关申报纳税。

（2）固定业户到外县（市）销售货物或者劳务，应当向其机构所在地的主管税务机关报告外出经营事项，并向其机构所在地的主管税务机关申报纳税；未报告的，应当向销售地或者劳务发生地的主管税务机关申报纳税；未向销售地或者劳务发生地的主管税务机关报纳税的，由其机构所在地的主管税务机关补征税款。

（3）非固定业户销售货物或者劳务应当向销售地或者劳务发生地主管税务机关申报纳税；未向销售地或者劳务发生地的主管税务机关申报纳税的，由其机构所在地或者居住地主管税务机关补征税款。

（4）进口货物，应当向报关地海关申报纳税。

（5）扣缴义务人应当向其机构所在地或者居住地主管税务机关申报缴纳扣缴的税款。

☞ **练一练**

下列选项中，属于我国增值税的纳税人的是（　　）。

A. 转让无形资产的甲公司　　B. 从事房屋租赁业务的乙公司

C. 从事服装销售的丙公司　　D. 从事证券经纪业务的丁公司

【答案】C

二、消费税

消费税是指对消费品和特定的消费行为，按流转额征收的一种商品税。

☞ **提示**

2008 年 11 月 5 日，经国务院第 34 次常务会议修订通过并颁布，自 2009 年 1 月 1 日起施行的《消费税暂行条例》，以及 2008 年 12 月 15 日财政部、国家税务总局第 51 号令颁布的《消费税暂行条例实施细则》，为我国现行消费税法的基本规范。

（一）消费税的纳税义务人

消费税的纳税人是指在中华人民共和国境内生产、委托加工和进口消费税暂行条例规定的消费品的单位和个人，以及国务院确定的销售《消费税暂行条例》规定的消费品的其他单位和个人。

（二）消费税的征税范围

消费税的征税范围如图 3-5 所示。

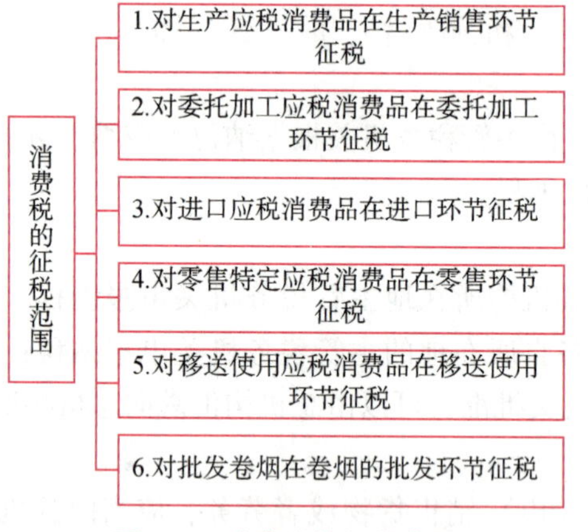

图 3-5　消费税的征税范围

（三）消费税的税目与税率

消费税采用比例税率和定额税率两种形式，以适应不同应税消费品的实际情况。消费税税目税率如表 3-4 所示。

表 3-4　消费税税目税率

税目	税率
一、烟	
1. 卷烟	
（1）甲类卷烟	56%加 0.003 元/支（生产、委托加工或进口环节）
（2）乙类卷烟	36%加 0.003 元/支（生产、委托加工或进口环节）
（3）批发环节	11%加 0.005 元/支
2. 雪茄烟	36%

续表

税目	税率
3. 烟丝	30%
二、酒	
1. 白酒	20%加0.5/500克（或500毫升）
2. 黄酒	240元/吨
3. 啤酒	
（1）甲类啤酒	250元/吨
（2）乙类啤酒	220元/吨
4. 其他酒	10%
三、高档化妆品	15%
四、贵重首饰及珠宝玉石	
1. 金银首饰、铂金首饰和钻石及钻石制品	5%
2. 其他贵重首饰和珠宝玉石	10%
五、鞭炮、焰火	15%
六、成品油	
1. 汽油	1.52元/升
2. 石脑油	1.52元/升
3. 溶剂油	1.52元/升
4. 润滑油	1.52元/升
5. 柴油	1.2元/升
6. 航空煤油	1.2元/升
7. 燃料油	1.2元/升
七、小汽车	
1. 乘用车	
（1）气缸容量在1.0（含1.0）升以下的	1%
（2）气缸容量在1.0以上至1.5（含1.5）升	3%
（3）气缸容量在1.5以上至2.0（含2.0）升	5%
（4）气缸容量在2.0以上至2.5（含2.5）升	9%
（5）气缸容量在2.5以上至3.0（含3.0）升	12%
（6）气缸容量在3.0以上至4.0（含4.0）升	25%
（7）气缸容量在4.0升以上	40%
2. 中轻型商用客车（含驾驶员座位在内的座位数）≤23座	5%
3. 超豪华小汽车	10%（零售环节）
八、摩托车	
1. 气缸容量为250毫升的	3%
2. 气缸容量为250毫升以上的	10%

续表

税目	税率
九、高尔夫球及球具	10%
十、高档手表	20%
十一、游艇	10%
十二、木制一次性筷子	5%
十三、实木地板	5%
十四、电池	4%
十五、涂料	4%

☞ **练一练**

下列各项中，不属于消费税纳税人的有（　　）。

A. 委托加工应税消费品的单位和个人

B. 生产应税消费品的单位和个人

C. 进口应税消费品的单位和个人

D. 加工应税消费品的单位和个人

【答案】 D

（四）计税依据

按照现行消费税法规定，消费税应纳税额的计算分为从价计征、从量计征和从价从量复合计征3种方法。

1. 从价计征

采用从价计征时，消费税应纳税额的计算公式为

应纳税额=应税消费品的销售额×适用税率

应税消费品在缴纳消费税的同时，还应缴纳增值税，按照《消费税暂行条例实施细则》的规定，应税消费品的销售额不包括应向购货方收取的增值税税款。在计算消费税时，应将含增值税的消费额换算为不含增值税税款的销售额。

其换算公式为

应税消费品的销售额=含增值税的销售额÷（1+增值税税率或征收率）

2. 从量计征

采用从量计征时，消费税应纳税额的计算公式为

应纳税额=应税消费品的销售数量×单位税额

3. 从价从量复合计征

从价从量复合计征指以两种方法计算的应纳税之和为该应税消费品的应纳税额。我国目前只对烟和白酒采用复合征收方法，其应纳税额计算公式为

应纳税额=应税消费品的销售数量×定额税率+应税销售额×比例税率

☞ **想一想**

某企业是消费税的纳税人，含税增值额价款为22 600元，消费税税额是10%，增值税税率为13%。则应缴纳的消费税税额为

不含增值税的销售额=22 600÷（1+13%）=20 000（元）

应交纳的消费税税额=20 000×10%=2 000（元）

（五）征收管理

1. 纳税义务发生时间

消费税纳税义务发生的时间，以货款结算方式或行为发生时间分别确定。

（1）纳税人销售的应税消费品，其纳税义务的发生时间为：纳税人采取赊销和分期收款结算方式的，为书面合同约定的收款日期的当天，书面合同没有约定收款日期或者无书面合同的，为发出应税消费品的当天。采取预收货款结算方式的，其纳税义务的发生时间，为发出应税消费品的当天。采取托收承付和委托银行收款方式销售的应税消费品，其纳税义务的发生时间，为发出应税消费品并办妥托收手续的当天。采取其他结算方式的，其纳税义务的发生时间，为收讫销售款或者取得索取销售款凭据的当天。

（2）纳税人自产自用的应税消费品，为移送使用的当天。

（3）纳税人委托加工应税消费品的，为纳税人提货的当天。

（4）纳税人进口的应税消费品，其纳税义务的发生时间，为报关进口的当天。

2. 纳税期限

按照《消费税暂行条例》的规定，消费税的纳税期限分别为 1 日、3 日、5 日、10 日、15 日、1 个月或者 1 个季度。

纳税人的具体纳税期限，由主管税务机关根据纳税人应纳税额的大小分别核定；不能按照固定期限纳税的、可以按次纳税。

纳税人以 1 个月或以 1 个季度为一期纳税的，自期满之日起 15 日内申报纳税；以 1 日、3 日、5 日、10 日或者 15 日为一期纳税的，自期满之日起 5 日内预缴税款，于次月 1 日起至 15 日内申报纳税并结清上月应纳税款。

纳税人进口应税消费品，应当自海关填发海关进口消费税专用款书之日起 15 日内缴纳税款。

3. 纳税地点

（1）纳税人销售的应税消费品及自产自用的应税消费品，除国家另有规定的外，应当向纳税人机构所在地或居住地主管税务机关申报纳税。

（2）委托加工的应税消费品，除受托方是个人外，由受托方向机构所在地或居住地主管税务机关解缴消费税税款；受托方为个人的，由委托方向机构所在地的主管税务机关申报缴纳。

（3）进口的应税消费品，由进口人或者其代理人向报关地海关申报纳税。

（4）纳税人到外县（市）销售或委托外县（市）代销自产应税消费品的，于应税消费品销售后，向纳税人机构所在地或居住地主管税务机关申报纳税。

（5）纳税人销售的应税消费品，如因质量等原因由购买方退回时，经由机构所在地或者居住地主管税务机关审核批准后，可退还已交纳的消费税税款。但不能自行直接抵减应纳税款。

☞ **练一练**

目前，下列各项中，不应当征收消费税的是（　　）。

A. 音像制品　　B. 实地木板　　C. 竹制筷子　　D. 化妆品

【答案】 AC

某烟草企业是增值税一般纳税人，2018 年 2 月销售甲类卷烟 1 000 标准条，取得销售收入（含增值税）93 600 元。该企业 2 月应缴纳的消费税税额为（　　）元。（已知卷烟消费税定额税率为 0.003 元/支，1 标准条有 200 支，比例税率为 56%）

A. 44 800　　B. 45 400　　C. 600　　D. 53 016

【答案】 B

三、企业所得税

（一）企业所得税的概念

企业所得税是对我国境内的企业和其他取得收入的组织的生产经营所得和其他所得征收的一种税。

（二）企业所得税的纳税人

企业所得税的纳税人分为居民企业和非居民企业。

1. 居民企业

居民企业是指依法在中国境内成立，或者依照外国（地区）法律成立但实际管理机构在中国境内的企业。

2. 非居民企业

非居民企业是指依照外国（地区）法律成立且实际管理机构不在中国境内，但在中国境内设立机构、场所的，或者虽在中国境内未设立机构、场所，但有来源于中国境内所得的企业。

（三）企业所得税的征税对象

居民企业应就来源于中国境内、境外的所得作为征税对象。非居民企业在中国境内设立机构、场所的，应当就其所设机构、场所取得的来源于中国境内的所得，以及发生在中国境外但与其所设机构、场所有实际联系的所得，缴纳企业所得税。

☞ **练一练**

下列属于企业所得税纳税人的有（　　）。

A. 集体企业　　B. 股份有限公司　　C. 个体工商户　　D. 国有企业

【答案】 ABD

（四）企业所得税的税率

1. 基本税率

企业所得税的基本税率为25%。适用于居民企业和在中国境内设有机构、场所且所得与机构、场所有关联的非居民企业。

2. 低税率

企业所得税的低税率为20%。适用于在中国境内未设立机构、场所的，或者虽设立机构、场所但取得的所得与其所设机构、场所没有实际联系的非居民企业。但实际征税时适用10%的税率。

（五）企业所得税应纳税所得额

应纳税所得额是企业所得税的计税依据，按照《中华人民共和国企业所得税法》的规定，应纳税所得额为企业每个纳税年度的收入总额，减除不征税收入、免税收入、各项扣除，以及允许弥补的以前年度亏损后的余额。其计算方法分为两种，即直接计算法和间接计算法。

直接计算法的计算公式为

应纳税所得额=收入总额-不征税收入-免税收入-各项扣除-以前年度亏损

间接计算法的计算公式为

应纳税所得额=利润总额+纳税调整项目金额

1. 收入总额

收入总额是指企业以货币形式和非货币形式从各种来源取得的收入。其具体包括销售货物收入、提供劳务收入、转让财产收入、股息红利等权益性投资收益、利息收入、租金收入、特许权使用费收入、接受捐赠收入及其他收入。

2. 不征税收入

不征税收入是指从性质和根源上不属于企业营利性活动带来的经济利益，不负有纳税义务，不作为应纳税所得额组成部分的收入。例如，财政拨款、依法收取并纳入财政管理的行政事业性收费、政府性基金及其他不征税收入等。

3. 免税收入

免税收入是指属于企业的应纳税所得但按照税法规定免予征收所得税的收入。免税收入包括国债利息收入、符合条件的居民企业之间的股息、红利等权益性收益，以及在中国境内设立机构、场所的非居民企业从居民企业取得与该机构、场所有实际联系的股息、红利等权益性投资收益、符合条件的非营利性组织收入等。

4. 准予扣除项目

企业实际发生的与取得收入有关的合理的支出，包括成本、费用、税金、损失和其他支出等，准予在计算应纳税额所得额时扣除。

5. 不得扣除项目

不得扣除项目如图 3-6 所示。

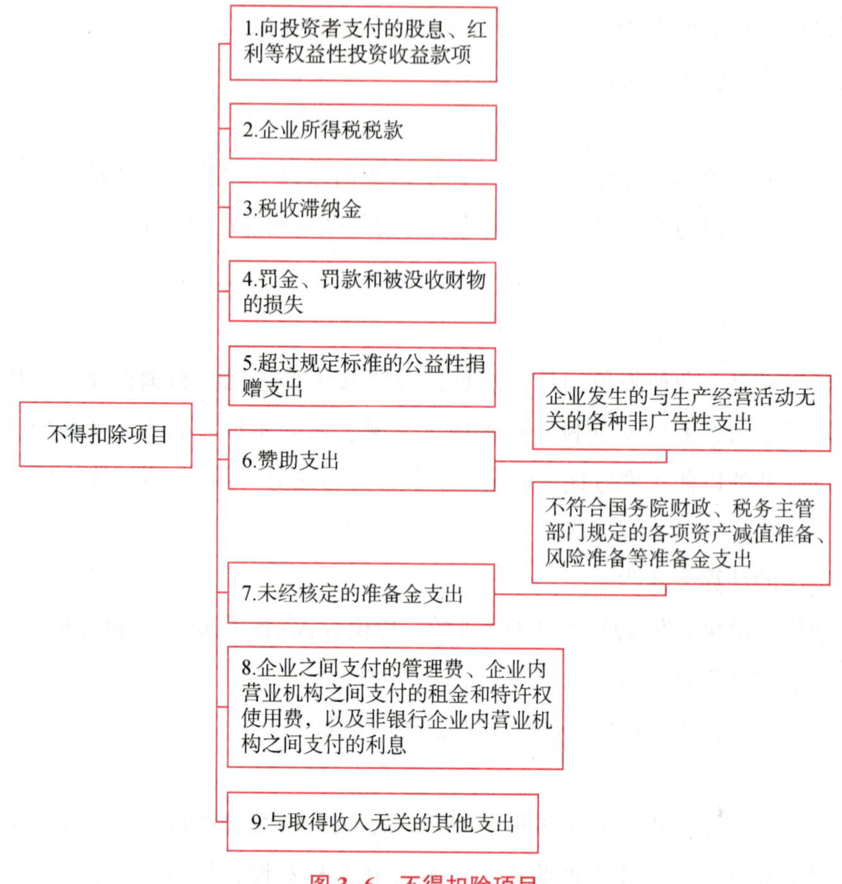

图 3-6　不得扣除项目

6. 职工福利、工会经费和职工教育经费支出的税前扣除

职工福利、工会经费和职工教育经费支出的税前扣除，如图 3-7 所示。

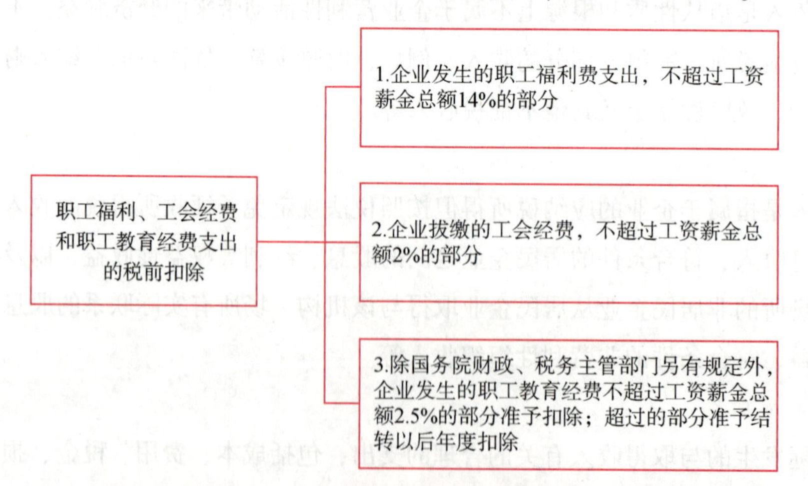

图 3-7　职工福利、工会经费和职工教育经费支出的税前扣除

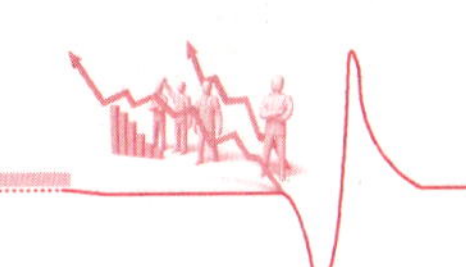

7. 亏损弥补

企业某一纳税年度发生的亏损可以用下一年度的所得弥补，下一纳税年度的所得不足以弥补的，可以逐年延续弥补，但最长不得超过 5 年。

（六）税收优惠

1. 免征与减征优惠

如图 3-8 所示，企业的下列所得可以免征、减征企业所得税。企业如果从事国家限制和禁止发展的项目，不得享受企业所得税优惠。

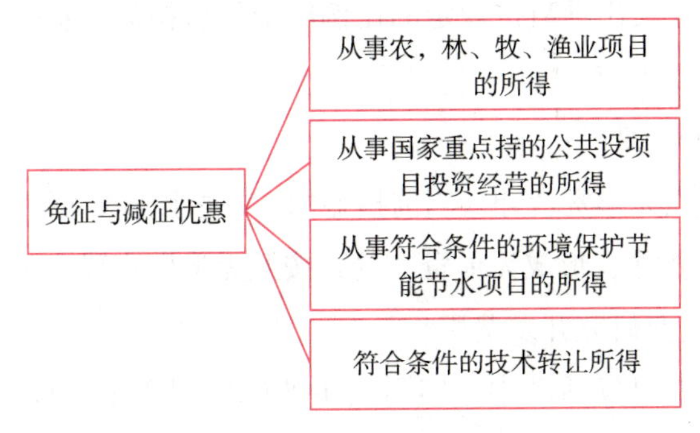

图 3-8 免征与减征优惠

2. 高新技术企业优惠

高新技术企业优惠如图 3-9 所示。

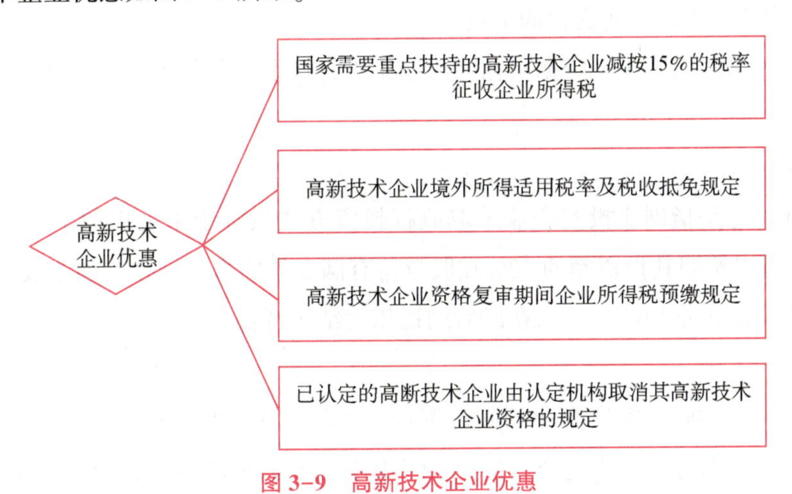

图 3-9 高新技术企业优惠

3. 技术先进型服务企业优惠

自 2017 年 1 月 1 日起，在全国范围内对经认定的技术先进型服务企业，减按 15%的税率征收企业所得税。

4. 小型微利企业优惠

自 2019 年 1 月 1 日至 2021 年 12 月 31 日，对小型微利企业年应纳税所得额不超过 100

万元的部分，减按25%计入应纳税所得额，按20%的税率缴纳企业所得税；对年应纳税所得额超过100万元但不超过300万元的部分，减按50%计入应纳税所得额，按20%的税率缴纳企业所得税。

小型微利企业无论按查账征收方式或核定征收方式缴纳企业所得税，均可享受上述优惠政策。小型微利企业是指从事国家非限制和禁止行业，且同时符合年度应纳税所得额不超过300万元、从业人数不超过300人、资产总额不超过5 000万元的企业。

5. 加计扣除优惠

加计扣除是指对企业支出项目按规定的比例给予税前扣除的基础上再给予追加扣除加计扣除优惠，包括以下3项内容。

1）一般企业研究开发费

研究开发费，未形成无形资产计入当前损益的，在按照规定据实扣除的基础上，按照研究开发费用的50%加计扣除；形成无形资产的，按照无形资产成本的150%摊销。

2）高科技型中小企业研究开发费用

科技型中小企业开展研发活动中，实际发生的研发费用未形成无形资产计入当期损益的，在按规定据实扣除的基础上，在2017年1月1日至2019年12月31日期间再按照实际发生额的75%在税前加计扣除；形成无形资产的，在上述期间按照无形资产成本的175%在税前摊销。

3）企业安置残疾人员所支付的工资

在按照支付给残疾职工工资据实扣除的基础上，按照支付给残疾职工工资的100%加计扣除。

6. 创投企业优惠

创投企业优惠是指创业投资企业采取股权投资方式投资于未上市的中小高新技术企业2年以上的，可以按照其投资额的70%在股权持有满2年的当年抵扣该创业投资企业的应纳税所得额；当年不足抵扣的，可以在以后纳税年度结转抵扣。

7. 加速折旧优惠

可以加速折旧的固定资产企业的固定资产，可以缩短折旧年限或者采取加速折旧的方法。可采用以上折旧方法的固定资产是指：①由于技术进步产品更新换代较快的固定资产；②常年处于强震动高腐蚀状态的固定资产。

采取缩短折旧年限方法的最低折旧年限不得低于规定折旧年限的60%采取加速折旧方法的，可以采取双倍余额递减法或年数总和法。

8. 减计收入优惠

企业综合利用资源，生产符合国家产业政策规定的产品所取得的收入，可以在计算应纳税所得额时减计收入。

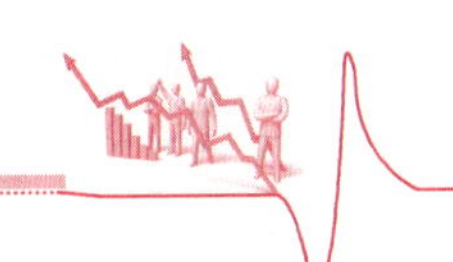

综合利用资源是指企业以《资源综合利用企业所得税优惠目录》规定的资源作为主要原材料，生产国家非限制和禁止并符合国家和行业相关标准的产品取得的收入，减按 90% 计入收入总额。

9. 税额抵免优惠

税额抵免是指企业购置并实际使用《环境保护专用设备企业所得税优惠目录》《节能节水专用设备企业所得税优惠目录》和《安全生产专用设备企业所得税优惠目录》规定的环境保护、节能节水、安全生产等专用设备的，该专用设备的投资额的 10% 可以从企业当年的应纳税额中抵免；当年不足抵免的，可以在以后 5 个纳税年度结转抵免。

10. 民族自治地方的优惠

民族自治地方的自治机关对本民族自治地方的企业应缴纳的企业所得税中属于地方分享的部分，可以决定减征或者免征。自治州、自治县决定减征或者免征的，须报省自治区直辖市人民政府批准。

11. 非居民企业优惠

非居民企业减按 10% 的税率征收企业所得税。非居民企业取得图 3-10 所得免征企业所得税。

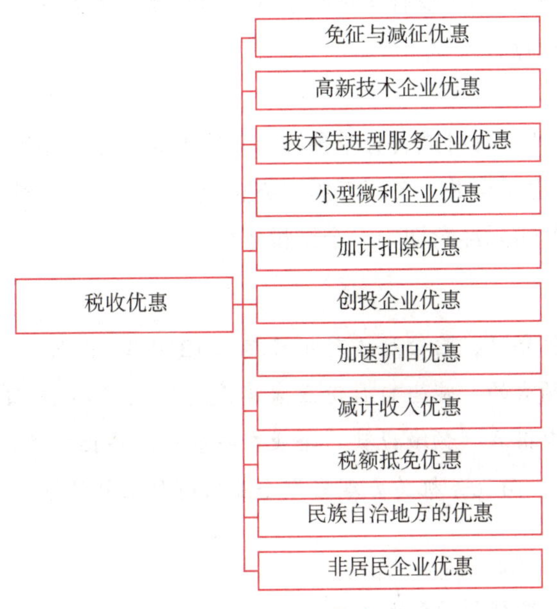

图 3-10　税收优惠

☞ **提示**

自 2017 年 1 月 1 日至 2019 年 12 月 31 日，将小型微利企业的年应纳税所得额上限由 30 万元提高至 50 万元，对年应纳税所得额低于 50 万元（含 50 万元）的小型微利企业，其所得减按 50% 计入应纳税所得额，按 20% 的税率纳企业所得税。

☞ **练一练**

根据企业所得税法律制度的规定，下列各项中，纳税人在计算企业所得税应纳税所得额时准予扣除的项目有（　　）。

A. 营业税　　B. 增值税　　C. 土地增值税　　D. 消费税

【答案】 ACD

（七）企业所得税征收管理

1. 纳税地点

居民企业一般以企业登记注册地为纳税地点；登记注册地在境外的，以企业实际管理机构所在地为纳税地点。

居民企业在中国境内设立的不具有法人资格的分支或营业机构，应当由该居民企业汇总计算并缴纳企业所得税。

非居民企业在中国境内设立机构、场所的，应当就其所设机构、场所取得的来源于中国境内所得，以及发生在中国境外的但与其所设机构、场所有实际联系的所得，以机构、场所所在地为纳税地点；非居民企业在中国境内未设立机构、场所的，或虽设立机构、场所，但取得的所得与其所设机构、场所没有实际联系的，由扣缴义务人代扣代缴企业所得税，以扣缴义务人所在地为纳税地点。

2. 纳税期限

企业所得税按年计征，分月或者分季预缴，年终汇算清缴，多退少补。企业在一个纳税年度的中间开业，或者由于合并、关闭等原因终止经营活动，使该纳税年度的实际经营期不足 12 个月的，应当以其实际经营期为一个纳税年度。

☞ **提示**

企业所得税的纳税年度，自公历 1 月 1 日起至 12 月 31 日止。

企业按月或按季预缴的，应当自月份或者季度终了之日起 15 日内，向税务机关报送预缴企业所得税纳税申报表，预缴税款。企业在年度中间终止经营活动的，应当自实际经营终止之日起 60 日内，向税务机关办理当期企业所得税汇算清缴。

☞ **练一练**

下列各项属于企业所得税免税收入的是（　　）。

A. 财政拨款收入

B. 银行存款利息收入

C. 符合条件的居民企业之间的股息收入

D. 依法收取并纳入财政管理的行政事业性收费

【答案】 C

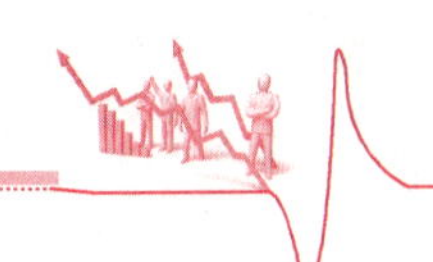

四、个人所得税

（一）个人所得税的概念

个人所得税是以自然人取得的各类应税所得为征税对象而征收的一种所得税。

（二）个人所得税的纳税义务人

个人所得税的纳税义务人依据住所和居住时间两个标准，分为居民纳税义务人和非居民纳税义务人。

居民纳税义务人是指在中国境内有住所，或者无住所而一个纳税年度内在中国境内居住累计满 183 天的个人。居民纳税人具有无限纳税义务，其所取得的应税所得，不论来源于中国境内还是境外，都要在中国缴纳个人所得税。

非居民纳税人是在中国境内无住所又不居住，或者无住所而一个纳税年度内在中国境内居住累计不满 183 天的个人，为非居民个人。非居民纳税义务人承担有限纳税义务，仅就其来源于中国境内的所得，向中国缴纳个人所得税。

（三）个人所得税的应税项目和税率

1. 个人所得税的应税项目

现行个人所得税共有 9 个应税项目，如图 3-11 所示。

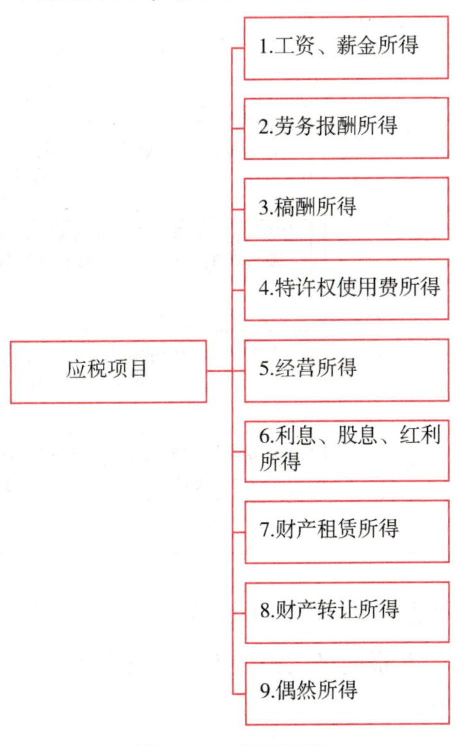

图 3-11 应税项目

居民个人取得图 3-11 中第 1 项至第 4 项所得即综合所得，按纳税年度合并计算个人所得税；非居民个人取得图 3-11 中第 1 项至第 4 项所得，按月或者按次分项计算个人所得税。纳税人取得图 3-11 中第 5 项至第 9 项所得，依照规定分别计算个人所得税

☞ **提示**

偶然所得是指个人得奖、中奖、中彩及其他偶然性质所得。

如图 3-12 所示，下列各项个人所得，免征个人所得税。

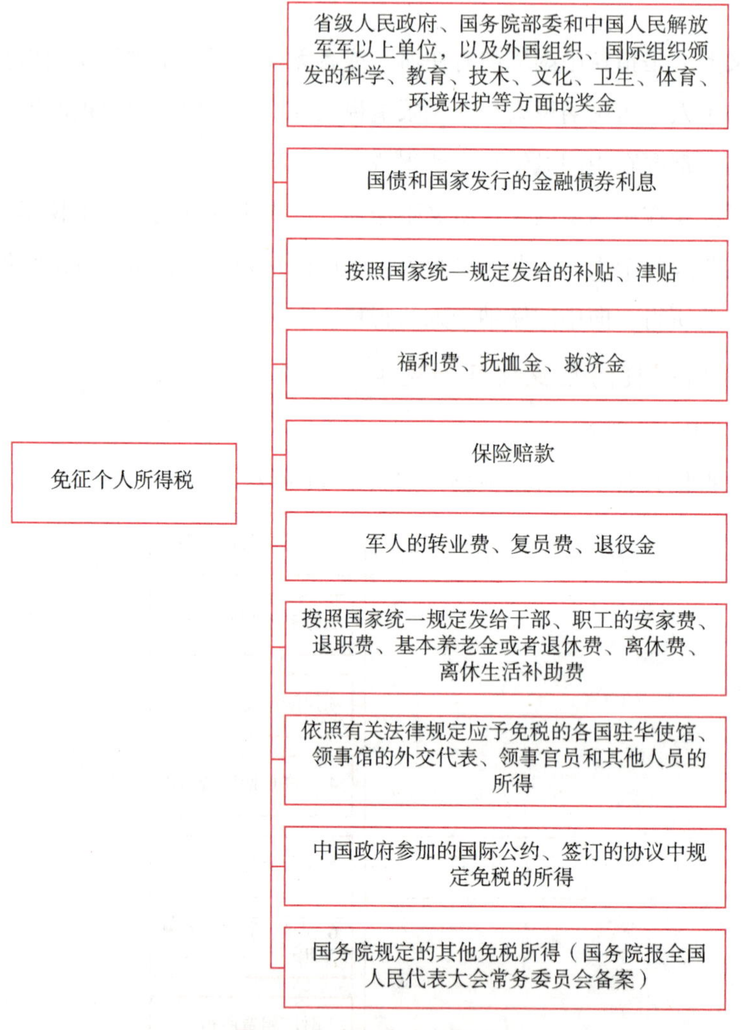

图 3-12　免征个人所得税

如图 3-13 所示，有下列情形之一的，可以减征个人所得税，具体幅度和期限由省、自治区、直辖市人民政府规定，并报同级人民代表大会常务委员会备案。

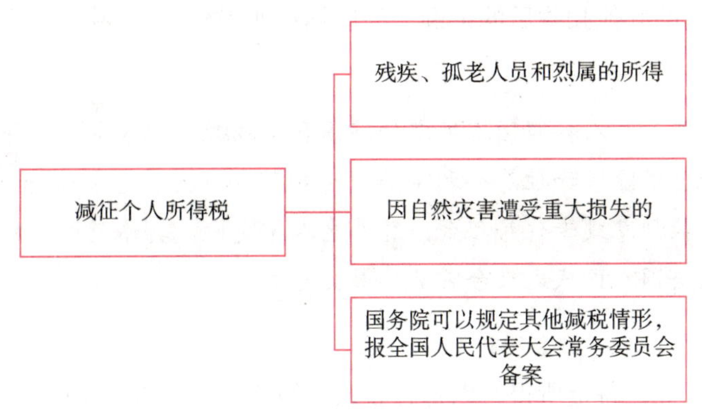

图 3-13　减征个人所得税

2. 个人所得税税率

个人所得税实行超额累进税率与比例税率相结合的税率体系。

（1）综合所得，适用 3%~45%的七级超额累进税率。

表 3-5　适用 3%~45%的七级超额累进税率

级数	全年应纳税所得额	税率
1	不超过 36 000 元的	3%
2	超过 36 000 元至 144 000 元的部分	10%
3	超过 144 000 元至 300 000 元的部分	20%
4	超过 300 000 元至 420 000 元的部分	25%
5	超过 420 000 元至 660 000 元的部分	30%
6	超过 660 000 元至 960 000 元的部分	35%
7	超过 960 000 元的部分	45%

（2）经营所得，适用 5%~35%的超额累进税率。

表 3-6　适用 5%~35%的超额累进税率

级数	全年应纳税所得额	税率
1	不超过 30 000 元的	5%
2	超过 30 000 元至 90 000 元的部分	10%
3	超过 90 000 元至 300 000 元的部分	20%
4	超过 300 000 元至 500 000 元的部分	30%
5	超过 500 000 元的部分	35%

（3）利息、股息、红利所得，财产租赁所得，财产转让所得和偶然所得，适用比例税率，税率为 20%。

（四）个人所得税应纳税所得额的计算

1. 居民个人综合所得

居民个人的综合所得，以每一纳税年度的收入额减除费用 6 万元，以及专项扣除、专项

附加扣除和依法确定的其他扣除后的余额，为应纳税所得额。

☞ **提示**

专项扣除包括居民个人按照国家规定的范围和标准缴纳的基本养老保险、基本医疗保险、失业保险等社会保险费和住房公积金等；专项附加扣除，包括子女教育、继续教育、大病医疗、住房贷款利息或者住房租金、赡养老人等支出，具体范围、标准和实施步骤由国务院确定，并报全国人民代表大会常务委员会备案。

2. 非居民个人的工资、薪金所得

非居民个人的工资、薪金所得，以每月收入额减除费用 5 000 元后的余额为应纳税所得额；劳务报酬所得、稿酬所得、特许权使用费所得，以每次收入额为应纳税所得额。

☞ **提示**

劳务报酬所得、稿酬所得、特许权使用费所得以收入减除 20%的费用后的余额为收入额。稿酬所得的收入额减按 70%计算。

3. 经营所得

经营所得，以每一纳税年度的收入总额减除成本、费用以及损失后的余额，为应纳税所得额。

4. 财产租赁所得

财产租赁所得，每次收入不超过 4 000 元的，减除费用 800 元；4 000 元以上的，减除 20%的费用，其余额为应纳税所得额。

5. 财产转让所得

财产转让所得，以转让财产的收入额减除财产原值和合理费用后的余额，为应纳税所得额。

6. 利息、股息、红利所得和偶然所得，以每次收入额为应纳税所得额。

劳务报酬所得、稿酬所得、特许权使用费所得以收入减除 20%的费用后的余额为收入额。稿酬所得的收入额减按 70%计算。

个人将其所得对教育、扶贫、济困等公益慈善事业进行捐赠，捐赠额未超过纳税人申报的应纳税所得额 30%的部分，可以从其应纳税所得额中扣除；国务院规定对公益慈善事业捐赠实行全额税前扣除的，从其规定。

居民个人从中国境外取得的所得，可以从其应纳税额中抵免已在境外缴纳的个人所得税税额，但抵免额不得超过该纳税人境外所得依照本法规定计算的应纳税额。

（五）个人所得税征收管理

个人所得税以所得人为纳税人，以支付所得的单位或者个人为扣缴义务人。纳税人有中国公民身份号码的，以中国公民身份号码为纳税人识别号；纳税人没有中国公民身份号码的，由税务机关赋予其纳税人识别号。扣缴义务人扣缴税款时，纳税人应当向扣缴义务人提供纳税人识别号。

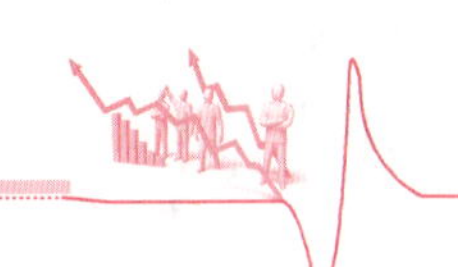

1. 自行申报

自行申报是由纳税人自行在税法规定的纳税期限内，向税务机关申报取得的应税所得项目和数额，如实填写个人所得税纳税申报表，并按照税法规定计算应纳税额，据此缴纳个人所得税的一种方法。

如图 3-14 所示，有下列情形之一的，纳税人应当依法办理纳税申报。

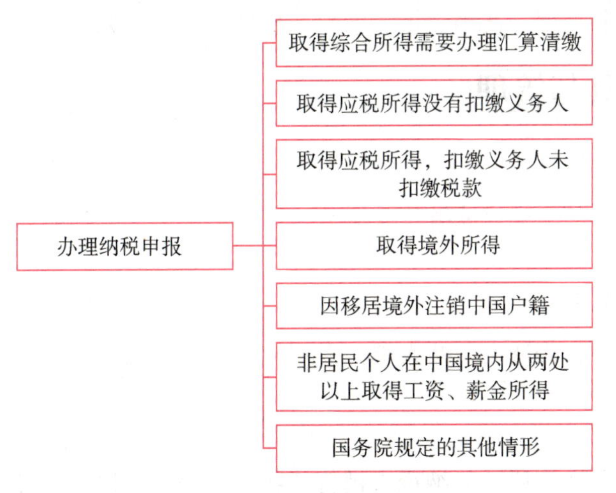

图 3-14　办理纳税申报

2. 代扣代缴

代扣代缴是指按照税法规定负有扣缴税款义务的单位或个人，在向个人支付应纳税所得时，应计算应纳税额，从其所得中扣除并缴入国库，同时向税务机关报送扣缴个人所得税报告表。

个人所得税，以所得人为纳税人，以支付所得的单位或者个人为扣缴义务人。凡支付个人应纳税所得的企事业单位、机关、社会团体、军队、驻华机构（不含依法享有外交特权和豁免的驻华使馆、联合国及国际组织驻华机构）、个体户等单位或者个人，为个人所得税的扣缴义务人。

任务三　税收征收管理

☞ **想一想**

王某在某地临时从事收购废品的业务，税务机关对其采取的税款征收方式应当是（　　）。

A. 代扣代缴　　B. 查账征收　　C. 查验征收　　D. 定期定额征收

【答案】 B

一、税务登记

税务登记又称纳税登记，是税务机关依据税法规定，对纳税人的生产、经营活动进行登记并据此对纳税人实施税务管理的一种法定制度，也是纳税人依法履行纳税义务的法定手续。税务登记是整个税收征收管理的起点。税务登记种类包括开业登记、变更登记、停业复业登记、外出经营报验登记、注销登记、纳税人税种登记、扣缴义务人扣缴税款登记等。

二、发票开具与管理

（一）发票的概念

发票是指在购销商品、提供或者接受服务，以及从事其他经营活动中，开具、收取的收付款的书面证明。

（二）发票的种类

发票分为专用发票和普通发票两大类，专用发票指增值税专用发票，普通发票又可分为一般普通发票和专业发票。

1. 增值税专用发票

增值税专用发票是增值税一般纳税人销售货物或者提供应税劳务开具的发票，是购买方支付增值税额并可按照增值税有关规定据以抵扣增值税进项税额的凭证。

一般纳税人凭发票领购薄、IC 卡和经办人身份证明领购增值税专用发票。一般纳税人有下列情形之一的，不得领购开具增值税专用发票。

（1）会计核算不健全，不能向税务机关准确提供增值税销项税额、进项税额和应纳税额数据及其他有关增值税税务资料者。

（2）有《中华人民共和国税收征管法》规定的税收违法行为，拒不接受税务机关处理的。

（3）有虚开增值税专用发票、私自印制专用发票、未按要求开具发票等行为，经税务机关责令限期改正而仍未改正的。

（4）销售的货物全部属于免税项目的。

2. 普通发票

普通发票是指在购销商品、提供或接受服务，以及从事其他经营活动中，所开具和收取的收付款凭证。

普通发票主要由营业税纳税人和增值税小规模纳税人使用，增值税一般纳税人在不能开具专用发票的情况下也可使用普通发票。普通发票由行业发票和专用发票组成。前者适用于某个行业的经营业务，如商业零售统一发票、商业批发统一发票、工业企业产品销售统一发票等；后者仅适用于某一经营项目，如广告费用结算发票、商品房销售发票等。

3. 专业发票

专业发票是指国有金融、保险企业的存贷、汇兑、转账凭证、保险凭证；国有邮政、电信企业的邮票、邮单、话务、电报收据；国有铁路、国有航空企业和交通部门、国有公路、水上运输企业的客票、货票等。

☞ **练一练**

下列关于发票的表述中错误的有（　　）。

A. 发票分为增值税专用发票、普通发票和行业发票

B. 国有保险企业的保险凭证属于行业发票

C. 增值税专用发票由国家税务总局指定的企业印制

D. 普通发票仅限于营业税纳税人和增值税小规模纳税人使用

【答案】ABD

（三）发票的开具要求

根据《中华人民共和国发票管理办法》的规定，在开具发票时的具体要求如图 3-15 所示。

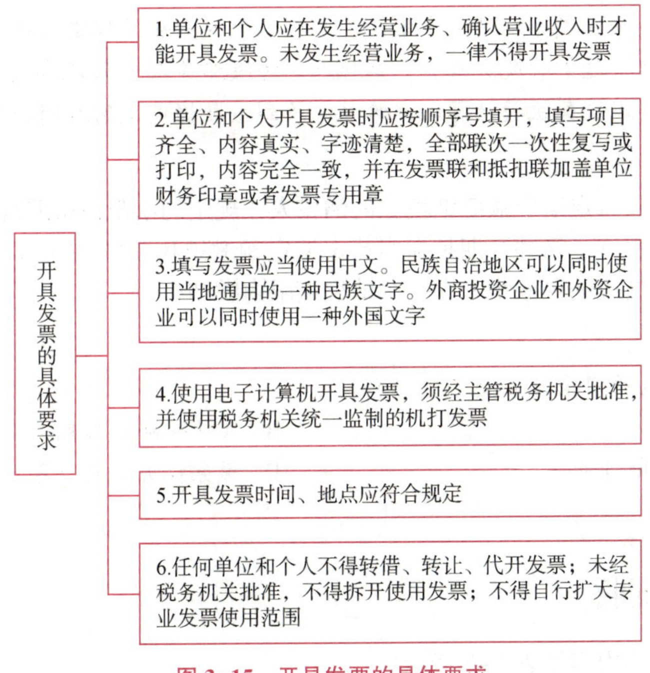

图 3-15　开具发票的具体要求

三、纳税申报

（一）纳税申报的概念

纳税申报是指纳税人、扣缴义务人按照税法规定的期限和内容，向税务机关提交有关纳税事项书面报告的法律行为，是纳税人履行纳税义务、界定纳税人法律责任的主要依据，是税务机关税收管理信息的主要来源和税务管理的重要制度。

（二）纳税申报的方式

纳税人办理纳税申报主要采取以下几种方式。

1. 直接申报

纳税人直接到税务机关办理纳税申报。根据申报的地点不同，直接申报又可分为直接到办税服务厅申报、到巡回征收点申报和到代征点申报 3 种。直接申报是一种传统申报方式。

2. 邮寄申报

邮寄申报，即纳税人将纳税申报表及有关纳税资料以邮寄的方式送达税务机关。

☞ **提示**

纳税人采取邮寄方式办理纳税申报的，应当使用统一的纳税申报专用信封，并以邮政部门收据作为申报凭据。邮寄申报以寄出地的邮局邮戳日期为实际申报日期。

3. 数据电文申报

数据电文是指经税务机关确定的电话语音、电子数据交换和网络传输等电子方式。目前纳税人的网上申报，就是数据电文申报方式的一种形式。

☞ **提示**

纳税人采用电子方式办理纳税申报的，应当按照税务机关规定的期限和要求保存有关资料，并定期书面报送主管税务机关。纳税人、扣缴义务人采取数据电文方式办理纳税申报的，其申报日期以税务机关计算机网络系统收到该数据电文的时间为准。

4. 简易申报、简并征期等其他方式

简易申报是指实行定期定额缴纳税款的纳税人在规定的期限内按照规定缴纳税款的，当期可以不办理申报手续。简并征期是指实行定期定额缴纳税款的纳税人，经税务机关批准，可以将若干纳税期的应纳税额集中在一个纳税期限内缴纳。

☞ **练一练**

邮寄申报纳税的申报日期是（　　）。

A. 填表日期　　　　B. 收邮地邮戳日期

C. 寄出的邮戳日期　　　　D. 税务机关收到日期

【答案】 C

四、税款征收

税款征收的相关内容如表 3-7 所示。

表 3-7　税款征收的相关内容

税款征收的概念	税款征收是税务机关依照法律规定将税款及时足额组织入库的一系列活动的总称，是税收征收管理工作的中心环节
税款征收的原则	（1）税务机关是税款征收的唯一行政主体。 （2）税务机关只能依照法律、行政法规的规定征收税款。 （3）税务机关不得违反法律、行政法规的规定开征、停征、多征、少征、提前征收或者延缓征收税款或者摊派税款。 （4）税务机关征收税款必须遵守法定权限和法定程序。 （5）税务机关征收税款或扣押、查封商品、货物或其他财产时，必须向纳税人开具完税凭证或开付扣押、查封的收据或清单。 （6）税款、滞纳金、罚款统一由税务机关上缴国库。 （7）税款优先。税收优先于无担保债权；纳税人发生欠税在先的，税收优先于抵押权、质权和留置权执行；税收优先于罚款、没收非法所得

续表

	方式	依据	适用情形
税款征收方式	1. 查账征收	查账征收是指依据纳税人提供的账表所反映的经营情况，依照适用税率计算缴纳税款的方式	适用于经营规模较大、财务会计制度健全、会计记录完整、能够认真履行纳税义务的纳税人
	2. 查定征收	查定征收是指由税务机关根据纳税人的从业人员、生产设备、原材料耗用等因素在正常情况下的生产、销售情况，对其生产的应税产品查定产量和销售额，然后依照税法规定的税率征收的一种税款征收方式	适用于生产经营规模较小、产品零星、税源分散、会计账册不健全、财务管理和会计核算水平较低的纳税人
	3. 查验征收	查验征收是指税务机关对纳税申报人的应税产品，通过查验数量，按市场一般销售单价计算其销售收入并进行征税的方式	适用于经营品种比较单一，经营地点、时间和商品来源不固定的纳税人
	4. 定期定额征收	定期定额是指税务机关依照有关法律、法规的规定，按照一定的程序，核定纳税人在一定经营时期内的应纳税经营额及收益额，并以此为计税依据，确定其应纳税额的一种征收方式	适用于生产经营规模小，无完整考核依据的小型纳税人
	5. 核定征收	核定征收是指税务机关对不能完整、准确提供纳税资料的纳税人采用特定方式确定其应纳税收入或应纳税额，纳税人据以缴纳税款的一种方式	适用于不能完整、准确提供纳税资料的纳税人
	6. 代扣代缴	代扣代缴是指按照税法规定，负有扣缴税款的法定义务人，在向纳税人支付款项时，从所支付的款项中直接扣除其应纳税款并向税务机关解缴的一种征收方式	有利于对零星分散、不易控制的税源实行源泉控制。比较典型的是企业代扣个人所得税
	7. 代收代缴	代收代缴是指由与纳税人有经济业务往来的单位和个人向纳税人收取款项时，依照税收的规定收取其应纳税款并向税务机关申报解缴税款的方式	如委托加工应税消费品，税法规定，由受托方代收代缴消费税
	8. 委托代征	委托代征是指税务机关委托代征人以税务机关的名义征收税款，并将税款缴入国库的方式	主要适用于零星分散和流动性大的税款征收
	9. 其他方式	如网络申报、IC 卡纳税、邮寄纳税等方式	
税收保全	税收保全是指税务机关对可能由于纳税人的行为或某种客观原因，致使以后税款征收不能保证或难以保证的案件，采用限制纳税人处理或转移商品、货物或其他财产的措施		(1) 书面通知纳税人开户银行或者其他金融机构冻结纳税人的金额相当于应纳税款的存款；(2) 扣押、查封纳税人的价值相当于应纳税款的商品、货物或者其他财产
税收强制执行	税收强制执行措施是指税务机关在采取一般税收管理措施无效的情况下，为了维护国家依法征税的权力所采取的一种强行征收税款的手段		(1) 书面通知其开户银行或者其他金融机构从其存款中扣缴税款；(2) 扣押、查封、依法拍卖或者变卖其价值相当于应纳税款的商品、货物或者其他财产，以拍卖或者变卖所得抵缴税款

☞ 提示

（1）税务机关有根据认为从事生产、经营的纳税人有逃避纳税义务行为的，可以在规定的纳税期之前，责令限期缴纳应纳税款；在限期内发现纳税人有明显的转移、隐匿其应纳税的商品、货物，以及其他财产或者应纳税的收入的迹象的，税务机关可以责成纳税人提供纳税担保。如果纳税人不能提供纳税担保，经县以上税务局（分局）局长批准，税务机关可以采取下列税收保全措施：①书面通知纳税人开户银行或者其他金融机构冻结纳税人的金额相当于应纳税款的存款；②扣押、查封纳税人的价值相当于应纳税款的商品、货物或者其他财产。

（2）从事生产、经营的纳税人、扣缴义务人未按照规定的期限缴纳或者解缴税款，纳税担保人未按照规定的期限缴纳所担保的税款，由税务机关责令限期缴纳，逾期仍未缴纳的，经县以上税务局（分局）局长批准，税务机关可以采取下列强制执行措施：①书面通知其开户银行或者其他金融机构从其存款中扣缴税款；②扣押、查封、依法拍卖或者变卖其价值相当于应纳税款的商品、货物或者其他财产，以拍卖或者变卖所得抵缴税款。

税务机关采取强制执行措施时，对纳税人、扣缴义务人、纳税担保人未缴纳的滞纳金同时强制执行。个人及其所扶养家属维持生活必需的住房和用品，不在强制执行措施的范围之内。

五、税务代理

（一）税务代理的概念

税务代理指代理人接受纳税主体的委托，在法定的代理范围内依法代其办理相关税务事宜的行为。税务代理人在其权限内，以纳税人（含扣缴义务人）的名义代为办理纳税申报，申办、变更、注销税务登记证，申请减免税，设置保管账簿凭证，进行税务行政复议和诉讼等纳税事项的服务活动。

（二）税务代理的法定业务范围

《税务代理试行办法》第二十五条规定："税务代理人可以接受纳税人、扣缴义务人的委托从事以下范围内的业务代理：①办理税务登记、变更税务登记和注销税务登记；②办理发票领购手续；③办理纳税申报或扣缴税款报告；④办理缴纳税款和申请退税；⑤制作涉税文书；⑥审查纳税情况；⑦建账建制，办理账务；⑧开展税务咨询、受聘税务顾问；⑨申请税务行政复议或税务行政诉讼；⑩国家税务总局规定的其他业务。"

☞ 提示

纳税人、扣缴义务人可根据需要委托税务代理人进行全面代理、单项代理或临时代理、常年代理。税务代理人不能代理应由税务机关行使的行政职权，税务机关按照法律、行政法规规定委托其代理的除外。

☞ **练一练**

下列各项中属于税务代理法定义务的是（　　）。

A. 开展税务咨询　　B. 办理增值税专用发票领购手续

C. 制作涉税文书　　D. 提供审计报告

【答案】 AC

六、税务检查

（一）税务检查的概念

税务检查制度是税务机关根据国家税法和财务会计制度的规定，对纳税人履行纳税义务的情况进行的监督、审查制度。

（二）税务检查的内容

（1）检查纳税人的账簿、记账凭证、报表和有关资料，检查扣缴义务人代扣代缴、代收代缴税款账簿、记账凭证和有关资料。

（2）到纳税人的生产、经营场所和货物存放地检查纳税人应纳税的商品、货物或者其他财产，检查扣缴义务人与代扣代缴、代收代缴税款相关的经营情况。

（3）责成纳税人、扣缴义务人提供与纳税或者代扣代缴、代收代缴税款有关的文件、证明材料和有关资料。

（4）询问纳税人、扣缴义务人与纳税或者代扣代缴、代收代缴税款有关的问题和情况。

（5）到车站、码头、机场、邮政企业及其分支机构检查纳税人托运、邮寄应纳税商品、货物或者其他财产。

（6）经县以上税务局（分局）局长批准，凭全国统一格式的检查存款账户许可证明，查询纳税人、扣缴义务人在银行或者其他金融机构的存款账户；经设区的市、自治州以上税务局（分局）局长批准，可以查询纳税人的储蓄存款。

七、税收法律责任

税收法律责任是指税收法律关系的主体因违反税收法律规范所应承担的法律后果。税收法律责任可分为行政责任和刑事责任两类，如表 3-8 所示。

表 3-8　税收法律责任

行政责任	税收违法行政处罚的概念	税收违法行政处罚是指依法享有税务行政处罚权的税务机关依法对公民、法人和其他经济组织违反税收法律、法规或规章，尚未构成犯罪的税务违法行为给予的一种税务行政制裁
	税收违法行政处罚的种类	（1）责令限期改正。责令限期改正主要适用于情节轻微或尚未构成实际危害后果的违法行为，是一种较轻的处罚形式
		（2）罚款。罚款是对违反税收法律法规，不履行法定义务的当事人的一种经济上的处罚
		（3）没收非法所得、没收非法财产
		（4）收缴未用发票和暂停供应发票。对于从事生产、经营的纳税人、扣缴义务人有违反税收征收管理法规定的税收违法行为，拒不接受税务机关处理的，税务机关可以收缴其发票或停止向其发售发票
		（5）停止出口退税权。对骗取国家出口退税税款的，税务机关可以在规定期间内停止为其办理出口退税
刑事责任	税收违法刑事处罚的概念	税务刑事处罚是指享有刑事处罚权的国家机关对违反税收刑事法律规范，依法应当给予刑事处罚的公民、法人或其他组织法律制裁的行为
	税收违法刑事处罚的种类	（1）拘役。拘役期限为 15 天以上 6 个月以下
		（2）判处徒刑。徒刑分为有限徒刑和无期徒刑两种：有期徒刑是剥夺犯罪分子定期限的人身自由，实行强制劳动改造的刑罚；无期徒刑是剥夺犯罪分子的终身自由，强制劳动改造的刑罚
		（3）罚金。判处犯罪分子向国家缴纳一定金额金钱的刑罚
		（4）没收财产。将犯罪分子个人私有财产的一部分或全部强制无偿地收归国家所有的刑罚

违反税收征收管理规定的具体法律责任如表 3-9 所示。

表 3-9　违反税收征收管理规定的具体法律责任

	行为类型	概念	具体法律责任
违反税收征收管理规定的具体法律责任	偷税	纳税人伪造、变造、隐匿、擅自销毁账簿、记账凭证，或者在账簿上多列支出或者不列、少列收入，或者经税务机关通知申报而拒不申报或者进行虚假的纳税申报，不缴或者少缴应纳税款的行为	由税务机关追缴其不缴或少缴的税款、滞纳金，并处不缴或少缴的税款 50%以上 5 倍以下的罚款；构成犯罪的，依法追究刑事责任
	逃税	纳税人欠缴应纳税款，采取转移或者隐匿财产的手段，妨碍税务机关追缴欠缴的税款	由税务机关追缴欠缴的税款、滞纳金，并处欠缴税款 50%以上 5 倍以下的罚款；构成犯罪的，税务机关应当依法移送司法机关追究刑事责任
违反税收征收管理规定的具体法律责任	抗税	纳税人、扣缴义务人以暴力、威胁方法拒不缴纳税款的行为	情节轻微，未构成犯罪的，由税务机关追缴其拒缴的税款、纳金，并处拒缴税款 1 倍以上 5 倍以下的罚款；构成犯罪的，税务机关应当依法移送司法机关追究刑事责任
	拖欠税款	纳税人、扣缴义务人在规定期限内不缴或者少缴应缴纳的税款	经税务机关责令限期缴纳，逾期仍未缴纳的，税务机关除按规定采取强制执行措施追缴其不缴或者少缴的税款外，可以处不缴或者少缴的税款 50%以上 5 倍以下的罚款

☞ **练一练**

纳税人的下列行为中，属于偷税行为的有（　　）。

A. 多列支出或者不列、少列支出

B. 进行虚假的纳税申报

C. 伪造、变造、隐匿、擅自销毁账簿、记账凭证

D. 不按照规定办理纳税申报，经税务机关通知申报而拒不申报

【**答案**】ABCD

八、税务行政复议

（一）税务行政复议的概念

税务行政复议是指当事人（纳税人、扣缴义务人、纳税担保人及其他税务当事人）不服税务机关及其工作人员做出的税务具体行政行为，依法向上一级税务机关（复议机关）提出申请，复议机关对原税务机关的具体行政行为的合法性、合理性做出裁决的活动。

（二）税务行政复议的受理范围

税务行政复议的受理范围限于税务机关做出的具体行政行为，即就特定的具体事项，做出的有关该公民、法人或者其他组织权利、义务的单方行为。税务行政复议的受理范围如图 3-16 所示。

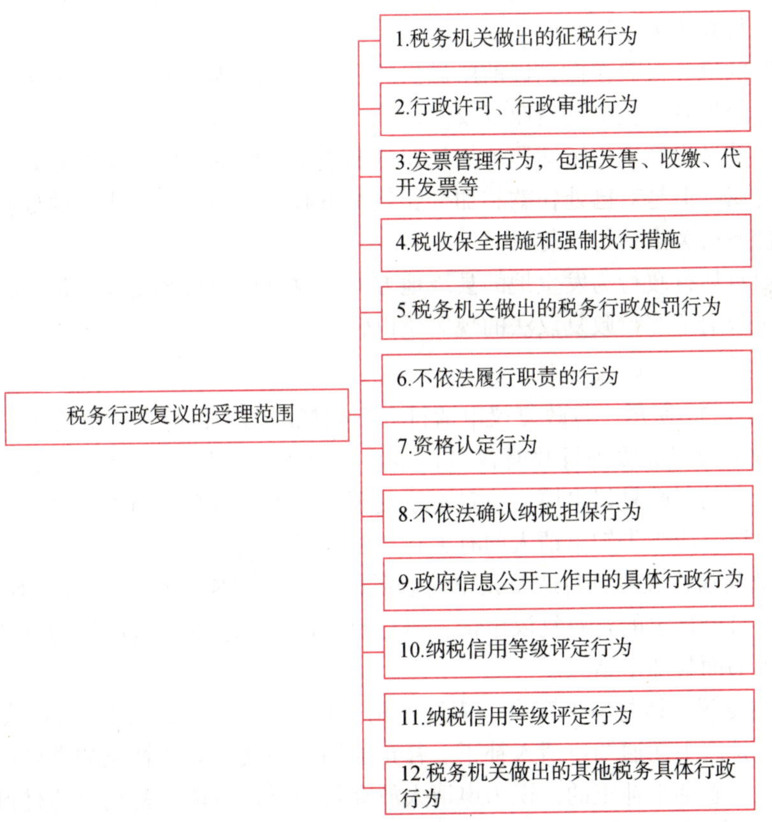

图 3-16　税务行政复议的受理范围

☞ **提示**

税务机关做出的征税行为包括确认纳税主体、征税对象、征税范围、减税、免税、退税、抵扣税款、适用税率、计税依据、纳税环节、纳税期限、纳税地点和税款征收方式等具体行政行为，征收税款、加收滞纳金；扣缴义务人、受税务机关委托征收的单位做出的代扣代缴、代收代缴行为及代征行为。

不依法履行职责的行为是指不依法履行下列职责：颁发税务登记证；开具、出具完税凭证、外出经营活动税收管理证明；行政赔偿；行政奖励；其他不依法履行职责的行为。

（三）税务行政复议管辖

（1）对各级税务局的具体行政行为不服的，向其上一级税务局申请行政复议。对计划单列市税务局的具体行政行为不服的，向国家税务总局申请行政复议。

（2）对税务所（分局）、各级税务局的稽查局的具体行政行为不服的，向其所属税务局申请行政复议。

（3）对国家税务总局的具体行政行为不服的，向国家税务总局申请行政复议。对行政复议决定不服，申请人可以向人民法院提起行政诉讼，也可以向国务院申请裁决。国务院的裁决为最终裁决。

（4）对下列税务机关的具体行政行为不服的，按照下列规定申请行政复议。

对两个以上税务机关以共同的名义做出的具体行政行为不服的，向其共同上一级税务机关申请行政复议；对税务机关与其他行政机关以共同的名义做出的具体行政行为不服的，向其共同上一级行政机关申请行政复议。

对被撤销的税务机关在撤销以前所做出的具体行政行为不服的，向继续行使其职权的税务机关的上一级税务机关申请行政复议。

对税务机关做出逾期不缴纳罚款加处罚款的决定不服的，向做出行政处罚决定的税务机关申请行政复议。但是对已处罚款和加处罚款都不服的，一并向做出行政处罚决定的税务机关的上一级税务机关申请行政复议。

申请人向具体行政行为发生地的县级地方人民政府提交行政复议申请的，由接受申请的县级地方人民政府依照行政复议法的规定予以转送。

（四）税务行政复议受理

（1）如图 3-17 所示，行政复议申请符合下列规定的，行政复议机关应当受理。

（2）行政复议机关收到行政复议申请以后，应当在 5 日内审查，决定是否受理。对不符合本规则规定的行政复议申请，决定不予受理，并书面告知申请人。对不属于本机关受理的行政复议申请，应当告知申请人向有关行政复议机关提出。

（3）行政复议机关收到行政复议申请以后未按照规定期限审查并做出不予受理决定的，视为受理。对符合规定的行政复议申请，自行政复议机构收到之日起即为受理；受理行政复议申请，应当书面告知申请人。

（4）行政复议申请材料不齐全、表述不清楚的，行政复议机构可以自收到该行政复议申请之日起 5 日内书面通知申请人补正。补正通知应当载明需要补正的事项和合理的补正期限。无正当理由逾期不补正的，视为申请人放弃行政复议申请。补正申请材料所用时间不计入行政复议审理期限。

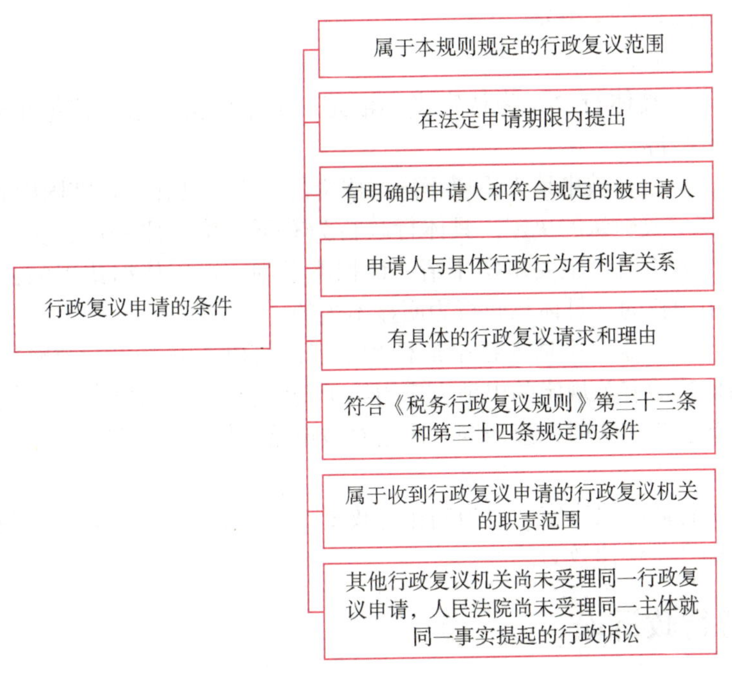

图 3-17　行政复议申请的条件

（5）上级税务机关认为行政复议机关不予受理行政复议申请的理由不成立的，可以督促其受理；经督促仍然不受理的，责令其限期受理。上级税务机关认为行政复议申请不符合法定受理条件的，应当告知申请人。

（6）上级税务机关认为有必要的，可以直接受理或者提审由下级税务机关管辖的行政复议案件。

（7）对应当先向行政复议机关申请行政复议，对行政复议决定不服再向人民法院提起行政诉讼的具体行政行为，行政复议机关决定不予受理或者受理以后超过行政复议期限不做答复的，申请人可以自收到不予受理决定书之日起或者行政复议期满之日起 15 日内，依法向人民法院提起行政诉讼。依照《税务行政复议规则》第八十三条规定延长行政复议期限的，以延长以后的时间为行政复议期满时间。

（8）行政复议期间具体行政行为不停止执行；但是有如图 3-18 所列情形之一的，可以停止执行。

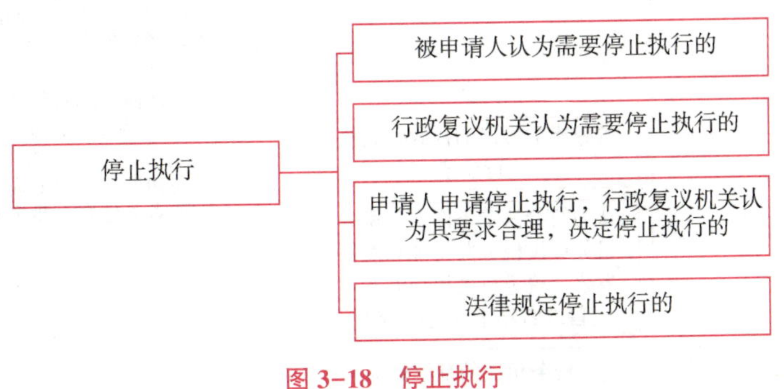

图 3-18　停止执行

（五）税务行政复议决定

1. 行政复议决定的类型

（1）维持决定。具体行政行为认定事实清楚、证据确凿、适用依据正确、程序合法、内部适当的，决定维持。

（2）限期履行决定。被申请人不履行法定职责的，决定其在一定期限内履行。

（3）撤销、变更或确认的决定。具体行政行为有下列情形之一的，决定撤销、变更或确认该具体行政行为违法：主要事实不清、证据不足的；适用依据错误的；违反法定程序的；超越或者滥用职权的；具体行政行为明显不当的。

（4）责令赔偿的决定。申请人在申请行政复议时可以一并提出行政赔偿请求，复议机关对符合国家赔偿法的有关规定的申请人应当给予赔偿的，在决定撤销、变更具体行政行为或者确认具体行政行为违法时，应当同时决定对被申请人依法给予补偿。

2. 行政复议决定的效力

复议机关做出行政复议决定，应当制作行政复议决定书，并加盖印章。税务行政复议决定书一经送达，即产生法律效力。

九、税务行政诉讼

（一）受案范围

税务行政诉讼的受案范围与税务行政复议的受案范围基本一致，如图 3-19 所示。

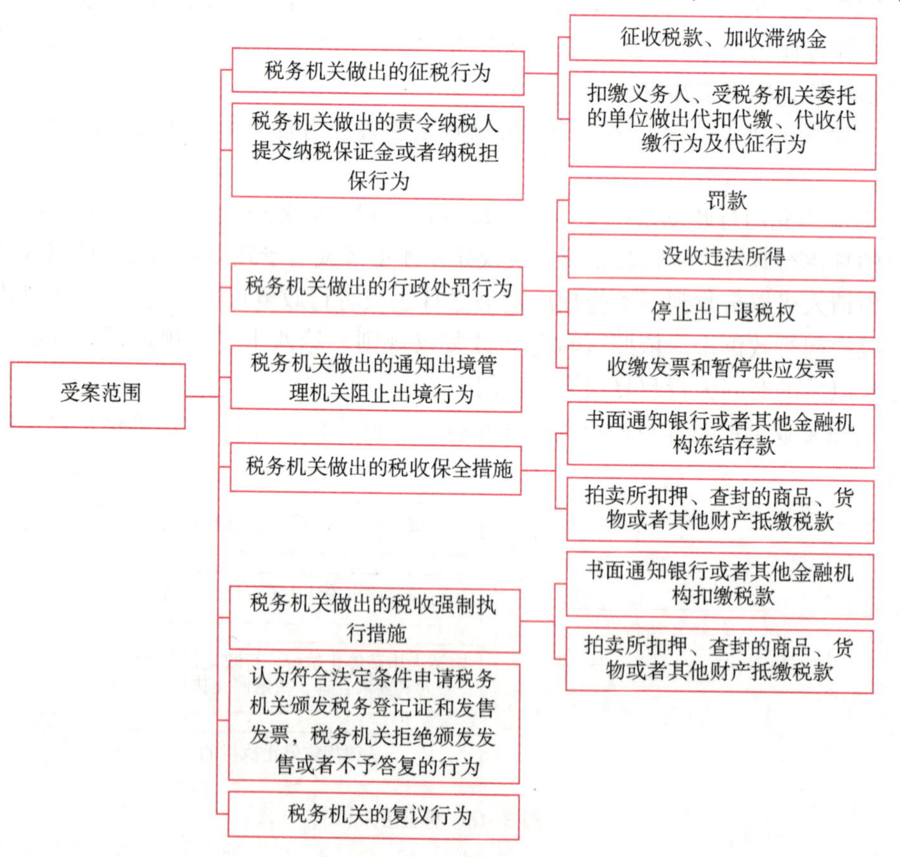

图 3-19　受案范围

（二）受案管辖

具体来讲，税务行政诉讼的管辖分为级别管辖、地域管据和裁定管辖

1. 级别管辖

级别管辖是上下级人民法院之间受理第一审税务案件的分工和权限。根据《中华人民共和国行政诉讼法》（以下简称《行政诉讼法》）的规定，基层人民法院管辖除上级法院管辖的一审税务行政案件以外的所有的第一审税务行政案件，即一般的税务行政案件；中、高级人民法院管本据区内重大复杂的第一审税务行政案件；最高人民法院管辖全国范围内重大、复杂的第一审税务行政案件。

2. 地域管辖

地域管辖是同级人民法院之间受理第一审行政案件的分工和权限，分一般地域管辖和特殊地域管辖两种。

1）一般地域管辖

一般地域管辖是指按照最初做出具体行政行为的机关所在地来确定管辖法院。凡是未经复议直接向人民法院提起诉讼的，或者经过复议，复议裁决维持原具体行政行为，当事人不服向人民法院提起诉讼的，根据《行政诉讼法》第十八条的规定："行政案件由最初作出行政行为的行政机关所在地人民法院管辖。"

2）特殊地域管辖

特殊地域管辖是指根据特殊行政法律关系或特殊行政法律关系所指的对象来确定管辖法院。税务行政案件的特殊地域管辖主要是指：经过复议的案件，复议机关改变原具体行政行为的，由原告选择最初做出具体行政行为的税务机关所在地的人民法院或者复议机关所在地人民法院管辖。原告可以向任何一个有管辖权的人民法院起诉，最先收到起诉状的人民法院为第一审法院。

经复议的案件，也可以由复议机关所在地人民法院管辖。经最高人民法院批准高级人民法院可以根据审判工作的实际情况，确定若干人民法院跨行政区域管辖行政案件。

3. 裁定管辖

裁定管辖是指人民法院依法自行裁定的管辖，包括移送管辖、指定管辖及管辖权的转移3种情况。

1）移送管辖

移送管辖是指人民法院将已经受理的案件，移送给有管辖权的人民法院审理。受移送的人民法院应当受理。受移送的人民法院认为受移送的案件按照规定不属于本院管辖的，应当报请上级人民法院指定管辖，不得再自行移送。

2）指定管辖

指定管辖是指上级人民法院以裁定的方式，指定某下一级人民法院管辖某一案件。《行政诉讼法》第二十三条规定："有管辖权的人民法院由于特殊原因不能行使管辖权的，由上级人民法院指定管辖。人民法院对管辖权发生争议，由争议双方协商解决。协商不成的，报它们的共同上级人民法院指定管辖。"

3）管辖权的转移

根据《行政诉讼法》第二十四条规定："上级人民法院有权审理下级人民法院管辖的第一审行政案件。下级人民法院对其管辖的第一审行政案件，认为需要由上级人民法院审理或者指定管辖的，可以报请上级人民法院决定。”

（三）税务行政诉讼的判决

人民法院对受理的税务行政案件，经过调查、收集证据、开庭审理之后，分别做出如图 3-20 所示的判决。

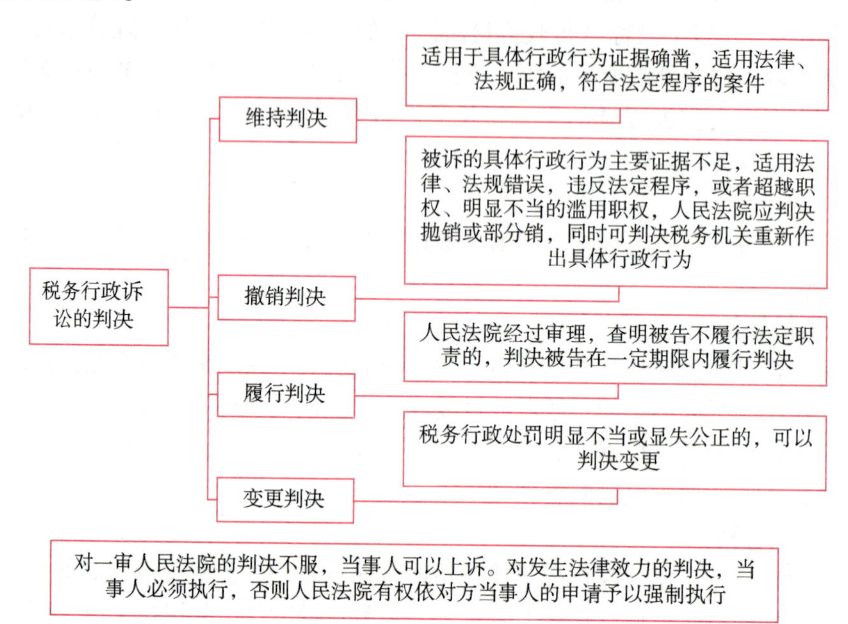

图 3-20　税务行政诉讼的判决

项目四

财政法律制度

知识目标

1. 了解预算法律制度的构成，掌握国家预算、预算管理的职权、预算收入和预算支出、预算组织程序、决算预决算的监督。

2. 了解政府采购法律制度的构成及政府采购的概念，熟悉政府采购的功能和原则，掌握政府采购的执行模式、采购当事人采购方式和采购的监督检查。

3. 了解国库集中收付制度，熟悉国库单一账户体系及财政收支的方式。

知识导图

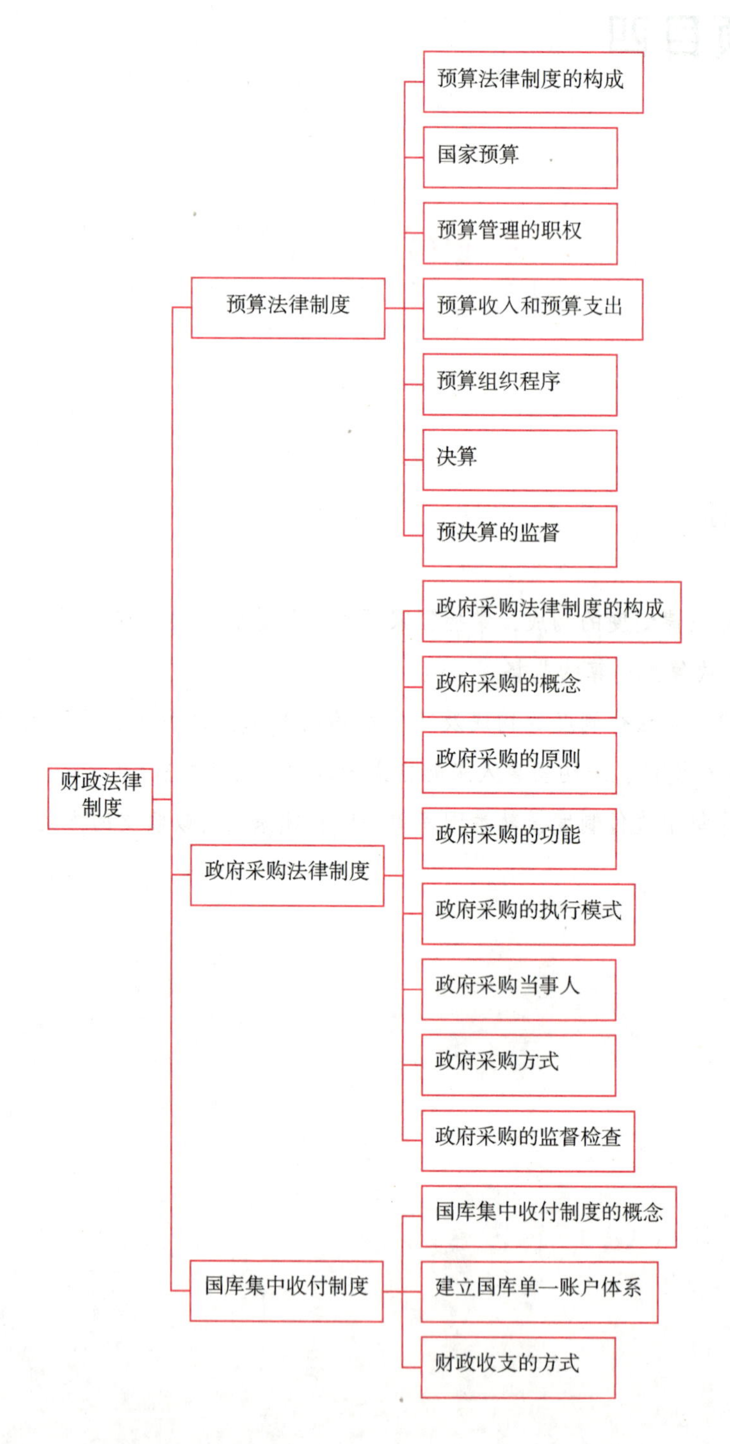
财政法律制度
预算法律制度
预算法律制度的构成
国家预算
预算管理的职权
预算收入和预算支出
预算组织程序
决算
预决算的监督
政府采购法律制度
政府采购法律制度的构成
政府采购的概念
政府采购的原则
政府采购的功能
政府采购的执行模式
政府采购当事人
政府采购方式
政府采购的监督检查
国库集中收付制度
国库集中收付制度的概念
建立国库单一账户体系
财政收支的方式

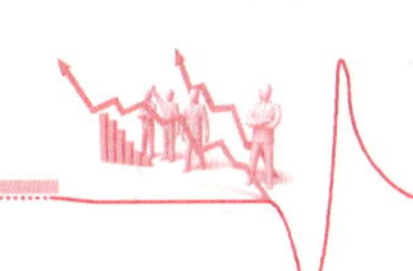

任务一　预算法律制度

☞ **想一想**

我国的预算制度实行（　　）。

A. 统一管理　　B. 分级领导

C. 各级自行决定　　D. 一级政府一级预算

【答案】 D

一、预算法律制度的构成

预算指国家预算，是国家对会计年度内的收入和支出的预先结算，包括中央预算和地方预算。预算法律制度是指国家经过法定程序制定的，用以调整国家预算关系的法律、行政法规和相关规章制度。我国预算法律制度由《中华人民共和国预算法》（以下简称《预算法》）及《中华人民共和国预算法实施条例》（以下简称《预算法实施条例》）及有关国家预算管理的其他法规、制度构成。

（一）《预算法》

1994 年 3 月 22 日，第八届全国人民代表大会第二次会议通过《预算法》并于 1995 年 1 月 1 日起施行。2014 年 8 月 31 日，第十二届全国人民代表大会常务委员会第十次会议通过了《全国人民代表大会常务委员会关于修改〈中华人民共和国预算法〉的决定》。该法共分 11 章 79 条，包括总则、预算管理职权、预算收支范围、预算编制、预算审查和批准、预算执行、预算调整、决算、监督、法律责任和附则。该法是我国第一部财政基本法律，是我国国家预算管理工作的根本性法律及制定其他预算法规的基本依据。

（二）《预算法实施条例》

国务院于 1995 年 11 月 22 日颁布了《预算法实施条例》，共分为 8 章 79 条，包括总则、预算收支范围、预算编制、预算执行、预算调整、决算、监督和附则。

☞ **提示**

《预算法实施条例》依据《预算法》所确立的基本原则和规定，对《预算法》中有关法律概念，以及预算管理的方法和程序等进行了具体规定。

二、国家预算

（一）国家预算的概念

国家预算也称为政府预算，是政府的基本财政收支计划，即经法定程序批准的国家年度财政收支计划，国家预算是实现财政职能的基本手段，反映国家的施政方针和社会经济政策，规定政府活动的范围和方向。

☞ **提示**

我国国家预算是具有法律效力的基本财政计划，是国家为了实现政治经济任务，有计划地集中和分配财政收入的重要工具，是国家经济政策的反映。

（二）国家预算的作用

1. 财力保证作用

国家预算既是保障国家机器运转的物质条件，又是政府实施各项社会经济政策的有效保证。

2. 调节制约作用

国家预算的收支规模可以调节社会总供给和总需求的平衡，预算支出的结构可以调节国民经济结构，因而国家预算的编制和执行情况对国民经济和社会发展都有直接的制约作用。

3. 反映监督作用

国家预算是国民经济的综合反映，预算收入反映国民经济发展规模和经济效益水平，预算支出反映各项建设事业发展的基本情况。

（三）国家预算的级次划分

根据国家政权结构、行政区域划分和财政管理体制的要求，按照一级政府设立一级预算的原则，我国国家预算共分为五级预算：中央预算；省级（省、自治区、直辖市）预算；地市级（设区的市、自治州）预算；县市级（县、自治县、不设区的市、市辖区）预算；乡镇级（乡、民族乡、镇）预算。其中，对于不具备设立预算条件的乡、民族乡、镇，经省、自治区、直辖市人民政府确定，可以暂不设立预算。

（四）国家预算的构成

国家预算按照政府级次可分为中央预算和地方预算；按照收支管理范围可分为总预算和部门单位预算。

1. 中央预算

中央预算是指中央政府预算，由中央各部门（含直属单位）的预算组成，包括地方向中央上解的收入数额和中央对地方返还或者给予补助的数额。其中，中央各部门是指与财政部直接发生预算缴款、拨款关系的国家机关、军队、政党组织和社会团体；直属单位是指与财政部直接发生预算缴款、拨款关系的企业和事业单位。

2. 地方预算

地方预算是指经法定程序批准的地方各级政府的年度财政收支计划的统称，地方预算是政府预算活动的基本环节，在国家预算中占有重要地位。地方预算由各省、自治区、直辖市总预算组成。地方各级政府预算由本级各部门（含直属单位）的预算组成，包括下级政府向上级政府上解的收入数额和上级政府对下级政府返还或者给予补助的数额。其中，本级各部门是指与本级政府财政部门直接发生预算缴款、拨款关系的地方国家机关政党组织和社会

团体；直属单位是指与本级政府财政部门直接发生预算缴款、拨款关系的企业和事业单位。

3. 总预算

总预算是指政府的财政汇总预算。按照国家行政区域划分和政权结构可相应划分为各级次的总预算，如我国的中央总预算、省（自治区、直辖市）总预算、市总预算、县总预算等。各级总预算由本级政府预算和所属下级政府的总预算汇编而成，由财政部门负责编制。下级政府只有本级预算的，下级政府总预算即指下级政府的本级预算；没有下级政府预算的，总预算即指本级预算。

4. 部门单位预算

1）部门预算

部门单位预算是指部门、单位的收支预算。部门预算是反映各本级部门（含直属单位）本系统内各级单位全部收支的预算，由本部门所属各单位预算组成。

2）单位预算

单位预算是各级政府的部门或职能机构就其本身及其隶属的行政事业单位年度经费收支所编制实施的预算，它是各级公共机构行使职能的财力保证。

☞ **提示**

国家税务总局属于中央一级预算单位，部门预算由局本级和 40 个二级预算单位的预算组成。

☞ **想一想**

1. 国家预算的级次是怎样划分的？
2. 国家预算的构成是由哪几部分构成的？

三、预算管理的职权

《预算法》明确规定了各级人民代表大会及其常务委员会、各级政府、各级财政部门和各部门、各单位的预算职权。

（一）各级人民代表大会及其常务委员会的预算职权

各级人民代表大会及其常务委员会的预算职权如表 4-1 所示。

表 4-1　各级人民代表大会及其常务委员会的预算职权

全国人民代表大会及其常务委员会	全国人民代表大会的预算职权：（1）审查中央和地方预算草案及中央和地方预算执行情况报告；（2）批准中央预算和中央预算执行情况的报告；（3）改变或者撤销全国人民代表大会常务委员会关于预算、决算的不适当的决议
	全国人民代表大会常务委员会的预算职权：（1）监督中央和地方预算的执行；（2）审查和批准中央预算的调整方案；（3）审查和批准中央决算；（4）撤销国务院制定的同宪法、法律相抵触的关于预算、决算的行政法规、决定和命令；（5）撤销省、自治区、直辖市人民代表大会及其常务委员会制定的同宪法、其他法律和行政法规相抵触的关于预算、决算的地方性法规和决议

续表

县级以上地方各级人民代表大会及其常务委员会	县级以上地方各级人民代表大会的预算职权：(1) 审查本级总预算草案及本级总预算执行情况的报告；(2) 批准本级预算和本级预算执行情况的报告；(3) 改变或者撤销本级人民代表大会常务委员会关于预算、决算的不适当的决议；(4) 撤销本级政府关于预算、决算的不适当的决定和命令
	县级以上地方各级人民代表大会常务委员会的预算职权：(1) 监督本级总预算的执行；(2) 审查和批准本级预算的调整方案；(3) 审查和批准本级政府决算（以下简称本级决算）；(4) 撤销本级政府和下一级人民代表大会及其常务委员会关于预算、决算的不适当的决定、命令和决议
乡、民族乡、镇的人民代表大会	(1) 审查和批准本级预算和本级预算执行情况的报告；(2) 监督本级预算的执行；(3) 审查和批准本级预算的调整方案；(4) 审查和批准本级决算；(5) 撤销本级政府关于预算、决算的不适当的决定和命令

（二）各级财政部门的预算职权

各级财政部门的预算职权如表 4-2 所示。

表 4-2　各级财政部门的预算职权

各级财政部门的预算职权	国务院财政部门的预算职权：(1) 具体编制中央预算、决算草案；(2) 具体组织中央和地方预算的执行；(3) 提出中央预算预备费动用方案；(4) 具体编制中央预算的调整方案；(5) 定期向国务院报告中央和地方预算的执行情况
	地方各级政府财政部门的预算职权：(1) 具体编制本级预算、决算草案；(2) 具体组织本级总预算的执行；(3) 提出本级预算预备费动用方案；(4) 具体编制本级预算的调整方案；(5) 定期向本级政府和上一级政府财政部门报告本级总预算的执行情况

（三）各部门、各单位的预算职权

表 4-3　各部门、各单位的预算职权

各部门、各单位的预算职权	各部门的预算职权：(1) 编制本部门预算、决算草案；(2) 组织和监督本部门预算的执行；(3) 定期向本级政府财政部门报告预算的执行情况
	各单位的预算职权：(1) 编制本单位预算、决算草案；(2) 按照国家规定上缴预算收入；(3) 安排预算支出；(4) 接受国家有关部门的监督

☞ 提示

明确划分国家各级权力机关、各级政府、各级财政部门及各部门、各单位在预算活动中的职权，是保证依法管理预算的前提条件，也是将各级预算编制、预算审批、预算执行、预算调整和预算决算的各环节纳入法制化、规范化轨道的必要措施。

☞ **练一练**

下列说法中正确的有（　　）。

A. 全国人民代表大会及其常务委员会对中央和地方预算、决算进行监督

B. 乡、民族乡、镇人民代表大会对本级预算、决算进行监督

C. 县级以上地方各级人民代表大会及其常务委员会对本级和下级政府预算、决算进行监督

D. 财政部对中央和地方预算、决算进行监督

【答案】ABC

四、预算收入与预算支出

预算收入与预算支出的相关内容如表 4-4 所示。

表 4-4　预算收入与预算支出的相关内容

预算收入	按其来源划分	（1）税收收入。它是国家预算收入的最主要部分。 （2）依照规定应上缴的国有资产收益。例如，依法应当上缴的国有资产投资产生的股息收入，国有资产的有偿转让、出让的收益等。 （3）专项收入。例如，铁道专项收入、征收排污费专项收入、电力建设基金专项收入。 （4）其他收入。例如，规费收入、罚没收入等
	按其归属划分	（1）中央预算收入。中央预算收入是指按照分税制财政管理体制，纳入中央预算、地方不参与分享的收入，包括中央本级收入和地方按照规定向中央上解的收入。 （2）地方预算收入。地方预算收入是指按照分税制财政管理体制，纳入地方预算、中央不参与分享的收入，包括地方本级收入和中央按照规定返还或者补助地方的收入。 （3）中央和地方预算共享收入。中央和地方预算共享收入是指按照分税制财政管理体制，中央预算和地方预算对同税种的收入，按照一定划分标准或者比例分享的收入
预算支出	预算支出的形式	我国《预算法》规定的预算支出形式包括：（1）经济建设支出；（2）教育、科学、文化、卫生、体育等事业发展支出；（3）国家管理费用支出；（4）国防支出；（5）各项补贴支出；（6）其他支出，包括对外援助支出、财政贴息支出、国家物资储备支出、少数民族地区补助费等
	预算支出的划分	（1）中央预算支出。中央预算支出是指按照分税制财政管理体制，由中央财政承担并列入中央预算的支出，包括中央本级支出和中央返还或者补助地方的支出。 （2）地方预算支出。地方预算支出是指按照分税制财政管理体制，由地方财政承担并列入地方预算的支出，包括地方本级支出和地方按照规定上解中央的支出

☞ **提示**

经济建设支出是预算支出的主要部分。

五、预算组织程序

预算组织程序指预算的编制、审批、执行和调整 4 个环节。预算草案是指各级政府、各部门、各单位编制的未经法定程序审查和批准的预算收支计划。

（一）预算的编制

预算的编制的相关内容如表 4-5 所示。

表 4-5　预算的编制的相关内容

<table>
<tr><td rowspan="6">预算的编制</td><td>概念</td><td>预算的编制是指国家制定取得和分配使用预算资金的年度计划的活动</td></tr>
<tr><td>预算年度</td><td>我国国家预算年度采取的是公历年制。《预算法》第十八条规定：“预算年度自公历一月一日起，至十二月三十一日止。”</td></tr>
<tr><td rowspan="2">预算草案的编制依据</td><td>各级政府编制年度预算草案的依据包括：（1）法律、法规；（2）国民经济和社会发展计划、财政中长期计划及有关的财政经济政策；（3）本级政府的预算管理职权和财政管理体制确定的预算收支范围；（4）上一年度预算执行情况和本年度预算收支变化因素；（5）上级政府对编制本年度预算草案的指示和要求。</td></tr>
<tr><td>各部门、各单位编制年度预算草案的依据包括：（1）法律、法规；（2）本级政府的指示和要求及本级政府财政部门的部署；（3）本部门、本单位的职责、任务和事业发展计划；（4）本部门、本单位的定员定额标准；（5）本部门、本单位上一年度预算执行情况和本年度预算收支变化因素</td></tr>
<tr><td rowspan="2">预算草案的编制内容</td><td>中央预算的编制内容包括：（1）本级预算收入和支出；（2）上一年度结余用于本年度安排的支出；（3）返还或者补助地方的支出；（4）地方上解的收入</td></tr>
<tr><td>地方各级政府预算的编制内容包括：（1）本级预算收入和支出；（2）上一年度结余用于本年度安排的支出；（3）上级返还或者补助的收入；（4）返还或者补助下级的支出；（5）上解上级的支出；（6）下级上解的收入</td></tr>
</table>

☞ **提示**

预算的编制是一种基础性的程序。在这一阶段编制的预算，实际上是预算草案，因而还不是具有法律效力的国家预算。预算草案是指各级政府、各部门、各单位编制的未经法定程序审查和批准的预算收支计划。

（二）预算的审批

预算的审批是国家各级权力机关对同级政府所提出的预算草案进行审查和批准的活动。《预算法》对预算的审查和批准做出了明确规定。中央预算由全国人民代表大会审查和批准。国务院在全国人民代表大会举行会议时，向大会作关于中央和地方预算草案的报告。地方各级政府预算由本级人民代表大会审查和批准。各级政府预算经本级人大批准后，必须依法自下而上地向相应的国家机关备案。各级政府财政部门应当自本级人大会批准本级政府预算之日起 30 日内，批复本级各部门预算。各部门应当自本级财政部门批复本部门预算之日起 15 日内，批复所属各单位预算。

☞ **练一练**

下列关于预算审批的说法，正确的有（　　）。

A. 中央预算和地方各级政府预算均由全国人民代表大会审查和批准

B. 中央预算由全国人民代表大会审查和批准

C. 地方各级政府预算由本级人民代表大会审查和批准

D. 各级政府预算经批准即可，无须向有关部门备案

【答案】AB

（三）预算的执行

我国预算执行的主体包括各级政府、各级政府财政部门、预算收入征收部门、国家金库、各有关部门和有关单位。《预算法》规定，各级预算由本级政府组织执行，具体工作由本级政府财政部门负责。预算收入征收部门必须依法及时、足额征收应征收的预算收入。预算收入征收部门，必须按照法律、行政法规的规定，及时、足额征收应征的预算收入，不得违反法律、行政法规规定，擅自减征、免征或者缓征、应征的预算收入，不得截留、占用或者挪用预算收入。各级政府财政支出部门必须依照法律、行政法规和国务院财政部门的规定，及时、足额地拨付预算支出资金，并加强管理和监督。各级政府、各部门、各单位的支出必须按照预算执行。预算的收入和支出必须通过国库进行。国库是预算执行的中间环节，是国家进行预算收支活动的出纳机关。县级以上各级预算必须设立国库；具备条件的乡、民族乡、镇也应当设立国库。各级国库库款的支配权属于本级政府财政部门。

（四）预算的调整

1. 预算调整

预算调整是指经全国人民代表大会批准的中央预算和经地方各级人民代表大会批准的本级预算，在执行中因特殊情况需要增加支出或者减少收入、使原批准的收支平衡的预算总支出超过总收入，或者使原批准的预算中举借债务的数额增加的部分变更。

☞ **提示**

预算是一种计划，执行过程中，往往会受到主客观条件的影响和制约，原来未预料到的一些特殊情况可能会出现。导致预算收支由原来的平衡变得不平衡，这时就必须依法进行预算调整。

2. 预算调整方案的审批

中央预算的调整方案必须提请全国人民代表大会常务委员会审查和批准。县级以上地方各级政府预算的调整方案必须提请本级人民代表大会常务委员会审查和批准。乡、民族乡、镇政府预算的调整方策必须提请本级人民代表大会审查和批准。

☞ **提示**

各级政府对于必须进行的预算调整，应当编制预算调整方案。

3. 预算调整需要注意的问题

根据《预算法实施条例》的相关规定，预算调整需要注意以下 5 个问题：①预算调整方案由政府财政部门负责具体编制。预算调整方应当列明调整的原因、项目、数额、措施及有关说明，经本级政府审定后提请本级人民代表大会常务委员会审查和批准。②接受上级返还或者补助的地方政府，应当按照上级政府规定的用途使用款项，不得擅自改变用途。③政府有关部门以本级预算安排的资金拨付给下级政府有关部门的专款，必须经本级政府财政部门同意并办理预算划转手续。④是各部门、各单位的预算支出，必须按照本级政府财政部门批复的预算科目和数额执行，不得挪用。确需做出调整的，必须经本级政府财政部门同意。⑤年度预算确定后，企业、事业单位改变隶属关系，引起预算级次和关系变化的，应当在改变财务关系的同时，相应办理预算划转。

六、决算

决算是对年度预算收支执行结果的会计报告，是预算执行的总结，是国家管理预算活动的最后一道程序。决算包括决算报表和文字说明两个部分。

决算草案由各级政府、各部门、各单位在每一预算年度终了后按国务院规定的时间编制。各部门对所属各单位的决算草案，应当审核并汇总编制本部门的决算草案，在规定的期限内报本级政府财政部门审核。国务院财政部门编制中央决算草案，报国务院审定后，由国务院提请全国人民代表大会常务委员会审查和批准。县级以上地方各级政府财政部门编制本级决算草案，报本级政府审定后，由本级政府提请本级人民代表大会常务委员会审查和批准。乡、民族乡、镇政府编制本级决算草案，提请本级人民代表大会审查和批准。各级政府决算批准后，财政部门应当向本级各部门批复决算。

七、预决算的监督

预决算的监督包括国家权力机关的监督、各级政府的监督、各级政府财政部门的监督和各级政府审计部门的监督。

对预决算的监督可以按不同标准做不同的分类。按照时间先后，可以分为事前监督、事中监督和事后监督；按照监督的内容，可以分为对预算编制的监督、对预算执行的监督、对预算调整的监督、对决算的监督；按照监督的主体，则可以分为各级国家权力机关即各级人民代表大会及其常委会对预算、决算进行的监督，各级政府对下一级政府预算执行的监督，各级政府财政部门对本级各部门、各单位和下一级财政部门预算执行的监督检查，以及各级政府审计部门对预算执行情况和决算情况实行的审计监督等。

☞ **提示**

预算包括一般公共预算、政府性基金预算、国有资本经营预算、社会保险基金预算。

一般公共预算、政府性基金预算、国有资本经营预算、社会保险基金预算应当保持完整、独立。

政府性基金预算、国有资本经营预算、社会保险基金预算应当与一般公共预算相衔接。

一般公共预算是对以税收为主体的财政收入，安排用于保障和改善民生、推动经济社会发展、维护国家安全、维持国家机构正常运转等方面的收支预算。

任务二　政府采购法律制度

☞ **想一想**

下列采购活动中，适用《中华人民共和国政府采购法》调整的是（　　）。

A. 某军事机关采购军需品

B. 某事业单位使用财政性资金采购办公用品

C. 某省政府因严重自然灾害紧急采购救灾物资

D. 某省国家安全部门采购用于情报工作的物资

【答案】 B

一、政府采购法律制度的构成

我国的政府采购法律制度由《中华人民共和国政府采购法》（以下简称《政府采购法》）、国务院各部门特别是财政部颁布的一系列部门规章，以及地方性法规和政府规章组成。

（一）政府采购法

《政府采购法》于2002年6月29日第九届全国人民代表大会常务委员会第二十八次会议通过，根据2014年8月31日第十二届全国人民代表大会常务委员会第十次会议《关于修改〈中华人民共和国保险法〉等五部法律的决定》修正，包括总则、政府采购当事人、政府采购方式、政府采购程序、政府采购合同、质疑与投诉、监督检查、法律责任、附则，共9章88条。《政府采购法》是规范我国政府采购活动的根本性法律，也是制定其他政府采购法规制度的基本依据。

（二）政府采购部门规章

国务院各部门，特别是财政部，颁布了一系列有关政府采购的部门规章。政府采购部门规章有《政府采购信息公告管理办法》和《政府采购货物和服务招标投标管理办法》。

（三）政府采购地方性法规和地方政府规章

（1）政府采购地方性法规是指省、自治区、直辖市的人民代表大会及其常务委员会在不与法律、行政法规相抵触的情况下制定的规范性文件。

（2）政府采购地方政府规章是指省、自治区、直辖市的人民政府制定的地方性规范文件。

这些法规和政府规章都以《政府采购法》为依据，同时也结合了本地区的实际情况，针对性较强。

☞ **提示**

政府采购法律制度是调整各级国家机关、事业单位和团体组织，使用财政性资金依法采购货物、工程和服务的活动的法律规范的总称。

二、政府采购的概念

政府采购的相关内容如表 4-6 所示。

表 4-6 政府采购的相关内容

政府采购	概念	政府采购是指各级国家机关、事业单位和团体组织，使用财政性资金采购依法制定的集中采购目录以内的或者采购限额标准以上的货物、工程和服务的行为
	主体范围	政府采购的主体，即采购人，是指使用财政性资金采购依法制定的集中采购目录以内的或者限额标准以上的货物、工程和服务的国家机关、事业单位和团体组织
	资金范围	（1）政府采购资金为财政性资金。按照财政部的现行规定，财政性资金是指预算内资金、预算外资金，以及与财政资金相配套的单位自筹资金的总和。预算资金是指财政预算内的资金，包括预算执行中追加的资金。预算外资金是指按规定缴入财政专户和经财政部门批准留用的未纳入财政预算收入管理的财政性资金。 （2）既有财政性资金，又有部门其他资金的配套采购项目，或者有财政拨款或财政补助收入的事业单位和社会团体，也要实行政府采购制度。 （3）需要由财政偿还的公共借款
	采购目录和限额标准	（1）政府集中采购目录和采购限额标准由省级以上人民政府确定并公布。 （2）属于中央预算的政府采购项目，其集中采购目录和政府采购限额标准由国务院确定并公布。 （3）属于地方预算的政府采购项目，其集中采购目录和政府采购限额标准由省、自治区、直辖市人民政府或者其授权的机构确定并公布
	政府采购的对象范围	（1）货物。货物是指各种形态和种类的物品，包括原材料、燃料、设备、产品等。 （2）工程。工程是指建设工程，包括建筑物和构筑物的新建、改建、扩建、装修、拆除、修等。 （3）服务。服务指除货物和工程以外的其他政府采购对象，如会议服务、保险服务等

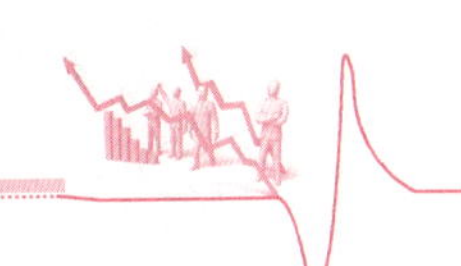

三、政府采购的原则

政府采购的原则如图 4-1 所示。

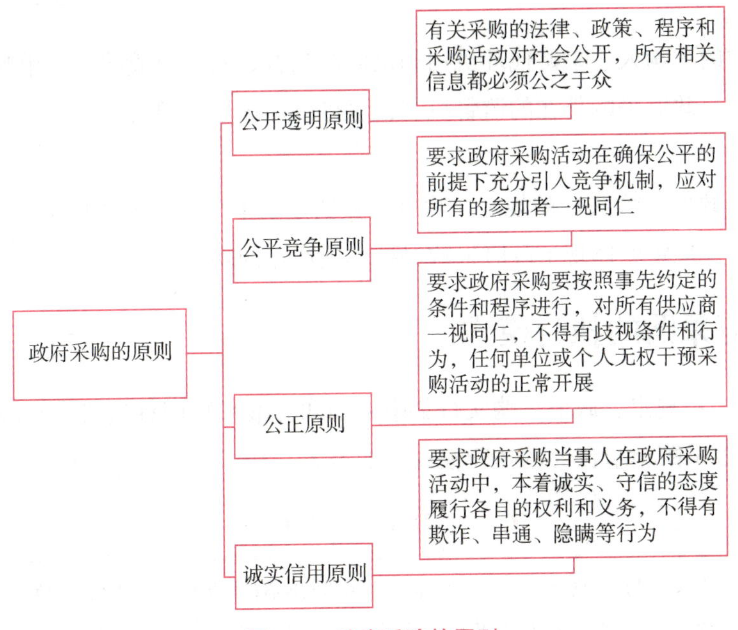

图 4-1 政府采购的原则

☞ 提示

政府采购的原则是建立政府采购制度、制定政府采购法律法规、实施政府采购活动及管理政府采购事务所遵循的基本指导思想，是贯穿在政府采购计划中为实现政府采购目标而设立的一般性原则。我国政府采购的原则是不营利、不经营，其意义在于实施宏观调控、优化配置资源。

为了实现公正，《政府采购法》提出了评标委员会及有关的小组人员必须要有一定数量的要求，要有各方面代表，而且人数必须为单数，相关人员要回避，同时规定了保护供应商合法权益及方式。

四、政府采购的功能

1. 节约财政支出，提高采购资金的使用效益

通过实行政府集中采购，采购规模扩大，可以节约采购成本，降低产品与劳务的价格。把采购资金直接拨付给供应商，也可以减少资金流通的环节。

2. 强化宏观调控

《政府采购法》明确规定，政府采购应当有助于实现国家的经济和社会发展政策目标，包括保护环境、促进中小企业发展等。

3. 活跃市场经济

政府采购竞标能够充分调动供应商参与政府采购的积极性，增强企业竞争力，为市场经济注入了生机和活力。

4. 推进反腐倡廉

政府采购中的采购人、采购代理机构和供应商三者之间所形成的内在相互监督机制，可以促进反腐倡廉；政府采购外在的监督机制，也可以促进反腐倡廉。

5. 保护民族产业

根据我国《政府采购法》的规定，除极少数法定情形外，政府采购应当采购本国货物、工程和服务。这一规定就体现了政府采购保护民族产业的功能。

五、政府采购的执行模式

《政府采购法》规定，政府采购实行集中采购和分散采购两种模式。我国政府采购实行“集中采购和分散采购相结合”的执行模式，如表 4-7 所示。

表 4-7　政府采购的执行模式

集中采购和分散采购相结合的执行模式	集中采购	（1）集中采购是指由政府设立的职能机构统一为其他政府机构提供采购服务的一种采购组织实施形式。 （2）集中采购必须委托集中采购机构代理采购。设区的市、自治州以上人民政府根据本级政府采购项目组织集中采购的需要设立集中采购机构。 （3）集中采购有利于取得规模效益、采购成本低、保证采购质量、贯彻落实政府采购的相关政策。 （4）集中采购的不利之处是难以适应紧急情况的采购、难以满足用户的多样性需求、采购程序复杂、采购周期较长。 （5）集中采购的范围由省级以上人民政府公布的集中采购目录确定。纳入集中采购目录的政府采购项目，应当实行集中采购
	分散采购	（1）分散采购是指由各预算单位自行开展采购活动的一种采购组织实施形式。 （2）《政府采购法》规定，采购未纳入集中采购目录的政府采购项目，可以自行采购，也可以委托集中采购机构或其他具有政府采购代理资格的社会中介机构在委托的范围内代理采购。 （3）分散采购有利于满足采购的及时性和多样性的需求。 （4）分散采购的不利之处是失去了规模效益、加大了采购成本、不便于监督管理等

六、政府采购当事人

政府采购当事人是指在政府采购活动中享有权利和承担义务的各类主体，包括采购人、供应商和采购代理机构等。政府采购当事人的具体内容如表 4-8 所示。

表 4-8　政府采购当事人

政府采购当事人	采购人	1. 采购人的含义 采购人是政府采购中货物、工程和服务的直接需求者。 2. 采购人的特征 (1) 采购人是依法进行政府采购的国家机关、事业单位和团体组织。 (2) 采购人的政府采购行为从筹划、决策到实施，都必须在《政府采购法》等法律法规的规范内进行。 3. 采购人的权利 (1) 自行选择采购代理机构。 (2) 要求采购代理机构遵守委托协议约定。 (3) 审查政府采购供应商的资格。 (4) 依法确定中标供应商。 (5) 签订采购合同并参与对供应商履约验收。 (6) 在特殊情况下提出特殊要求。 (7) 其他合法权利。 4. 采购人的义务 (1) 遵守政府采购的各项法律法规和规章制度。 (2) 接受和配合政府采购监督管理部门的监督检查，同时还要接受和配合审计机关的审计监督及监察机关的监察。 (3) 尊重供应商的正当合法权益。 (4) 遵守采购代理机构的工作秩序。 (5) 在规定时间内与中标供应商签订政府采购合同。 (6) 在指定媒体及时向社会发布政府采购信息、招标结果。 (7) 依法答复供应商的询问和质疑。 (8) 妥善保存反映每项采购活动的采购文件。 (9) 其他法定义务
	供应商	1. 供应商的含义 供应商指向采购人提供货物、工程或者服务的法人、其他组织或者自然人。 2. 供应商的权利 (1) 平等地取得政府采购供应商资格。 (2) 平等地获得政府采购信息。 (3) 自主、平等地参加政府采购竞争。 (4) 就政府采购活动事项提出询问、质疑和投诉。 (5) 自主、平等地签订政府采购合同。 (6) 要求采购人或采购代理机构保守其商业秘密。 (7) 监督政府采购依法公开、公正进行。 (8) 其他合法权利。 3. 供应商的义务 (1) 遵守政府采购的各项法律法规和规章制度。 (2) 按规定接受供应商资格审查，并在资格审查中客观真实地反映自身情况。 (3) 在政府采购活动中满足采购人或采购代理机构的正当要求。 (4) 投标中标后，按规定程序签订政府采购合同并严格履行合同义务。 (5) 其他法定义务
	采购代理机构	采购代理机构是指具备一定条件，经政府有关部门批准而依法拥有政府采购代理资格的社会中介机构。采购代理机构分为一般采购代理机构和集中采购机构两种。 1. 一般采购代理机构 一般采购代理机构的资格由国务院有关部门或省级人民政府有关部门认定，主要负责分散采购的代理业务。 2. 集中采购机构 集中采购机构是进行政府集中采购的法定代理机构，属于非营利性机构；由设区的市、自治州以上人民政府根据本级政府采购项目组织集中采的需要设立。其采购代理资格不需政府特别认定

☞ **练一练**

政府采购当事人中的采购人可以是（　　）。

A. 个人　　B. 国家机关　　C. 事业单位　　D. 社会团体

【答案】ACD

七、政府采购方式

《政府采购法》规定，政府采购可以采用公开招标、邀请招标、竞争性谈判、单一来源采购、询价，以及国务院政府采购监督管理部门认定的其他采购方式，如表 4-9 所示。

表 4-9　政府采购方式

	概念	适用情形	具体适用
公开招标	公开招标是指招标采购单位（即采购人或其委托的政府采购代理机构）依法以招标公告的方式邀请不特定的供应商参加投标竞争，从中择优选择中标供应商的采购方式	货物服务采购项目达到公开招标数额标准的，必须采用公开招标方式	采购人采购货物或者服务应当采用公开招标方式的，其具体数额标准，属于中央预算的政府采购项目，由国务院规定；属于地方预算的政府采购项目，由省、自治区、直辖市人民政府规定。因特殊情况需要采用公开招标以外方式的，应当在采购活动开始前获得设区的市、自治州以上人民政府财政部门的批准
邀请招标	邀请招标又称选择性招标，是指招标采购人根据供应商的资信和业绩，依法从符合相应资格条件的法人或其他组织中选择多个供应商，从中随机邀请 3 家或 3 家以上供应商并向其发出投标邀请书，从被邀请的供应商中选定中标者的招标方式	符合下列情形之一的货物或者服务，可以依照法律采用邀请招标方式采购：①具有特殊性，只能从有限范围的供应处采购的；②采用公开招标方式的费用占政府采购项目总价值的比例过大的	采购人必须事先发布资格预审公告，公布投标人资格条件，资格预审公告的期限不得少于 7 个工作日。采购人只向通过资格预审的供应商发出投标邀请书，具有选择余地相对较小、招标时间短和费用低的特点
竞争性谈判	竞争性谈判是指采购人或其委托的政府采购代理机构通过与不少于 3 家供应商就采购事宜进行谈判，经分析比较后最后按照预先规定的成交标准，从中确定中标供应商的采购方式	主要适用于以下几种情况：①招标后没有供应商投标或者没有合格标的或者重新招标未能成立的；②技术复杂或性质特殊、不能确定详细规格或具体要求的；③采用招标所需时间不能满足用户紧急需要的；④不能事先计算出价格总额的采购项目	
单一来源	单一来源又称直接采购，是指采购人采购不具备竞争条件的物品，只能从唯一的供应商取得采购货物或服务的情况下，直接向该供应商协商采购的采购方式	适用于以下几种情况：①只能从唯一供应商处采购的；②发生了不可预见的紧急情况下不能从其他供应商处采购的；③必须保证原有采购项目的一致性或者服务配套的要求，需要继续从原供应商处添购且添购资金总额不超过原合同采购金额 10% 的	

续表

	概念	适用情形	具体适用
询价	询价是指采购人向3家以上有关供应商发出询价单让其报价，然后在报价的基础上对一次性报出的价格进行比较，最后按照符合采购需要结合产品质量和服务质量进行比较，且报价最低的原则确定最优供应商的一种采购方式	主要适用于采购的货物规格和标准统一、现货资源充足且价格变化较小的采购项目	

☞ **练一练**

根据《政府采购法》的规定，对于具有特殊性，只能从有限范围的供应商处采购的货物，其适用的政府采购方式是（　　）。

A. 单一来源方式　　B. 竞争性谈判方式

C. 邀请招标方式　　D. 公开招标方式

【答案】 C

八、政府采购的监督检查

《政府采购法》规定，各级人民政府财政部门是负责政府采购监督管理的部门，依法履行对政府采购活动的监督管理职责。各级人民政府其他有关部门依法履行与政府采购活动有关的监督管理职责。

（一）政府采购监督管理部门的监督

政府采购监督管理部门不得设置集中采购机构，不得参与政府采购项目的采购活动。采购代理机构与行政机关不得存在隶属关系或者其他利益关系。其监督检查的主要内容有：①有关政府采购的法律、行政法规和规章的执行情况；②采购范围、采购方式和采购程序的执行情况；③政府采购人员的职业素质和专业技能；④集中采购机构的有关情况。

（二）集中采购机构的内部监督

（1）建立健全内部监督管理制度。

（2）采购活动的决策与执行程序相互监督、相互制约；经办人与合同审核人、验收人责权分明、相互制约。

（三）采购人的内部监督

（1）政府采购项目的采购标准和采购结果应当公开。

（2）采购人必须按照《政府采购法》规定的采购方式和采购程序进行采购。

（四）政府其他有关部门的监督

审计机关、监察机关等应当在政府采购的监督中发挥应有作用，按照其职责分工，加强对政府采购活动的。

（五）社会监督

任何单位和个人对政府采购活动中的违法行为，有权控告和检举，有关部门、机关应当依照各自职责及时处理。

☞ **提示**

复印机应采用集中采购的政府采购执行模式，应委托集中采购机构代为采购；精密仪器采购没有纳入集中采购目录的政府采购项目，可以自行采购，也可以委托集中采购机构在委托的范围内代理采购。即精密仪器可以采用分散采购的政府采购执行模式，具体有三种情况：分散采购，由单位自行采购；分散采购，并委托集中采购机构代为采购；分散采购，并委托采购代理中介机构采购。

任务三　国库集中收付制度

☞ **想一想**

衡量一个国家国库管理水平的主要标准是（　　）。

A. 对国库现金和债务管理的效率

B. 能否及时、准确地提供完整的预算执行报告，为财政管理和宏观调控提供依据

C. 人均 GDP（gross domestic product，国内生产总值）的增长速度

D. A 和 B

【答案】D

一、国库集中收付制度的概念

国库集中收付制度又称国库单一账户制度，是指由财政部门代表政府设置国库单一账户体系，以国库单一账户体系为基础，将所有财政性资金都纳入国库单一账户体系管理，收入直接缴入国库和财政专户，支出通过国库单一账户体系支付到商品和劳务供应者或用款单位的一项国库管理制度。国库集中收付制度包括国库集中支付制度和收入收缴管理制度。

二、建立国库单一账户体系

（一）国库单一账户体系的概念

我国的国库单一账户体系是指以财政国库存款账户为核心的各类财政性资金账户的集合，所有财政性资金的收入、支付、存储及资金清算活动均在该账户体系运行。

（二）国库单一账户体系的构成

国库单一账户体系的构成如图 4-2 所示。

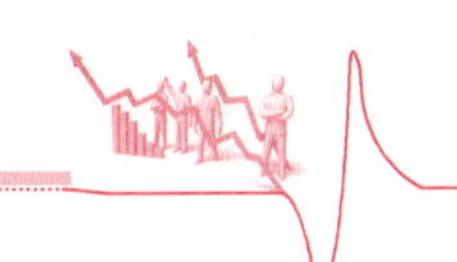

国库单一账户

- 国库单一账户是财政部门在中国人民银行开设的，用于记录、核算和反映财政预算资金和纳入预算管理的政府基金的收入和支出活动，并用于与财政部门在商业银行开设的零余额账户进行清算和实现支付的账户

财政部门零余额账户

- 财政部门零余额账户是由财政部门按资金使用性质在商业银行开设的零余额账户，用于财政直接支付和与国库单一账户资金清算

预算单位零余额账户

- 预算单位零余额账户是由财政部门在商业银行为预算单位开设的零余额账户，用于财政授权支付和清算

预算外资金财政专户

- 预算外资金财政专户是由财政部门在商业银行开设的预算外资金财政专户，用于记录、核算和反映预算外资金的收入和支出活动，并用于预算外资金的日常收支清算。该账户在财政部门设立和使用

特设专户

- 特设专户是经国务院或者国务院授权财政部门批准开设的特殊过渡性账户，用于记录、核算和反映预算单位的特殊专项支出活动，并用于与国库单一账户清算。该账户在按规定申请了特设专户的预算单位使用

图 4-2　国库单一账户体系的构成

☞ **练一练**

国库单一账户是指（　　）。

A. 由财政部门在商业银行开设的预算外资金收入账户

B. 财政部门在中央银行开设国库单一账户

C. 由财政部门在代理银行为预算单位开设的账户，用于财政授权支付

D. 需经上级政府或财政部、本级政府批准或授权财政部门批准才能开设的特殊性专项账户

【答案】 B

三、财政收支的方式

（一）财政收入收缴方式

财政收入的收缴分为直接缴库和集中汇缴两种方式。

1. 直接缴库

直接缴库是指由缴款单位或缴款人按有关法律法规的规定，直接将应缴收入缴入国库单一账户，属预算外资金的，则直接缴入预算外资金财政专户，不再设立各类过渡性账户。

2. 集中汇缴

集中汇缴是指由征收机关和依法享有征收权限的单位按有关法律法规的规定，将所收取

的应缴收入汇总缴入国库单一账户，属预算外资金的，则直接缴入预算外资金财政专户，也不再通过过渡性账户收缴。

（二）财政支出支付方式

1. 财政性支出从总体上分为购买性支出和转移性支出

根据支付管理需要，财政性支出具体分为：①工资支出，即预算单位的工资性支出；②购买支出，即预算单位除工资支出、零星支出之外，购买服务、货物、工程项目等支出；③零星支出，即预算单位购买支出中的日常小额部分，除《政府采购品目分类表》所列品目以外的支出，或列入《政府采购品目分类表》，但未达到规定数额的支出；④转移支出，即拨付给预算单位或下级财政部门未指明具体用途的支出，包括拨付企业补贴和未指明具体用途的资金、中央对地方的一般性转移支付等。

2. 财政性资金的支付实行财政直接支付和财政授权支付

1）财政直接支付

财政直接支付是指由财政部门向中国人民银行和代理银行签发支付指令，代理银行根据支付指令通过国库单一账户体系将资金直接支付到收款人（即商品或劳务的供应商等，下同）或用款单位（即具体申请和使用财政性资金的预算单位，下同）账户。

2）财政授权支付

财政授权支付是指预算单位按照财政部门的授权，自行向代理银行签发支付指令，代理银行根据支付指令，在财政部门批准的预算单位的用款额度内，通过国库单一账户体系将资金支付到收款人账户。财政授权支付适用于未纳入工资支出、工程采购支出、物品和服务采购支出管理的购买支出和零星支出，包括单件物品或单项服务购买额不足10万元人民币的购买支出、年度财政投资不足50万元人民币的工程采购支出、特别紧急的支出和经财政部门批准的其他支出。

☞ **提示**

实行国库单一账户集中支付，虽然不改变各部门、各单位的支出权限，但其作用在于建立起了预算执行的监督管理机制。一方面通过单一账户集中化管理，灵活地调度和使用资金，提高政府资金使用效率，降低成本；另一方面从根本上杜绝在预算执行中的克扣、截留、挪用资金的现象，促进政策资金使用信息公开化、透明化，强化了约束力和社会监督力，从源头上堵住了政府资金使用的行政干预和腐败现象。

项目五

会计职业道德

知识目标

1. 了解会计职业道德的概念与主要内容及会计职业道德的功能与意义，掌握会计职业道德与会计法律制度的联系与区别。

2. 掌握会计职业道德规范的主要内容。

3. 熟悉会计职业道德教育的概念及主要内容。

4. 掌握会计职业道德建设与实施的内容，包括政府部门推动、行业自律、单位内部监督和社会各界监督。

5. 了解会计职业道德检查与惩罚的意义，掌握职业道德检查与处罚的机制。

知识导图

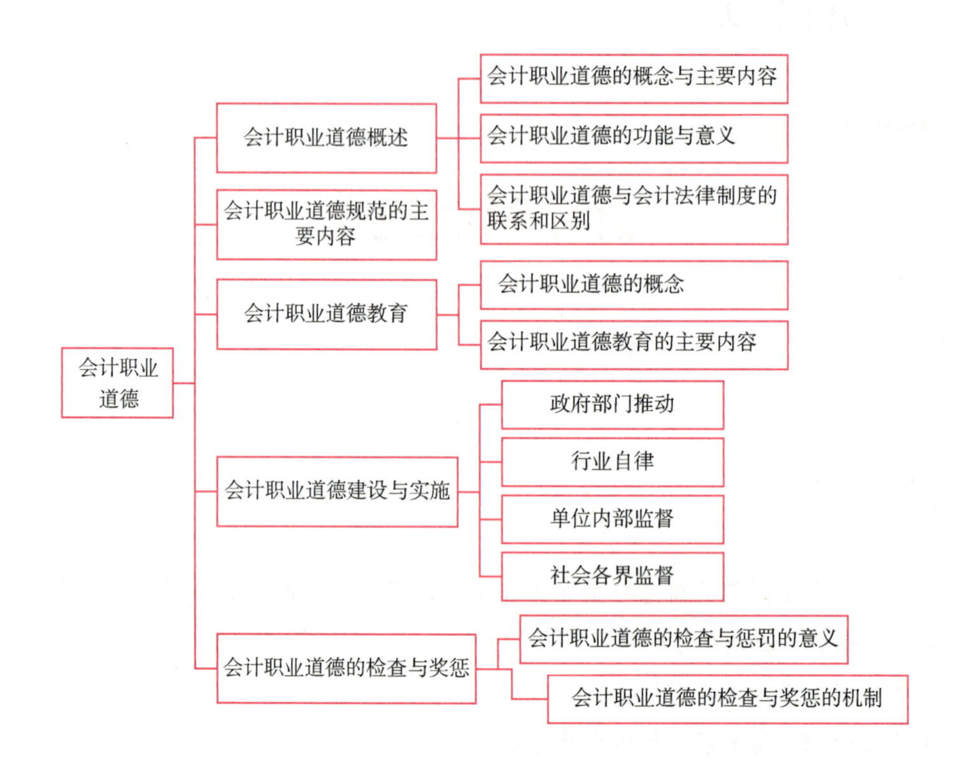

任务一　会计职业道德概述

☞ 想一想

某公司组织一次会计诚信建设座谈会，与会会计人员说了各自的观点，下列各项观点中，符合会计职业道德要求的是（　　）。

A. 会计人员应保守公司的商业秘密，在任何情况下，都不能向外界提供或者泄露单位的会计信息

B. 会计工作无非是记账、算账，公司生产经营决策是领导的事，与会计人员无关，所以没有必要参与，也没有必要过问

C. 会计人员应按国家统一的会计制度记账、算账、报账，如实反映单位经济业务活动情况

D. 既然公司领导对公司会计工作和会计信息质量负责，会计人员就应该听领导的，在自己不贪不占的前提下，领导让做什么就做什么

【答案】C

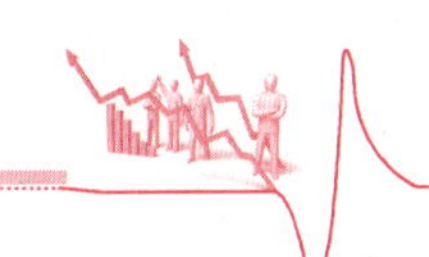

一、会计职业道德的概念与主要内容

（一）会计职业道德的概念

职业道德是指从事某一职业应遵循的行为准则和规范，可以体现一个职业的特征，可以指导和约束从业人员的职业行为，以保障职业活动的有序进行，促进职业活动的健康发展。同时，作为社会道德的一个重要组成部分，职业道德对良好社会风气的形成发挥着积极作用。

会计职业道德是指从事会计职业应当遵循的行为准则和规范，属于调整会计职业关系的途径之一，可以体现会计职业的特征，具有相对稳定性和广泛的社会性。会计职业道德的调整范围包括会计人员与社会、会计人员与不同利益集团及会计人员之间的关系。会计职业道德包括会计职业理想、会计工作态度、会计职业责任、会计职业技能、会计工作纪律、会计工作作风等方面内容，贯穿于会计工作的全部领域和整个过程。高尚的会计职业道德是优秀会计人员必备的素质，是单位对会计人员的最基本要求。

会计职业道德与其他职业道德相比具有以下特点：①有法律法规加以明确。一般职业道德具有非强制性，法律不进行规定和要求。但我国的《会计法》《会计工作基础规范》《会计从业资格管理办法》等法律法规对会计职业道德的内容做出规定，并要求会计人员应当遵守；②以公众利益为重点。会计职业道德强调社会公众利益性，会计人员在职业活动中应当客观公正，当发生道德冲突时应将社会公众利益放在首位。

☞ 法条链接

《会计法》第三十九条规定：“会计人员应当遵守职业道德，提高业务素质。对会计人员的教育和培训工作应当加强。”

☞ 练一练

下列人员中，不属于会计职业道德调整规范对象的是（　　）。

A. 会计机构负责人　B. 单位负责人　C. 总会计师　D. 会计主管人员

【答案】D

（二）会计职业道德的主要内容

《会计法》《会计工作基础规范》《中国注册会计师职业道德规范指导意见》等对于会计人员的职业道德的内容做出了规定，主要包含：①敬业爱岗，廉洁自律；②诚实守信，保守秘密；③熟悉法规，依法办事；④坚持准则，客观公正；⑤提高技能，搞好服务。

☞ **法条链接**

《会计工作基础规范》的相关规定如下。

第十四条　会计人员应当具备必要的专业知识和专业技能，熟悉国家有关法律、法规、规章和国家统一会计制度，遵守职业道德。

会计人员应当按照国家有关规定参加会计业务的培训。各单位应当合理安排会计人员的培训，保证会计人员每年有一定时间用于学习和参加培训。

第十七条　会计人员在会计工作中应当遵守职业道德，树立良好的职业品质、严谨的工作作风，严守工作纪律，努力提高工作效率和工作质量。

第十八条　会计人员应当热爱本职工作，努力钻研业务，使自己的知识和技能适应所从事工作的要求。

第十九条　会计人员应当熟悉财经法律、法规、规章和国家统一会计制度，并结合会计工作进行广泛宣传。

第二十条　会计人员应当按照会计法规、法规和国家统一会计制度规定的程序和要求进行会计工作，保证所提供的会计信息合法、真实、准确、及时、完整。

第二十一条　会计人员办理会计事务应当实事求是、客观公正。

第二十二条　会计人员应当熟悉本单位的生产经营和业务管理情况，运用掌握的会计信息和会计方法，为改善单位内部管理、提高经济效益服务。

第二十三条　会计人员应当保守本单位的商业秘密。除法律规定和单位领导人同意外，不能私自向外界提供或者泄露单位的会计信息。

☞ **练一练**

以下会计人员的行为不符合会计职业道德规范的是（　　）。

A. 甲在朋友聚会中谈到单位的会计账簿信息

B. 乙从单位账户转移款项，一周后归还，未影响单位使用

C. 丙向在银行的同学学习如何辨别真假货币

D. 丁在休息日报班学习财经相关法律

【答案】 AB

二、会计职业道德的功能与意义

（一）会计职业道德的功能

会计职业道德的功能包括指导功能、评价功能、教化功能。其中，评价功能包括褒扬功能和谴责功能。具体内容如图 5-1 所示。

指导功能	• 会计职业道德可以引导会计人员的职业行为，通过对会计行为动机设立要求的方式，使得会计人员树立正确的职业观念，选择更好地缓解或消除矛盾的会计道德行为，促进会计行业的规范化发展
评价功能	• 会计职业道德的内容和标准逐渐明确后，社会及个人会对会计人员的职业行为进行评价，进而对会计人员进行奖励或惩罚。通常社会舆论及相关奖惩机制会影响会计人员的道德观念的树立，有助于其职业道德责任感的培养、自我修养的提升及专业能力的提高。同时，这种评价功能也有利于抑恶扬善的社会环境的形成
教化功能	• 会计职业道德的教化功能体现为会计人员将道德内化为职业行为的自觉要求，在工作中自觉遵纪守法、抵制违法乱纪行为。会计职业道德的教化功能既引导会计人员履行会计职业道德原则及规范，又直接或间接推动社会道德水准的提高

图 5-1　会计职业道德的功能

（二）会计职业道德的意义

会计职业道德的意义包括：①会计职业道德是会计人员规范自我职业行为的内在要求；②会计职业道德是规范会计行为的基础性方式；③会计职业道德可以保障会计目标的实现；④会计职业道德可以会计法律制度进行补充。

☞ **练一练**

会计职业道德的作用有（　　）。

A. 实现会计目标的重要保证　　B. 规范会计行为的基础

C. 对会计法律制度的重要补充　　D. 提高会计人员职业素养的内在要求

【答案】ABCD

三、会计职业道德与会计法律制度的联系与区别

会计职业道德与会计法律制度的联系与区别如表 5-1 所示。

表 5-1　会计职业道德与会计法律制度的联系与区别

<table>
<tr><td rowspan="8">会计职业道德与会计法律制度</td><td rowspan="3">会计职业道德与会计法律制度的联系</td><td>1. 目的方面：根本相同
会计职业道德与会计法律制度均以维护会计工作秩序、保证社会再生产顺利进行为目的，是促进单位利益及国家利益更加稳定有序增长的方式</td></tr>
<tr><td>2. 内容方面：相互借鉴、吸收
通常情况下，会计法律制度禁止的行为属于会计职业道德批判的行为，会计法律制度要求的行为属于会计职业道德提倡的行为，会计法律制度做出的一般是会计职业道德的底线要求。会计职业道德与会计法律制度对于会计从业行为的规范内容具有重叠的部分，有些内容可以相互转化和吸收，而非仅在一个规范体制下做出要求</td></tr>
<tr><td>3. 作用方面：相互补充、促进
会计职业道德为会计法律制度的运行提供思想基础，让社会对相关法律制度的接受度提高，而会计法律制度也保障了会计职业道德规范形成。会计法律制度的强制功能与会计职业道德的评价功能共同规范会计人员的职业行为，两种制度通过不同方式共同作用于会计行为，以达到共同目的</td></tr>
<tr><td rowspan="5">会计职业道德与会计法律制度的区别</td><td>1. 性质不同
（1）会计法律制度是由国家制定、认可，由国家保证实施，反映统治阶级意志的行为规范体现。法的强制性是所有社会规范中最强的，所以会计法律制度具有强制性和他律性。
（2）会计职业道德主要由社会流行道德水平决定，依靠社会舆论及从业人员的自觉性实现，也就是说，会计职业道德具有非强制执行性和自律性</td></tr>
<tr><td>2. 调整范围不同
通常情况下，法律制度规定的是相关行为最低限度的要求，道德则对相关行为提出更高的、不仅限于客观表现的要求，而在会计行为规范中也体现了这一点。会计法律制度与会计职业道德相比处于会计行为规范要求的相对较低的层次，后者注重会计人员的外在行为和结果的合法性，前者还注重会计人员内在动机的纯洁性</td></tr>
<tr><td>3. 体现方式不同
（1）会计法律制度是明文规定出来的，由立法部门或行政管理部门制定的，以具体明确的文字体现，其制定与修改均需通过严格的程序，其文字应做到准确、简洁。
（2）会计职业道德产生于会计人员的职业生活与实践，其既有成文的规定，又有不成文的规范，其内容的扩充与改变受社会发展过程中人们的思想理念影响，不需经过特定程序，也没有特定的体现形式</td></tr>
<tr><td>4. 评价标准不同
（1）会计法律制度通过明文规定会计人员的权利和义务，并以此为标准来判定其行为是否合法，对违法人员做出相应法律责任承担的规定。
（2）会计职业道德通过社会舆论、道德教育、传统习俗和道德等方式确立，一般以善恶为标准来判定会计行为是否违背道德，但有时针对某一具体行为会计职业道德可能没有明确的、公认一致的评价标准</td></tr>
<tr><td>5. 保障实施机制不同
（1）会计法律制度由国家强制力保障实施，即违反相关法律规定的会计人员会承担相应的法律责任。例如，违反《中华人民共和国刑法》第一百六十二条规定：“隐匿或者故意销毁依法应当保存的会计凭证、会计账簿、财务会计报告，情节严重的，处五年以下有期徒刑或者拘役，并处或者单处二万元以上二十万元以下罚金。”
（2）会计职业道德依靠社会舆论对会计人员的压力及会计人员自身内心的秩序要求保障实现，只有在法律对会计职业道德的内容有明文规定且会计人员违反该规定的情况下，可以由国家强制力保障实施</td></tr>
</table>

任务二　会计职业道德规范的主要内容

☞ **想一想**

某公司会计李某的弟弟是一家私有企业总经理，李某擅自将自己所掌握的本公司新产品研发计划及相关会计资料复印件提供给其弟弟。孙某的上述行为违背了（　　）的会计职业道德。

A. 坚持准则　　B. 诚实守信　　C. 廉洁自律　　D. 爱岗敬业

【答案】BC

会计职业道德规范的主要内容如表 5-2 所示。各项内容的含义、要求有交叉重叠之处，但目的均为规范会计人员的职业行为。

表 5-2　会计职业道德规范的主要内容

主要内容	含义	要求	表现
敬业爱岗，廉洁自律	敬业爱岗：热爱本职工作并严肃对待自己的工作岗位，忠于职守。 廉洁自律：公私分明、不贪污受贿，依照相关标准或要求规范、约束自己的行为。 敬业爱岗是各行从业者职业道德的基本要求，是判断是否有职业道德的首要标志。廉洁自律是结合会计工作特点而产生的会计职业道德更加注重的内在要求，对于评判会计人员从业行为十分重要	(1) 热爱并敬重会计职业，树立会计职业荣誉感与自豪感。 (2) 安心本职岗位，勤勤恳恳，任劳任怨，无怨无悔。 (3) 认真负责，会计人员应当严肃对待浪费、违法开支等行为，把好关口。 (4) 忠于职守，尽职尽责。会计人员应当忠实于客户、社会公众和国家，尽自己所能履行好自己的职责。 (5) 学习先进的、正确的思想，会计人员应当树立正确的、科学的价值观，自觉抵制享乐主义、个人主义、拜金主义等错误观念。 (6) 遵纪守法，不贪污不受贿，保持清白，一身正气	(1) 敬业爱岗，廉洁自律的表现：①安心工作，任劳任怨，认真对待每项业务；②对不合法、不合理的业务支出严肃对待；③公私分明，不贪不占，思想高尚、纯洁。 (2) 不敬业爱岗，廉洁自律的表现：①无故缺勤，做事拖拉；②抱怨工作，怠于工作，每天想着如何改行；③认为会计工作琐碎，没有意义；④认为会计违纪现象普遍，偶尔贪污、受贿

续表

主要内容	含义	要求	表现
诚实守信，保守秘密	诚实守信：真诚待人、不讲假话、实实在在、表里如一、信守承诺、说话算数、讲信誉、有信用。 保守秘密：保守本单位的商业秘密，除法律规定和单位领导人同意外，不能私自向外界提供或者泄露单位的会计信息。 诚实守信是职业道德的根本表现，也是会计职业道德的精髓。诚实守信是保守秘密的前提，保守秘密是诚实守信的重要的表现，是会计人员必须履行的义务	(1) 做人做事真诚，不弄虚作假。会计人员应当言行一致、表里如一、敢说真话、能办实事、光明正大、不欺上瞒下。 (2) 实事求是，一是一，二是二，如实反映，不隐瞒、不说谎。 (3) 保守单位与客户的秘密，不被利益所惑，坚持信誉至上，以守信为荣，以失信为耻，维护职业的良好信誉，促进高尚德风的形成	(1) 符合诚实守信、保守秘密的表现：①言出必行，表里如一，实事求是；②不为利益所诱惑，不为权威所震慑，不为他人所左右，不因一己私利而歪曲事实、隐瞒真相；③对执行业务中所知道的商业秘密进行保密，除法律规定和单位领导人同意外不外泄。 (2) 违背诚实守信、保守秘密的表现：①对不同的人说不同的话，自相矛盾，弄虚作假；②未经许可，违法地将公司重要资料、秘密文件提供给他人
熟悉法规，依法办事	熟悉法规：熟悉财经法律、法规和国家统一会计制度，明确自己的职责。 依法办事：按照会计法律、法规、规章规定的程序和要求进行会计工作，保证所提供的会计信息合法、真实、准确、及时、完整。 熟悉法规是依法办事的前提，依法办事是熟悉法规的目的。法律与相关制度的规定是为了保证会计工作正常进行，经济管理达到一定目标的，所以熟悉法规、依法办事是会计从业人员必须履行的义务	(1) 熟悉、明确财经相关的法律规定与制度要求，如《会计法》《企业会计制度》《会计基础工作规范》《总会计师条例》《会计人员职权条例》等。 (2) 结合会计工作，通过自己的行为宣传财经法律、法规和国家统一会计制度。 (3) 执行业务过程中严格按照会计法律、法规、规章规定的程序和要求进行	(1) 遵守熟悉法规、依法办事的表现：①学习、掌握财经相关的法律规定，知道什么行为可以做什么行为不能做，明确自己职业过程中的义务与责任；②执行业务过程中严格遵守相关规定及要求，以实际行动履行应尽的义务，通过职责的履行宣传相关法律、法规和制度的规定。 (2) 不遵守熟悉法规、依法办事的表现：①不清楚法律的规定、制度的要求，不明确自己的义务与责任；②明知是违法行为还去做，抱着侥幸心理做违法犯罪的事

续表

主要内容	含义	要求	表现
坚持准则，客观公正	坚持准则：会计人员执行业务的时候按照准则办事，不被他人左右，不因威逼利诱而丧失准则。准则既包括会计准则，又包括会计法律、会计行政法规、国家统一的会计制度以及与会计工作相关的法律制度。 客观公正：反映事情的原本情况，不掺杂个人的主观倾向和感情色彩，不夸大事实也不隐瞒事实，公平正直，一视同仁，没有偏失。 坚持准则是客观公正的基础，客观公正是坚持准则的反映。这是会计从业人员应必备的品德，是会计职业道德规范的灵魂和追求的目标	(1) 熟悉准则、遵循准则、坚持准则。坚持准则的前提是要熟悉准则，依照准则办事。会计人员应明确准则内容，一言一行都符合准则要求。当有利益诱惑或权威胁迫时，能够保持清醒的头脑不为所动。会计人员要有主见、有准则，不盲目听从领导，对于领导要求做出正确判断，并敢于同违法行为做斗争，妥善处理相应情况。 (2) 独立思考、如实反映、实事求是、不偏不倚。会计人员在工作中需要有自己的独立思考，必须做到坚持原则，保持清白。对于事实情况如实阐述，不违背事实、夸大事实、隐瞒真相。在会计核算过程及审核最终结果方面充分表现客观公正，不偏私	(1) 遵守坚持准则、客观公正的表现：①自觉遵守会计准则，树立“制度大于天、人情薄如烟”的观念，照章办事，不唯情、不唯钱，只唯准则；②对业务对象一视同仁，不能因关系亲疏而异；③妥善处理领导要求，不做违法犯罪的事情。 (2) 违背坚持准则、客观公正的表现：①对领导言听计从，不分辨领导任务是否合法、合规；②串通他人损害国家、社会或第三人利益；③做假账、行贿、私设小金库等
提高技能，搞好服务	提高技能：会计人员应当通过学习、培训和实践，持续提高专业技能，掌握会计专业基础知识，具备知识更新能力、实践理论能力、组织协调能力、沟通交流能力等胜任工作需要具备的专业能力。 搞好服务：会计人员在对外工作交往和组织内部协调运作的过程中，应当注意人际关系的融洽程度，调整工作态度，树立服务意识，提高服务质量。 专业技能是会计人员从业的敲门砖，也是其他部分会计职业道德实现的基础与前提。搞好服务是对会计人员从事职业的概括性、更高层次的要求。提升专业技能是搞好服务低层次的要求，搞好服务是提升专业技能的终极性目标	(1) 有不断提高会计专业技能的意识、科学的学习方法和坚持不懈的毅力。“活到老，学到老”，尤其互联网时代各种知识技能更新很快，会计人员应当有不断学习的想法及努力学习的行动。 (2) 强化服务意识、提高服务质量。会计人员应当树立服务意识，调整自己的工作态度，在原则标准下尽量满足服务主体的需求，维护和提升会计职业的社会形象。 (3) 为改善单位内部管理、提高经济效益服务，会计人员应当熟悉本单位的生产经营和业务管理情况，运用掌握的会计信息和会计方法	(1) 遵守提高技能、搞好服务的表现：①参加会计人员继续教育；②参加注册会计师培训及考试；③学习与会计相关的计算机技术；④学习识别假钞技术。 (2) 违背提高技能、搞好服务的表现：①业务考核成绩差，账簿错误多；②无法完成工作任务或工作任务完成的差错很多；③不认真对待服务主体，服务态度消极、怠慢、骄横

任务三　会计职业道德教育

☞ **想一想**

在会计职业道德教育接受教育的形式中，（　　）在会计职业道德教育中具有基础性地位。

A. 会计职业道德的自我教育　　　　B. 会计继续教育中职业道德教育

C. 会计学历教育中的职业道德教育　　　　D. 获取会计从业资格中的职业道德教育

【答案】B

一、会计职业道德教育的概念

会计职业道德教育是指以促使会计人员正确履行会计职能为目的，系统、规范地将外在的会计职业道德要求转化为会计人员内在品质的有效途径。会计职业道德教育是针对会计人员进行的有系统、有组织、有计划的道德教育活动，是会计职业道德活动的一种重要形式，是会计工作管理机构部门对会计人员的一种外在要求。

二、会计职业道德教育的主要内容

会计职业道德教育的主要内容如表 5-3 所示。

表 5-3　会计职业道德教育的主要内容

会计职业道德教育	会计职业道德教育的主要内容	1. 观念教育 通过普及会计职业道德的基础知识来帮助会计人员树立会计职业道德观念，让会计人员执行业务过程中保持初心、坚持准则。这种职业道德的观念是展现在会计人员执行业务的每一步的，普及这种道德观念也是会计职业道德教育的重要环节
		2. 规范教育 以帮助会计人员明确会计工作的服务宗旨为目的，分析会计职业道德规范的主要内容（敬业爱岗，廉洁自律；诚实守信，保守秘密；熟悉法规，依法办事；坚持准则，客观公正；提高技能，搞好服务），贯穿于会计职业道德教育的整个过程
		3. 警示教育 通过分析违反会计职业道德行为、后果及相关案例，让会计人员有所启发，是警示具有腐朽思想的会计人员的一种途径。会计职业道德警示教育可以提高会计人员的独立思考能力、分辨是非能力，还可以激发会计人员自觉学习相关法律知识和制度要求
		4. 其他教育 除上述 3 种教育外，会计职业道德教育还包括品德教育、法制教育、形势教育等。通过教授思想品德、法律知识等不同的内容，提高会计人员的职业素养，调整会计人员的道德观念

续表

会计职业道德教育	会计职业道德教育的途径	1. 入职前职业道德教育 会计人员入职前进行的职业道德教育是会计学历教育的一部分。会计学历教育既包括专业知识的传授，还包括会计职业道德教育，让学生在具备会计专业知识和技能的同时，拥有高尚的思想品质和良好的道德情操。入职前的职业道德教育对于会计入门者来说十分重要，学生可以对于会计职业道德规范的主要内容进行系统性把握，树立正确的会计职业道德观念，提高学生判断是非的能力，防范道德风险，在日后的会计工作中保持正确的价值观与行为模式
		2. 入职后职业道德继续教育 会计人员入职后进行的职业道德教育是会计继续教育的一部分。会计继续教育是针对已经入职成为会计的人员进行的系统性、计划性的教育和培训模式，比会计学历教育更具有针对性，面对不同的受教育对象采取不同的教育形式。已进入会计职业的会计人员应当进行相关知识的巩固及更新，会计继续教育可以帮助会计人员更快、更好地到达此目的
	会计职业道德教育的形式	1. 外在形式：接受教育 会计职业道德教育的外在形式即接受教育，是指会计人员接受学校或培训机构对其进行的以职业责任、职业义务为主要内容的教育指导，进而对自己的职业行为进行调整和规范，所受教育是以维护国家和社会公众利益为目的的教育
		2. 内在形式：自我修养 会计职业道德教育的内在形式即自我修养，是指会计人员通过自我学习、自我锻炼、自我改造来提高自身修养的行为。自我修养可以将会计职业道德外在的要求逐步转变为会计人员职业道德内在的认识、判断标准、信念，从而实现会计职业道德的功能

☞ **想一想**

甲认为自己自学可以完全掌握会计职业道德的内容，不必进行会计职业道德教育。你对这种想法如何评价？

任务四　会计职业道德建设与实施

☞ **想一想**

下列表述中，属于单位负责人重视和加强会计职业道德建设内容的有（　　）。

A. 单位负责人要重视制度建设，完善内部约束机制，有效防范舞弊和经营风险

B. 单位负责人在任用会计人员时，应当审查其会计从业资格证书、职业记录和诚信档案

C. 单位负责人要带头遵纪守法，支持会计人员依法开展工作

D. 单位负责人应当重视开展会计人员道德和纪律教育，并加强检查，督促会计人员诚实守信、爱岗敬业

【答案】ABCD

一、政府部门推动

（一）通过形式多样的会计职业道德宣传活动，营造良好道德建设氛围

各级政府的财政部门对于营造本辖区内良好道德建设氛围负有责任，应当结合本地区的现实情况，制订切实可行的宣传计划，采取多种形式的宣传活动，把握住舆论的正确导向。会计职业道德的宣传过程也是一种教育过程，可以让社会大众了解会计职业及其要求，可以让社会大众参与到会计职业道德的监督中，可以增强会计人员的自觉性。

（二）通过会计从业资格证书注册登记管理，监管会计人员职业道德

《会计从业资格管理办法》对会计从业资格的取得和管理做出应符合职业道德的要求。政府的财政部门、业务主管部门及会计人员所在单位应当检查会计人员职业道德的情况，如有违反职业道德的会计人员，由所在单位进行处罚。会计从业资格管理机构应当对持证人员遵守会计职业道德、接受继续教育等情况进行监督。会计从业资格管理机构在实施监督检查时，持证人员应当如实提供有关情况和材料，有关单位应当予以配合。会计从业资格实行信息化管理，会计从业资格管理机构应当建立持证人员从业档案信息系统，及时记载、更新持证人员 因违反会计法律、法规、规章和会计职业道德被处罚情况。

（三）通过会计专业技术资格考评，检查会计人员职业道德

组织会计专业技术资格考试的管理机构，应检查参加报名的会计人员职业道德情况。如有不遵守会计职业道德记录的人员，应取消其报名资格。政府财政部门应加强对于报考人员职业道德情况的审核，尤其对于高管理层次的高级会计师资格考核，更应认真审核报考人员的考试资格中的遵守会计职业道德情况。

（四）通过依法行政，处罚违反会计法规定的人员

财政部门应当依法行政，对会计人员遵守职业道德规范的情况进行监督，对违反《会计法》及其他相关规定的会计人员进行处罚。对于情节严重的情形，会计人员还可能承担刑事责任。通常情况下，违反了会计职业道德规范的行为，不仅应受到法律制裁，还应受到道德谴责。

（五）通过会计人员表彰奖励制度，鼓励会计人员自觉遵守会计职业道德

奖惩制度是会计人员评价功能的体现之一，《会计法》第六条规定：“对认真执行本法，忠于职守，坚持原则，做出显著成绩的会计人员，给予精神的或者物质的奖励。”也就是说，不仅应惩戒违反会计职业道德的人员，还应表彰、奖励遵守遵守会计职业道德的先进的会计人员。有奖有惩可以更好地鼓励会计人员自觉遵守职业道德的要求。

☞ **法条链接**

《会计工作基础规范》第二十四条规定："财政部门、业务主管部门和各单位应当定期检查会计人员遵守职业道德的情况，并作为会计人员晋升、晋级、聘任专业职务、表彰奖励的重要考核依据。会计人员违反职业道德的，由所在单位进行处理。"

二、行业自律

（一）会计行业协会下建立会计职业道德委员会

为更好地加强会计行业的自律，可以学习国外约束会计人员的经验方法，通过会计职业组织下设的职业道德委员会，即会计学会、注册会计师协会、总会计师协会等会计行业组织下设的以职业道德相关事项为责的委员会，专门负责职业道德规范的制定、解释、修订、实施与监督。

（二）会计行业自身职业道德建设的途径

（1）结合会计职业的特点，制定并细化会计职业道德规范。

（2）举行相关讲座、培训，加强会员的职业自觉性。

（3）对会计职业道德典型人物进行表彰、奖励和宣传。

（4）对违背会计职业道德的会员进行警告与惩戒。

三、单位内部监督

（一）任用会计人员的要求

单位在任用会计人员前应考核其会计从业资格，一般具有会计从业资格的人员已经过政府部门的审核，单位可以进一步对其进行了解、考验。对未具有会计从业资格的人员不予任用。

在重要会计岗位的人员选任过程中，单位应审查待任用人员的从业档案信息和诚信记录，选择具有职业道德、业务素质高、专业能力强、无不良记录的人员。

（二）日常工作中的监督与教育

单位负责人在日常工作中，需要监督会计人员的职业行为，经常对会计人员进行道德和纪律方面的教育和叮嘱，促使会计人员时刻保持正确的职业观念，坚持原则、遵纪守法、诚实守信。

（三）单位内部控制制度的建设

目前单位内部的审计监督乏力或者内部控制制度因种种原因形同虚设，故建立、健全内部约束机制迫在眉睫。企事业单位应当注重内部控制制度的建设，这可以使会计人员在良好的职业环境中处理事务，有利于规避会计主动造假等违背职业道德的行为，防范财务事项舞弊和企业经营风险。

（四）相关负责人的模范作用

单位负责人应当发挥模范带头作用，为其管理的会计人员做表率，提升自身道德修养并要求会计人员遵守会计职业道德规范，坚持准则、合法合规地工作。

四、社会各界监督

除了政府部门、行业自身和企事业单位内部的监督管理，社会对于会计人员的执业行为也有监督的权利。社会舆论对于会计职业道德评价功能的实现十分重要，也体现出社会支持和监督对会计职业道德风尚形成的重要性。社会舆论的正确导向也需要依靠以新闻媒体为阵地的宣传机构的正确引导、宣传、教育，这种教育活动可以让社会各界了解会计职业道德的要求，以督促会计职业道德规范的落实。

☞ **练一练**

会计职业道德建设的组织与实施应依靠（　　）。

A. 社会舆论的监督　　B. 会计职业组织的行业自律

C. 财政部门的组织与推动　　D. 公安局的监督检查

【答案】 ABC

任务五　会计职业道德的检查与奖惩

☞ **想一想**

为加强会计职业道德建设，财政部门可以采取的措施有（　　）。

A. 开展会计职业道德宣传教育

B. 将会计职业道德建设与会计从业人员管理结合起来

C. 将会计职业道德的内容予以法律化

D. 组织开展《会计法》执法检查

【答案】 ABD

一、会计职业道德的检查与奖惩的意义

（1）会计职业道德的检查与奖惩，是会计职业道德评价功能的体现，可以监管并评价会计人员的执业行为。

（2）会计职业道德的检查与奖惩，是会计职业道德教育功能的体现，对符合会计职业道德规范的会计人员进行奖励，对违背会计职业道德规范的会计人员进行惩处，可以督促会计人员遵守职业道德规范。

（3）会计职业道德的检查与奖惩，是会计职业道德指导功能的体现，可以指导会计人

员的日常工作，同时有利于抑恶扬善的社会氛围的形成。

二、会计职业道德的检查与奖惩的机制

（一）政府部门的监管

政府部门对会计人员职业道德监管、奖惩的措施主要有以下几方面。

（1）财政部门在行政执法过程中结合会计职业道德规范的要求进行检查，执法检查的同时可与会计人员的奖惩制度相结合。

（2）会计从业资格行政管理部门在会计从业资格证书的注册登记和管理过程中，检查申请证书人员的会计职业道德情况。

（3）会计专业技术资格考试管理机构在会计专业技术资格考评、任用过程中，审核报考人员的会计职业道德情况。

（二）会计行业组织的自律管理

会计行业协会具有服务、监督、管理、协调等职责，对于会计行业的了解程度深，可以结合会计行业的特点发挥对会计行业自律管理方面的专业优势。会计行业协会通过制定和实施具体的会计行业道德要求，对会计人员的执业行为进行约束和管控，通过监管和奖惩会计人员，有效督促会计人员的工作合法合规，有利于良好的行业风气的形成及会计行业的健康发展。

（三）激励机制的建立

奖惩机制是激励机制的一种具体形式，赏罚结合可以激励会计人员在日常工作中时刻保持高尚的职业道德，不突破职业道德的底线。奖励符合会计职业道德规范的先进人物，惩处违反会计职业道德的人员，可以有效地对会计人员起到激励作用。激励机制的建立可以进行更加细化的规定，如根据违反会计职业道德的次数，惩处力度不同。

附录一

《企业财务通则》

企业财务通则

第一章　总　则

第一条　为了加强企业财务管理，规范企业财务行为，保护企业及其相关方的合法权益，推进现代企业制度建设，根据有关法律、行政法规的规定，制定本通则。

第二条　在中华人民共和国境内依法设立的具备法人资格的国有及国有控股企业适用本通则。金融企业除外。

其他企业参照执行。

第三条　国有及国有控股企业（以下简称企业）应当确定内部财务管理体制，建立健全财务管理制度，控制财务风险。

企业财务管理应当按照制定的财务战略，合理筹集资金，有效营运资产，控制成本费用，规范收益分配及重组清算财务行为，加强财务监督和财务信息管理。

第四条　财政部负责制定企业财务规章制度。

各级财政部门（以下通称主管财政机关）应当加强对企业财务的指导、管理、监督，其主要职责包括：

（一）监督执行企业财务规章制度，按照财务关系指导企业建立健全内部财务制度。

（二）制定促进企业改革发展的财政财务政策，建立健全支持企业发展的财政资金管理制度。

（三）建立健全企业年度财务会计报告审计制度，检查企业财务会计报告质量。

（四）实施企业财务评价，监测企业财务运行状况。

（五）研究、拟订企业国有资本收益分配和国有资本经营预算的制度。

（六）参与审核属于本级人民政府及其有关部门、机构出资的企业重要改革、改制方案。

（七）根据企业财务管理的需要提供必要的帮助、服务。

第五条　各级人民政府及其部门、机构，企业法人、其他组织或者自然人等企业投资者（以下通称投资者），企业经理、厂长或者实际负责经营管理的其他领导成员（以下通称经营者），依照法律、法规、本通则和企业章程的规定，履行企业内部财务管理职责。

第六条　企业应当依法纳税。企业财务处理与税收法律、行政法规规定不一致的，纳税时应当依法进行调整。

第七条　各级人民政府及其部门、机构出资的企业，其财务关系隶属同级财政机关。

第二章　企业财务管理体制

第八条　企业实行资本权属清晰、财务关系明确、符合法人治理结构要求的财务管理体制。

企业应当按照国家有关规定建立有效的内部财务管理级次。企业集团公司自行决定集团内部财务管理体制。

第九条　企业应当建立财务决策制度，明确决策规则、程序、权限和责任等。法律、行政法规规定应当通过职工（代表）大会审议或者听取职工、相关组织意见的财务事项，依照其规定执行。

企业应当建立财务决策回避制度。对投资者、经营者个人与企业利益有冲突的财务决策事项，相关投资者、经营者应当回避。

第十条　企业应当建立财务风险管理制度，明确经营者、投资者及其他相关人员的管理权限和责任，按照风险与收益均衡、不相容职务分离等原则，控制财务风险。

第十一条　企业应当建立财务预算管理制度，以现金流为核心，按照实现企业价值最大化等财务目标的要求，对资金筹集、资产营运、成本控制、收益分配、重组清算等财务活动，实施全面预算管理。

第十二条　投资者的财务管理职责主要包括：

（一）审议批准企业内部财务管理制度、企业财务战略、财务规划和财务预算。

（二）决定企业的筹资、投资、担保、捐赠、重组、经营者报酬、利润分配等重大财务事项。

（三）决定企业聘请或者解聘会计师事务所、资产评估机构等中介机构事项。

（四）对经营者实施财务监督和财务考核。

（五）按照规定向全资或者控股企业委派或者推荐财务总监。

投资者应当通过股东（大）会、董事会或者其他形式的内部机构履行财务管理职责，可以通过企业章程、内部制度、合同约定等方式将部分财务管理职责授予经营者。

第十三条　经营者的财务管理职责主要包括：

（一）拟订企业内部财务管理制度、财务战略、财务规划，编制财务预算。

（二）组织实施企业筹资、投资、担保、捐赠、重组和利润分配等财务方案，诚信履行企业偿债义务。

（三）执行国家有关职工劳动报酬和劳动保护的规定，依法缴纳社会保险费、住房公积金等，保障职工合法权益。

（四）组织财务预测和财务分析，实施财务控制。

（五）编制并提供企业财务会计报告，如实反映财务信息和有关情况。

（六）配合有关机构依法进行审计、评估、财务监督等工作。

第三章 资金筹集

第十四条 企业可以接受投资者以货币资金、实物、无形资产、股权、特定债权等形式的出资。其中，特定债权是指企业依法发行的可转换债券、符合有关规定转作股权的债权等。

企业接受投资者非货币资产出资时，法律、行政法规对出资形式、程序和评估作价等有规定的，依照其规定执行。

企业接受投资者商标权、著作权、专利权及其他专有技术等无形资产出资的，应当符合法律、行政法规规定的比例。

第十五条 企业依法以吸收直接投资、发行股份等方式筹集权益资金的，应当拟订筹资方案，确定筹资规模，履行内部决策程序和必要的报批手续，控制筹资成本。

企业筹集的实收资本，应当依法委托法定验资机构验资并出具验资报告。

第十六条 企业应当执行国家有关资本管理制度，在获准工商登记后 30 日内，依据验资报告等向投资者出具出资证明书，确定投资者的合法权益。

企业筹集的实收资本，在持续经营期间可以由投资者依照法律、行政法规以及企业章程的规定转让或者减少，投资者不得抽逃或者变相抽回出资。

除《公司法》等有关法律、行政法规另有规定外，企业不得回购本企业发行的股份。企业依法回购股份，应当符合有关条件和财务处理办法，并经投资者决议。

第十七条 对投资者实际缴付的出资超出注册资本的差额（包括股票溢价），企业应当作为资本公积管理。

经投资者审议决定后，资本公积用于转增资本。国家另有规定的，从其规定。

第十八条 企业从税后利润中提取的盈余公积包括法定公积金和任意公积金，可以用于弥补企业亏损或者转增资本。法定公积金转增资本后留存企业的部分，以不少于转增前注册资本的 25% 为限。

第十九条 企业增加实收资本或者以资本公积、盈余公积转增实收资本，由投资者履行财务决策程序后，办理相关财务事项和工商变更登记。

第二十条 企业取得的各类财政资金，区分以下情况处理：

（一）属于国家直接投资、资本注入的，按照国家有关规定增加国家资本或者国有资本公积。

（二）属于投资补助的，增加资本公积或者实收资本。国家拨款时对权属有规定的，按规定执行；没有规定的，由全体投资者共同享有。

（三）属于贷款贴息、专项经费补助的，作为企业收益处理。

（四）属于政府转贷、偿还性资助的，作为企业负债管理。

（五）属于弥补亏损、救助损失或者其他用途的，作为企业收益处理。

第二十一条 企业依法以借款、发行债券、融资租赁等方式筹集债务资金的，应当明确筹资目的，根据资金成本、债务风险和合理的资金需求，进行必要的资本结构决策，并签订书面合同。

企业筹集资金用于固定资产投资项目的，应当遵守国家产业政策、行业规划、自有资本比例及其他规定。

企业筹集资金，应当按规定核算和使用，并诚信履行合同，依法接受监督。

第四章　资产营运

第二十二条　企业应当根据风险与收益均衡等原则和经营需要，确定合理的资产结构，并实施资产结构动态管理。

第二十三条　企业应当建立内部资金调度控制制度，明确资金调度的条件、权限和程序，统一筹集、使用和管理资金。企业支付、调度资金，应当按照内部财务管理制度的规定，依据有效合同、合法凭证，办理相关手续。

企业向境外支付、调度资金应当符合国家有关外汇管理的规定。

企业集团可以实行内部资金集中统一管理，但应当符合国家有关金融管理等法律、行政法规规定，并不得损害成员企业的利益。

第二十四条　企业应当建立合同的财务审核制度，明确业务流程和审批权限，实行财务监控。

企业应当加强应收款项的管理，评估客户信用风险，跟踪客户履约情况，落实收账责任，减少坏账损失。

第二十五条　企业应当建立健全存货管理制度，规范存货采购审批、执行程序，根据合同的约定以及内部审批制度支付货款。

企业选择供货商以及实施大宗采购，可以采取招标等方式进行。

第二十六条　企业应当建立固定资产购建、使用、处置制度。

企业自行选择、确定固定资产折旧办法，可以征询中介机构、有关专家的意见，并由投资者审议批准。固定资产折旧办法一经选用，不得随意变更。确需变更的，应当说明理由，经投资者审议批准。

企业购建重要的固定资产、进行重大技术改造，应当经过可行性研究，按照内部审批制度履行财务决策程序，落实决策和执行责任。

企业在建工程项目交付使用后，应当在一个年度内办理竣工决算。

第二十七条　企业对外投资应当遵守法律、行政法规和国家有关政策的规定，符合企业发展战略的要求，进行可行性研究，按照内部审批制度履行批准程序，落实决策和执行的责任。

企业对外投资应当签订书面合同，明确企业投资权益，实施财务监管。依据合同支付投资款项，应当按照企业内部审批制度执行。

企业向境外投资的，还应当经投资者审议批准，并遵守国家境外投资项目核准和外汇管理等相关规定。

第二十八条　企业通过自创、购买、接受投资等方式取得的无形资产，应当依法明确权属，落实有关经营、管理的财务责任。

无形资产出现转让、租赁、质押、授权经营、连锁经营、对外投资等情形时，企业应当签订书面合同，明确双方的权利义务，合理确定交易价格。

第二十九条　企业对外担保应当符合法律、行政法规及有关规定，根据被担保单位的资信及偿债能力，按照内部审批制度采取相应的风险控制措施，并设立备查账簿登记，实行跟踪监督。

企业对外捐赠应当符合法律、行政法规及有关财务规定，制定实施方案，明确捐赠的范围和条件，落实执行责任，严格办理捐赠资产的交接手续。

第三十条 企业从事期货、期权、证券、外汇交易等业务或者委托其他机构理财，不得影响主营业务的正常开展，并应当签订书面合同，建立交易报告制度，定期对账，控制风险。

第三十一条 企业从事代理业务，应当严格履行合同，实行代理业务与自营业务分账管理，不得挪用客户资金、互相转嫁经营风险。

第三十二条 企业应当建立各项资产损失或者减值准备管理制度。各项资产损失或者减值准备的计提标准，一经选用，不得随意变更。企业在制订计提标准时可以征询中介机构、有关专家的意见。

对计提损失或者减值准备后的资产，企业应当落实监管责任。能够收回或者继续使用以及没有证据证明实际损失的资产，不得核销。

第三十三条 企业发生的资产损失，应当及时予以核实、查清责任，追偿损失，按照规定程序处理。

企业重组中清查出的资产损失，经批准后依次冲减未分配利润、盈余公积、资本公积和实收资本。

第三十四条 企业以出售、抵押、置换、报废等方式处理资产时，应当按照国家有关规定和企业内部财务管理制度规定的权限和程序进行。其中，处理主要固定资产涉及企业经营业务调整或者资产重组的，应当根据投资者审议通过的业务调整或者资产重组方案实施。

第三十五条 企业发生关联交易的，应当遵守国家有关规定，按照独立企业之间的交易计价结算。投资者或者经营者不得利用关联交易非法转移企业经济利益或者操纵关联企业的利润。

第五章 成本控制

第三十六条 企业应当建立成本控制系统，强化成本预算约束，推行质量成本控制办法，实行成本定额管理、全员管理和全过程控制。

第三十七条 企业实行费用归口、分级管理和预算控制，应当建立必要的费用开支范围、标准和报销审批制度。

第三十八条 企业技术研发和科技成果转化项目所需经费，可以通过建立研发准备金筹措，据实列入相关资产成本或者当期费用。

符合国家规定条件的企业集团，可以集中使用研发费用，用于企业主导产品和核心技术的自主研发。

第三十九条 企业依法实施安全生产、清洁生产、污染治理、地质灾害防治、生态恢复和环境保护等所需经费，按照国家有关标准列入相关资产成本或者当期费用。

第四十条 企业发生销售折扣、折让以及支付必要的佣金、回扣、手续费、劳务费、提成、返利、进场费、业务奖励等支出的，应当签订相关合同，履行内部审批手续。

企业开展进出口业务收取或者支付的佣金、保险费、运费，按照合同规定的价格条件处理。

企业向个人以及非经营单位支付费用的，应当严格履行内部审批及支付的手续。

第四十一条 企业可以根据法律、法规和国家有关规定，对经营者和核心技术人员实行与其他职工不同的薪酬办法，属于本级人民政府及其部门、机构出资的企业，应当将薪酬办法报主管财政机关备案。

第四十二条　企业应当按照劳动合同及国家有关规定支付职工报酬，并为从事高危作业的职工缴纳团体人身意外伤害保险费，所需费用直接作为成本（费用）列支。

经营者可以在工资计划中安排一定数额，对企业技术研发、降低能源消耗、治理“三废”、促进安全生产、开拓市场等作出突出贡献的职工给予奖励。

第四十三条　企业应当依法为职工支付基本医疗、基本养老、失业、工伤等社会保险费，所需费用直接作为成本（费用）列支。

已参加基本医疗、基本养老保险的企业，具有持续盈利能力和支付能力的，可以为职工建立补充医疗保险和补充养老保险，所需费用按照省级以上人民政府规定的比例从成本（费用）中提取。超出规定比例的部分，由职工个人负担。

第四十四条　企业为职工缴纳住房公积金以及职工住房货币化分配的财务处理，按照国家有关规定执行。

职工教育经费按照国家规定的比例提取，专项用于企业职工后续职业教育和职业培训。

工会经费按照国家规定比例提取并拨缴工会。

第四十五条　企业应当依法缴纳行政事业性收费、政府性基金以及使用或者占用国有资源的费用等。

企业对没有法律法规依据或者超过法律法规规定范围和标准的各种摊派、收费、集资，有权拒绝。

第四十六条　企业不得承担属于个人的下列支出：

（一）娱乐、健身、旅游、招待、购物、馈赠等支出。

（二）购买商业保险、证券、股权、收藏品等支出。

（三）个人行为导致的罚款、赔偿等支出。

（四）购买住房、支付物业管理费等支出。

（五）应由个人承担的其他支出。

第六章　收益分配

第四十七条　投资者、经营者及其他职工履行本企业职务或者以企业名义开展业务所得的收入，包括销售收入以及对方给予的销售折扣、折让、佣金、回扣、手续费、劳务费、提成、返利、进场费、业务奖励等收入，全部属于企业。

企业应当建立销售价格管理制度，明确产品或者劳务的定价和销售价格调整的权限、程序与方法，根据预期收益、资金周转、市场竞争、法律规范约束等要求，采取相应的价格策略，防范销售风险。

第四十八条　企业出售股权投资，应当按照规定的程序和方式进行。股权投资出售底价，参照资产评估结果确定，并按照合同约定收取所得价款。在履行交割时，对尚未收款部分的股权投资，应当按照合同的约定结算，取得受让方提供的有效担保。

上市公司国有股减持所得收益，按照国务院的规定处理。

第四十九条　企业发生的年度经营亏损，依照税法的规定弥补。税法规定年限内的税前利润不足弥补的，用以后年度的税后利润弥补，或者经投资者审议后用盈余公积弥补。

第五十条　企业年度净利润，除法律、行政法规另有规定外，按照以下顺序分配：

（一）弥补以前年度亏损。

（二）提取10%法定公积金。法定公积金累计额达到注册资本50%以后，可以不再提取。

（三）提取任意公积金。任意公积金提取比例由投资者决议。

（四）向投资者分配利润。企业以前年度未分配的利润，并入本年度利润，在充分考虑现金流量状况后，向投资者分配。属于各级人民政府及其部门、机构出资的企业，应当将应付国有利润上缴财政。

国有企业可以将任意公积金与法定公积金合并提取。股份有限公司依法回购后暂未转让或者注销的股份，不得参与利润分配；以回购股份对经营者及其他职工实施股权激励的，在拟订利润分配方案时，应当预留回购股份所需利润。

第五十一条　企业弥补以前年度亏损和提取盈余公积后，当年没有可供分配的利润时，不得向投资者分配利润，但法律、行政法规另有规定的除外。

第五十二条　企业经营者和其他职工以管理、技术等要素参与企业收益分配的，应当按照国家有关规定在企业章程或者有关合同中对分配办法作出规定，并区别以下情况处理：

（一）取得企业股权的，与其他投资者一同进行企业利润分配。

（二）没有取得企业股权的，在相关业务实现的利润限额和分配标准内，从当期费用中列支。

第七章　重组清算

第五十三条　企业通过改制、产权转让、合并、分立、托管等方式实施重组，对涉及资本权益的事项，应当由投资者或者授权机构进行可行性研究，履行内部财务决策程序，并组织开展以下工作：

（一）清查财产，核实债务，委托会计师事务所审计。

（二）制订职工安置方案，听取重组企业的职工、职工代表大会的意见或者提交职工代表大会审议。

（三）与债权人协商，制订债务处置或者承继方案。

（四）委托评估机构进行资产评估，并以评估价值作为净资产作价或者折股的参考依据。

（五）拟订股权设置方案和资本重组实施方案，经过审议后履行报批手续。

第五十四条　企业采取分立方式进行重组，应当明晰分立后的企业产权关系。

企业划分各项资产、债务以及经营业务，应当按照业务相关性或者资产相关性原则制订分割方案。对不能分割的整体资产，在评估机构评估价值的基础上，经分立各方协商，由拥有整体资产的一方给予他方适当经济补偿。

第五十五条　企业可以采取新设或者吸收方式进行合并重组。企业合并前的各项资产、债务以及经营业务，由合并后的企业承继，并应当明确合并后企业的产权关系以及各投资者的出资比例。

企业合并的资产税收处理应当符合国家有关税法的规定，合并后净资产超出注册资本的部分，作为资本公积；少于注册资本的部分，应当变更注册资本或者由投资者补足出资。

对资不抵债的企业以承担债务方式合并的，合并方应当制定企业重整措施，按照合并方案履行偿还债务责任，整合财务资源。

第五十六条　企业实行托管经营，应当由投资者决定，并签订托管协议，明确托管经营的资产负债状况、托管经营目标、托管资产处置权限以及收益分配办法等，并落实财务监管

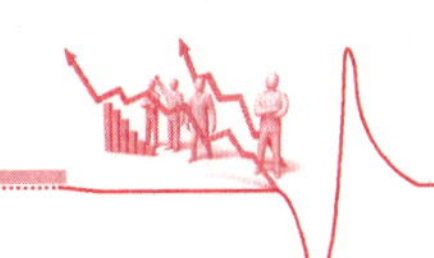

措施。

受托企业应当根据托管协议制订相关方案，重组托管企业的资产与债务。未经托管企业投资者同意，不得改组、改制托管企业，不得转让托管企业及转移托管资产、经营业务，不得以托管企业名义或者以托管资产对外担保。

第五十七条　企业进行重组时，对已占用的国有划拨土地应当按照有关规定进行评估，履行相关手续，并区别以下情况处理：

（一）继续采取划拨方式的，可以不纳入企业资产管理，但企业应当明确划拨土地使用权权益，并按规定用途使用，设立备查账簿登记。国家另有规定的除外。

（二）采取作价入股方式的，将应缴纳的土地出让金转作国家资本，形成的国有股权由企业重组前的国有资本持有单位或者主管财政机关确认的单位持有。

（三）采取出让方式的，由企业购买土地使用权，支付出让费用。

（四）采取租赁方式的，由企业租赁使用，租金水平参照银行同期贷款利率确定，并在租赁合同中约定。

企业进行重组时，对已占用的水域、探矿权、采矿权、特许经营权等国有资源，依法可以转让的，比照前款处理。

第五十八条　企业重组过程中，对拖欠职工的工资和医疗、伤残补助、抚恤费用以及欠缴的基本社会保险费、住房公积金，应当以企业现有资产优先清偿。

第五十九条　企业被责令关闭、依法破产、经营期限届满而终止经营的，或者经投资者决议解散的，应当按照法律、法规和企业章程的规定实施清算。清算财产变卖底价，参照资产评估结果确定。国家另有规定的，从其规定。

企业清算结束，应当编制清算报告，委托会计师事务所审计，报投资者或者人民法院确认后，向相关部门、债权人以及其他的利益相关人通告。其中，属于各级人民政府及其部门、机构出资的企业，其清算报告应当报送主管财政机关。

第六十条　企业解除职工劳动关系，按照国家有关规定支付的经济补偿金或者安置费，除正常经营期间发生的列入当期费用以外，应当区别以下情况处理：

（一）企业重组中发生的，依次从未分配利润、盈余公积、资本公积、实收资本中支付。

（二）企业清算时发生的，以企业扣除清算费用后的清算财产优先清偿。

第八章　信息管理

第六十一条　企业可以结合经营特点，优化业务流程，建立财务和业务一体化的信息处理系统，逐步实现财务、业务相关信息一次性处理和实时共享。

第六十二条　企业应当逐步创造条件，实行统筹企业资源计划，全面整合和规范财务、业务流程，对企业物流、资金流、信息流进行一体化管理和集成运作。

第六十三条　企业应当建立财务预警机制，自行确定财务危机警戒标准，重点监测经营性净现金流量与到期债务、企业资产与负债的适配性，及时沟通企业有关财务危机预警的信息，提出解决财务危机的措施和方案。

第六十四条　企业应当按照有关法律、行政法规和国家统一的会计制度的规定，按时编制财务会计报告，经营者或者投资者不得拖延、阻挠。

第六十五条　企业应当按照规定向主管财政机关报送月份、季度、年度财务会计报告等材料，不得在报送的财务会计报告等材料上作虚假记载或者隐瞒重要事实。主管财政机关应当根据企业的需要提供必要的培训和技术支持。

企业对外提供的年度财务会计报告，应当依法经过会计师事务所审计。国家另有规定的，从其规定。

第六十六条 企业应当在年度内定期向职工公开以下信息：

（一）职工劳动报酬、养老、医疗、工伤、住房、培训、休假等信息。

（二）经营者报酬实施方案。

（三）年度财务会计报告审计情况。

（四）企业重组涉及的资产评估及处置情况。

（五）其他依法应当公开的信息。

第六十七条 主管财政机关应当建立健全企业财务评价体系，主要评估企业内部财务控制的有效性，评价企业的偿债能力、盈利能力、资产营运能力、发展能力和社会贡献。评估和评价的结果可以通过适当方式向社会发布。

第六十八条 主管财政机关及其工作人员应当恰当使用所掌握的企业财务信息，并依法履行保密义务，不得利用企业的财务信息谋取私利或者损害企业利益。

第九章 财务监督

第六十九条 企业应当依法接受主管财政机关的财务监督和国家审计机关的财务审计。

第七十条 经营者在经营过程中违反本通则有关规定的，投资者可以依法追究经营者的责任。

第七十一条 企业应当建立、健全内部财务监督制度。

企业设立监事会或者监事人员的，监事会或者监事人员依照法律、行政法规、本通则和企业章程的规定，履行企业内部财务监督职责。

经营者应当实施内部财务控制，配合投资者或者企业监事会以及中介机构的检查、审计工作。

第七十二条 企业和企业负有直接责任的主管人员和其他人员有以下行为之一的，县级以上主管财政机关可以责令限期改正、予以警告，有违法所得的，没收违法所得，并可以处以不超过违法所得 3 倍、但最高不超过 3 万元的罚款；没有违法所得的，可以处以 1 万元以下的罚款。

（一）违反本通则第三十九条、四十条、四十二条第一款、四十三条、四十六条规定列支成本费用的。

（二）违反本通则第四十七条第一款规定截留、隐瞒、侵占企业收入的。

（三）违反本通则第五十条、五十一条、五十二条规定进行利润分配的。但依照《公司法》设立的企业不按本通则第五十条第一款第二项规定提取法定公积金的，依照《公司法》的规定予以处罚。

（四）违反本通则第五十七条规定处理国有资源的。

（五）不按本通则第五十八条规定清偿职工债务的。

第七十三条 企业和企业负有直接责任的主管人员和其他人员有以下行为之一的，县级以上主管财政机关可以责令限期改正、予以警告。

（一）未按本通则规定建立健全各项内部财务管理制度的。

（二）内部财务管理制度明显与法律、行政法规和通用的企业财务规章制度相抵触，且不按主管财政机关要求修正的。

第七十四条　企业和企业负有直接责任的主管人员和其他人员不按本通则第六十四条、第六十五条规定编制、报送财务会计报告等材料的，县级以上主管财政机关可以依照《公司法》、《企业财务会计报告条例》的规定予以处罚。

第七十五条　企业在财务活动中违反财政、税收等法律、行政法规的，依照《财政违法行为处罚处分条例》（国务院令第 427 号）及有关税收法律、行政法规的规定予以处理、处罚。

第七十六条　主管财政机关以及政府其他部门、机构有关工作人员，在企业财务管理中滥用职权、玩忽职守、徇私舞弊或者泄露国家机密、企业商业秘密的，依法进行处理。

第十章　附　则

第七十七条　实行企业化管理的事业单位比照适用本通则。

第七十八条　本通则自 2007 年 1 月 1 日起施行。

附录二

《企业会计准则》

企业会计准则——基本准则

（2006 年 2 月 15 日财政部令第 33 号公布，自 2007 年 1 月 1 日起施行。2014 年 7 月 23 日根据《财政部关于修改〈企业会计准则——基本准则〉的决定》修改）

第一章　总　则

第一条　为了规范企业会计确认、计量和报告行为，保证会计信息质量，根据《中华人民共和国会计法》和其他有关法律、行政法规，制定本准则。

第二条　本准则适用于在中华人民共和国境内设立的企业（包括公司，下同）。

第三条　企业会计准则包括基本准则和具体准则，具体准则的制定应当遵循本准则。

第四条　企业应当编制财务会计报告（又称财务报告，下同）。财务会计报告的目标是向财务会计报告使用者提供与企业财务状况、经营成果和现金流量等有关的会计信息，反映企业管理层受托责任履行情况，有助于财务会计报告使用者作出经济决策。

财务会计报告使用者包括投资者、债权人、政府及其有关部门和社会公众等。

第五条　企业应当对其本身发生的交易或者事项进行会计确认、计量和报告。

第六条　企业会计确认、计量和报告应当以持续经营为前提。

第七条　企业应当划分会计期间，分期结算账目和编制财务会计报告。

会计期间分为年度和中期。中期是指短于一个完整的会计年度的报告期间。

第八条　企业会计应当以货币计量。

第九条　企业应当以权责发生制为基础进行会计确认、计量和报告。

第十条　企业应当按照交易或者事项的经济特征确定会计要素。会计要素包括资产、负债、所有者权益、收入、费用和利润。

第十一条　企业应当采用借贷记账法记账。

第二章　会计信息质量要求

第十二条　企业应当以实际发生的交易或者事项为依据进行会计确认、计量和报告，如

实反映符合确认和计量要求的各项会计要素及其他相关信息，保证会计信息真实可靠、内容完整。

第十三条　企业提供的会计信息应当与财务会计报告使用者的经济决策需要相关，有助于财务会计报告使用者对企业过去、现在或者未来的情况作出评价或者预测。

第十四条　企业提供的会计信息应当清晰明了，便于财务会计报告使用者理解和使用。

第十五条　企业提供的会计信息应当具有可比性。

同一企业不同时期发生的相同或者相似的交易或者事项，应当采用一致的会计政策，不得随意变更。确需变更的，应当在附注中说明。

不同企业发生的相同或者相似的交易或者事项，应当采用规定的会计政策，确保会计信息口径一致、相互可比。

第十六条　企业应当按照交易或者事项的经济实质进行会计确认、计量和报告，不应仅以交易或者事项的法律形式为依据。

第十七条　企业提供的会计信息应当反映与企业财务状况、经营成果和现金流量等有关的所有重要交易或者事项。

第十八条　企业对交易或者事项进行会计确认、计量和报告应当保持应有的谨慎，不应高估资产或者收益、低估负债或者费用。

第十九条　企业对于已经发生的交易或者事项，应当及时进行会计确认、计量和报告，不得提前或者延后。

第三章　资　产

第二十条　资产是指企业过去的交易或者事项形成的、由企业拥有或者控制的、预期会给企业带来经济利益的资源。

前款所指的企业过去的交易或者事项包括购买、生产、建造行为或其他交易或者事项。预期在未来发生的交易或者事项不形成资产。

由企业拥有或者控制，是指企业享有某项资源的所有权，或者虽然不享有某项资源的所有权，但该资源能被企业所控制。

预期会给企业带来经济利益，是指直接或者间接导致现金和现金等价物流入企业的潜力。

第二十一条　符合本准则第二十条规定的资产定义的资源，在同时满足以下条件时，确认为资产：

（一）与该资源有关的经济利益很可能流入企业；

（二）该资源的成本或者价值能够可靠地计量。

第二十二条　符合资产定义和资产确认条件的项目，应当列入资产负债表；符合资产定义、但不符合资产确认条件的项目，不应当列入资产负债表。

第四章　负　债

第二十三条　负债是指企业过去的交易或者事项形成的、预期会导致经济利益流出企业的现时义务。

现时义务是指企业在现行条件下已承担的义务。未来发生的交易或者事项形成的义务，不属于现时义务，不应当确认为负债。

第二十四条　符合本准则第二十三条规定的负债定义的义务，在同时满足以下条件时，确认为负债：

（一）与该义务有关的经济利益很可能流出企业；

（二）未来流出的经济利益的金额能够可靠地计量。

第二十五条　符合负债定义和负债确认条件的项目，应当列入资产负债表；符合负债定义、但不符合负债确认条件的项目，不应当列入资产负债表。

第五章　所有者权益

第二十六条　所有者权益是指企业资产扣除负债后由所有者享有的剩余权益。

公司的所有者权益又称为股东权益。

第二十七条　所有者权益的来源包括所有者投入的资本、直接计入所有者权益的利得和损失、留存收益等。

直接计入所有者权益的利得和损失，是指不应计入当期损益、会导致所有者权益发生增减变动的、与所有者投入资本或者向所有者分配利润无关的利得或者损失。

利得是指由企业非日常活动所形成的、会导致所有者权益增加的、与所有者投入资本无关的经济利益的流入。

损失是指由企业非日常活动所发生的、会导致所有者权益减少的、与向所有者分配利润无关的经济利益的流出。

第二十八条　所有者权益金额取决于资产和负债的计量。

第二十九条　所有者权益项目应当列入资产负债表。

第六章　收　入

第三十条　收入是指企业在日常活动中形成的、会导致所有者权益增加的、与所有者投入资本无关的经济利益的总流入。

第三十一条　收入只有在经济利益很可能流入从而导致企业资产增加或者负债减少、且经济利益的流入额能够可靠计量时才能予以确认。

第三十二条　符合收入定义和收入确认条件的项目，应当列入利润表。

第七章　费　用

第三十三条　费用是指企业在日常活动中发生的、会导致所有者权益减少的、与向所有者分配利润无关的经济利益的总流出。

第三十四条　费用只有在经济利益很可能流出从而导致企业资产减少或者负债增加、且经济利益的流出额能够可靠计量时才能予以确认。

第三十五条　企业为生产产品、提供劳务等发生的可归属于产品成本、劳务成本等的费用，应当在确认产品销售收入、劳务收入等时，将已销售产品、已提供劳务的成本等计入当期损益。

企业发生的支出不产生经济利益的，或者即使能够产生经济利益但不符合或者不再符合资产确认条件的，应当在发生时确认为费用，计入当期损益。

企业发生的交易或者事项导致其承担了一项负债而又不确认为一项资产的，应当在发生时确认为费用，计入当期损益。

第三十六条　符合费用定义和费用确认条件的项目，应当列入利润表。

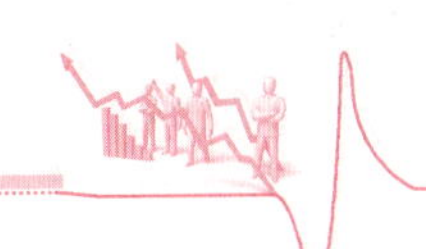

第八章　利　润

第三十七条　利润是指企业在一定会计期间的经营成果。利润包括收入减去费用后的净额、直接计入当期利润的利得和损失等。

第三十八条　直接计入当期利润的利得和损失，是指应当计入当期损益、会导致所有者权益发生增减变动的、与所有者投入资本或者向所有者分配利润无关的利得或者损失。

第三十九条　利润金额取决于收入和费用、直接计入当期利润的利得和损失金额的计量。

第四十条　利润项目应当列入利润表。

第九章　会计计量

第四十一条　企业在将符合确认条件的会计要素登记入账并列报于会计报表及其附注（又称财务报表，下同）时，应当按照规定的会计计量属性进行计量，确定其金额。

第四十二条　会计计量属性主要包括：

（一）历史成本。在历史成本计量下，资产按照购置时支付的现金或者现金等价物的金额，或者按照购置资产时所付出的对价的公允价值计量。负债按照因承担现时义务而实际收到的款项或者资产的金额，或者承担现时义务的合同金额，或者按照日常活动中为偿还负债预期需要支付的现金或者现金等价物的金额计量。

（二）重置成本。在重置成本计量下，资产按照现在购买相同或者相似资产所需支付的现金或者现金等价物的金额计量。负债按照现在偿付该项债务所需支付的现金或者现金等价物的金额计量。

（三）可变现净值。在可变现净值计量下，资产按照其正常对外销售所能收到现金或者现金等价物的金额扣减该资产至完工时估计将要发生的成本、估计的销售费用以及相关税费后的金额计量。

（四）现值。在现值计量下，资产按照预计从其持续使用和最终处置中所产生的未来净现金流入量的折现金额计量。负债按照预计期限内需要偿还的未来净现金流出量的折现金额计量。

（五）公允价值。在公允价值计量下，资产和负债按照市场参与者在计量日发生的有序交易中，出售资产所能收到或者转移负债所需支付的价格计量。

第四十三条　企业在对会计要素进行计量时，一般应当采用历史成本，采用重置成本、可变现净值、现值、公允价值计量的，应当保证所确定的会计要素金额能够取得并可靠计量。

第十章　财务会计报告

第四十四条　财务会计报告是指企业对外提供的反映企业某一特定日期的财务状况和某一会计期间的经营成果、现金流量等会计信息的文件。

财务会计报告包括会计报表及其附注和其他应当在财务会计报告中披露的相关信息和资料。会计报表至少应当包括资产负债表、利润表、现金流量表等报表。

小企业编制的会计报表可以不包括现金流量表。

第四十五条　资产负债表是指反映企业在某一特定日期的财务状况的会计报表。

第四十六条　利润表是指反映企业在一定会计期间的经营成果的会计报表。

第四十七条　现金流量表是指反映企业在一定会计期间的现金和现金等价物流入和流出的会计报表。

第四十八条　附注是指对在会计报表中列示项目所作的进一步说明，以及对未能在这些报表中列示项目的说明等。

第十一章　附　则

第四十九条　本准则由财政部负责解释。

第五十条　本准则自 2007 年 1 月 1 日起施行。

参考文献

[1] 王红云．财经法规与会计职业道德［M］．2 版．北京：中国人民大学出版社，2017.
[2] 刘翠屏．财经法规与会计职业道德［M］．北京：清华大学出版社，2016.
[3] 梁文涛．财经法规与会计职业道德［M］．2 版．北京：高等教育出版社，2018.
[4] 刘剑文．财政税收法［M］．7 版．北京：法律出版社，2017.
[5] 刘心稳．票据法［M］．4 版．北京：中国政法大学出版社，2018.
[6] 刘燕．会计法［M］．2 版．北京：北京大学出版社，2016.